新时代背景下高等职业教育高质量发展研究

卜树春 著

吉林大学出版社

·长春·

图书在版编目（CIP）数据

新时代背景下高等职业教育高质量发展研究 / 卜树春著 . -- 长春 : 吉林大学出版社, 2024.11. -- ISBN 978-7-5768-4456-6

Ⅰ .G718.5

中国国家版本馆 CIP 数据核字第 20247XV129 号

书　　　名	新时代背景下高等职业教育高质量发展研究

XINSHIDAI BEIJING XIA GAODENG ZHIYE JIAOYU GAOZHILIANG FAZHAN YANJIU

作　　　者	卜树春
策划编辑	矫　正
责任编辑	矫　正
责任校对	王　曼
装帧设计	久利图文
出版发行	吉林大学出版社
社　　　址	长春市人民大街4059号
邮政编码	130021
发行电话	0431-89580036/58
网　　　址	http://www.jlup.com.cn
电子邮箱	jldxcbs@sina.com
印　　　刷	天津鑫恒彩印刷有限公司
开　　　本	787mm×1092mm　1/16
印　　　张	11
字　　　数	200千字
版　　　次	2025年3月　第1版
印　　　次	2025年3月　第1次
书　　　号	ISBN 978-7-5768-4456-6
定　　　价	68.00元

版权所有　翻印必究

前　言

教育可以提高人民群众的物质和精神生活水平，"有助于改善个体生存发展的外在条件，更有助于提升个人的幸福能力……教育本身蕴涵、潜藏着诸多幸福元素，……"[①]。教育对个人的就业、收入、幸福、生活及全面发展等民生问题肩负不可推卸的使命与责任。

进入21世纪，科学、技术、生产之间循环加速，科学技术日益成为促进经济社会发展和民生改善的重要驱动力。随着社会分工细化，高新信息技术产业蓬勃发展，传统产业结构调整升级，以及对外开放的领域、层次不断攀高，对技能结构、水平要求呈现出技术幅度广泛性、技术层次高阶性、技术内容应用性和技术对象多元性等特点。这就亟须加强实用技术与高等教育的结合，合理配置教育资源、优化高等教育科类结构、调整人才培养目标。切实提高技术型人才的智力结构和技术结构，以主动适应社会技术进步和民生发展的需要，作为教育民生载体的高等职业教育就是在这样的背景下诞生发展起来并继续在当前教育民生问题上能够和正在发挥重要的作用。黄炎培曾指出："随着社会工业化的发展，对职业教育的需求必将激增，对劳动者技术技能重视程度也将达到前所未有的高度。"[②]

中国特色社会主义进入新时代，经济增长方式由规模扩张转入高质量发展。随着我国经济进入高质量发展的新阶段，全社会对高素质技术技能型人才的需求越来越旺盛，但是，我国高技能人才仅有5 000万人，占技能人才总量的28%。[③] 在经济高质量发展背景之下，培养大国工匠成为当前国之大者，是时代所需，是高质量发展的需要，也是现代化发展的需要。职业教育作为培养大国工匠的重要教育途径之一，其随着我国经济步入高质量发展阶段，也迎来了高质量发展的历史机遇期。

当前，我国正处于新发展阶段，面对国内外错综复杂的局势变化，高等职业教育唯有用"高质量"实现自身转型，才能应对产业转型升级和企业发展方式转变的现实需要。新时代，构建与新发展格局相适应的高质量高等职业教育，能"有效促进'增强职业技

---

① 扈中平. 教育何以能关涉人的幸福[J]. 教育研究，2008（11）：30.
② 黄炎培. 黄炎培教育文集（第3卷）[M]. 北京：中国文史出版社，1994：133.
③ 李心萍. 我国技能劳动者已超过2亿人[N]. 人民日报. 2020-12-19（04）.

术教育适应性'的落实"[①]。

基于此，对于职业教育尤其是高等职业教育而言，推动高职教育的高质量发展是新时代高职教育必须承担的新使命。

本书从新时代的内涵切入，梳理了高等职业教育发展的历史进程和理论基础；深入剖析了高等职业教育发展面临的困境和高等职业教育高质量发展的影响因素；通过对文献资料的搜集，整理选择了德国、法国和澳大利亚以及我国江苏省、浙江省宁波市的高等职业教育的成功经验，作为参考借鉴；在此基础上，分别从深化产教融合、加强师资队伍建设、优化专业设置和人才培养方案、多元融资与国际化发展、构建质量保障体系等七个维度提出了推进高等职业教育高质量发展的战略思路，为我国高等职业教育各办学主体提出有针对性的建议。

由于笔者研究水平有限，本书尚存在许多不足之处，如以高等职业教育发展的现实审视，在实际资料收集中，还缺乏比如深度访谈、文件调查等一手资料，而且在案例选取中，仅仅突出了德国、法国、澳大利亚和我国江苏省、浙江省宁波市高等职业教育的成功经验，未能充分体现以国家案例和以地方区域案例之间的差异，这都需要在今后的持续研究中予以重点关注。

高等职业教育高质量发展是当代教育的一个新命题，也是一个教育现代化建设的必答题。面对未来，中国高等职业教育高质量发展始终都是教育改革的热点和难点问题。新时代，在坚持加强党的全面领导背景下，只要通过全社会的不懈努力，立足于职业教育的现实问题，因地制宜地探索出适合自己发展的道路，高职院校的高质量发展一定能够实现。

卜树春

2023 年 秋

---

① 李德显，李颖芳. 新时代职业教育高质量发展的多维思考（笔谈）·新时代职业教育高质量发展的内在逻辑与实践路径[J]. 吉首大学学报（社会科学版），2021, 42 (06): 2.

目 录

第一章 新时代背景下高等职业教育高质量发展的理论概述 …………………… 1
  一、相关概念界定及内涵阐释 …………………………………………………… 1
  二、高等职业教育发展的历史进程 ……………………………………………… 7
  三、高等职业教育发展的理论基础 ……………………………………………… 22
  四、高等职业教育高质量发展的内涵及意义 …………………………………… 24

第二章 高等职业教育发展的现实审视 ……………………………………………… 27
  一、高等职业教育发展的现状分析 ……………………………………………… 27
  二、高等职业教育发展面临的困境 ……………………………………………… 34
  三、高等职业教育高质量发展的影响因素分析 ………………………………… 39

第三章 国内外高等职业教育发展的经验借鉴 …………………………………… 42
  一、国外高等职业教育发展的经验借鉴 ………………………………………… 42
  二、国内高等职业教育发展的经验借鉴 ………………………………………… 57

第四章 推进高等职业教育高质量发展的战略思路之一：深化产教融合 ……… 68
  一、主要内容 ……………………………………………………………………… 68
  二、实践路径 ……………………………………………………………………… 80

第五章 推进高等职业教育高质量发展的战略思路之二：加强师资队伍建设 ……… 92
  一、主要内容 ……………………………………………………………………… 92
  二、实践路径 ……………………………………………………………………… 98

第六章 推进高等职业教育高质量发展的战略思路之三：
　　　　优化专业设置和人才培养方案 ·· 108
　　一、构建高水平专业群 ··· 108
　　二、创新人才培养模式 ··· 119

第七章 推进高等职业教育高质量发展的战略思路之四：
　　　　多元融资与国际化发展 ·· 126
　　一、多元融资 ··· 126
　　二、国际化发展 ··· 138

第八章 推进高等职业教育高质量发展的战略思路之五：构建质量保障体系 ······ 147
　　一、内部质量管理 ··· 147
　　二、外部质量保障 ··· 155

参考文献 ·· 164

第一章 新时代背景下高等职业教育高质量发展的理论概述

我国高等职业教育作为现代国民教育体系和人力资源开发体系的重要组成部分，担负着培养数以亿计高素质劳动者和数以千万计专门人才的重要任务。高等职业教育作为我国高等教育体系的重要组成部分，已经取得了历史性的发展和跨越式的突破，逐步从高等教育政策的边缘走向中心，规模上占据了我国高等教育的半壁江山。教育发展的核心主线是追求质量，教育质量始终是学校、家长和社会公众的热烈关切。在推进社会主义现代化国家建设过程中，加快推进高等职业教育高质量发展，具有重要的战略意义。"十四五"期间，我国产业经济发展正值转型升级的关键时期，高质量发展成为社会经济发展的主题。站在新的起点上，高等职业院校必须紧扣高质量发展，为全面建设社会主义现代化国家提供有力的人才和技能支撑。

一、相关概念界定及内涵阐释

（一）新时代的内涵

2017年10月18日，习近平在中国共产党第十九次全国代表大会上的报告中强调："经过长期努力，中国特色社会主义进入了新时代，这是我国发展新的历史方位。……这个新时代，是承前启后、继往开来、在新的历史条件下继续夺取中国特色社会主义伟大胜利的时代，是决胜全面建成小康社会、进而全面建设社会主义现代化强国的时代，是全国各族人民团结奋斗、不断创造美好生活、逐步实现全体人民共同富裕的时代，是全体中华儿女勠力同心、奋力实现中华民族伟大复兴中国梦的时代，是我国日益走近世界舞台中央、不断为人类作出更大贡献的时代。"[1]

习近平对新时代的内涵作出了高度凝练的概括总结，五个"时代"分别对应着新时代的历史脉络、实践主题、人民性、民族性和世界性，我们可以从这五个方面把握中国特色社会主义新时代的内涵。

---

[1] 习近平. 决胜全面建成小康社会 夺取新时代中国特色社会主义伟大胜利——在中国共产党第十九次全国代表大会上的报告（2017年10月18日）[M]. 北京：人民出版社，2017：10-11.

1. 历史脉络的新时代内涵

从历史脉络看，这个时代是继古开今、承上启下的。它是在新的历史条件下继续夺取中国特色社会主义伟大胜利的新时代。从改革开放以来，中国特色社会主义就是党的全部理论和实践的主题。中国特色社会主义是在实践中不断完善不断发展的并具有生命特征的形态。目前，中国特色社会主义发展历程可以分为三个阶段：一是从党的十一届三中全会到十五大，形成和确立了邓小平理论，解决了人民温饱的问题，总体达到小康水平；二是从党的十五大到十七大，形成、确立了"三个代表"重要思想和科学发展观，小康社会开始全面建设；三是从党的十八大以来至今，形成和确立了习近平新时代中国特色社会主义思想，新时代掀开了全面建设社会主义现代化国家的新篇章。

2. 实践主题的新时代内涵

从实践主题看，这个时代是我们党全面建成小康社会、进而全面发展社会主义现代化强国的新时代。中国改革经历了一段加速发展的历程，它是由小变化到中再变化到大的。邓小平指出："现在人们说中国发生了明显的变化。我对一些外宾说，这只是小变化。翻两番，达到小康水平，可以说是中变化。到下世纪中叶，能够接近世界发达国家的水平，那才是大变化。到那时，社会主义中国的分量和作用就不同了，我们就可以对人类有较大的贡献。"[①]中国特色社会主义的发展经过长期以来的量的积累，逐渐迎来了质的变化，正如党的十九大报告指出："五年来的成就是全方位的、开创性的，五年来的变革是深层次的、根本性的。"[②]我国的综合国力、国际影响力和人民幸福感显著提升，从而制定了新时代中国特色社会主义发展战略，即2020年全面建成小康社会，2035年基本实现社会主义现代化，21世纪中叶建成富强民主文明和谐美丽的社会主义现代化强国。

3. 人民性的新时代内涵

从新时代的人民性看，这个时代是人民建造美好家园、实现共同富裕的新时代。党的十九大报告指出："我国社会主要矛盾已经转化为人民日益增长的美好生活需要和不平衡不充分的发展之间的矛盾。"[③]我国的主要矛盾发生了重大的转变，体现出国家走向了新的发展历程，体现出人民走向了新的美好生活。新时代的中国要解决好眼前问题才能得以有更大的发展。一方面，中国特色社会主义的发展解决了多方面短缺的问题，从国家到民生，都是在党的领导下进行的。另一方面，中国特色社会主义的发展走向更大的发展格局，在解决好眼前问题的基础上，更加注重"质"。只有解决了人民最关心的问题，人民的生活水平才会提高，从而实现共同富裕。

---

① 邓小平. 邓小平文选（第三卷）[M]. 北京：人民出版社，1993：143.
② 习近平. 决胜全面建成小康社会 夺取新时代中国特色社会主义伟大胜利——在中国共产党第十九次全国代表大会上的报告（2017年10月18日）[M]. 北京：人民出版社，2017：8.
③ 习近平. 决胜全面建成小康社会 夺取新时代中国特色社会主义伟大胜利——在中国共产党第十九次全国代表大会上的报告（2017年10月18日）[M]. 北京：人民出版社，2017：11.

4. 民族性的新时代内涵

从新时代的民族性看，这个时代是我们全体中华儿女勠力同心去实现中华民族伟大复兴中国梦的新时代。鸦片战争后，中国陷入了半殖民地半封建的黑暗时代。实现中华民族的伟大复兴，需要不断开拓、不断创新、积极进取，改变人民的命运。中华民族为了实现中华民族伟大复兴进行了不断探索，在探索的过程中诞生了中国共产党。在中国共产党的正确领导下，努力奋进，把握新时代的新时机，奠定了政治发展的根本基础，迎来了质的变化，成为中华民族新时期的中坚力量。在中国共产党的带领下，中国人民推翻"三座大山"，完成了新民主主义革命，建立了新中国，结束了中国几千年的封建社会，向自由平等的新时期转变。中国共产党领导人民进行了伟大革命，确立了社会主义基本制度，为中国的繁荣发展打下了根本政治前提和制度的基础，使中华民族成功实现从站起来、富起来到强起来的质的飞跃，使中华民族伟大复兴迎来光明前景。

5. 世界性的新时代内涵

从新时代的世界性看，这个时代是我国日益走近世界舞台中央、不断为人类做出更大贡献的新时代。党的十八大以来，中国的经济实力迅猛提升，总体稳居世界第二，对世界的经济总量起到至关重要的作用，成为推动世界经济的重要力量。习近平提出人类命运共同体以及"一带一路"的倡导，推动诸多方面的发展，受到各国的重视与大力支持，中国已经成为推动、维护世界和平发展的引领者。中华文化的影响力日益增强，为中国特色社会主义事业的发展指明了方向，提供了选择，贡献了力量。中国特色社会主义拓展了发展中国家走向现代化的途径，给世界上那些既希望加快发展又希望保持自身独立性的国家和民族提供了全新选择，为解决人类问题贡献了中国智慧和中国方案。

简而言之，"新时代"就是中华民族实现强起来的时代，是新时代中国特色社会主义发展的战略安排。党的十八大以来，中国特色社会主义进入了新时代，人民在基本生活需求得到满足后，对美好生活的需求更加强烈。新时代，人民不仅在物质方面提出了更高的需求，而且在民主、法治、公平、正义、安全、环境等领域提出了更高的要求。只有高质量地发展，才能满足人民的美好生活需求。在这个新时代背景下，只要通过全社会的不懈努力，立足于职业教育的现实问题，因地制宜地探索出适合自己发展的道路，高职院校的高质量发展一定能够实现。

（二）职业教育与高等职业教育

1. 职业教育

职业是指随着人类发展和劳动分工而形成的社会工作的类别。产业结构决定劳动者职业结构。职业教育是对于培养对象进行岗位知识技能的教育。根据2022年修订的《中华人民共和国职业教育法》的规定，我国的职业教育包括从初等到高等的各级职业教育，是进行职业技能培养，面向市场岗位要求的一种教育活动。现代职业教育源于工业社会的大规模生产劳动，职业教育一方面是职前教育，即职业准备教育，强调受教育者学习职业所需的知识与技能；另一方面是终身教育，即职业继续教育，提升学习者持续发展能力。

杜威（John Dewey）、斯内登（David Snedden）等学者认为，职业教育是为从事某种特定职业工作来做准备的教育；《国际教育辞典》（International Dictionary of Education, 1978）指出，职业教育包括学生在职业学校接受职业知识和技能的培养，以及学生到企业实际岗位的培训。广义的职业教育包括培养职业态度，学习职业技能和完善职能知识，最终达到职业所需的岗位能力要求的各种学习和培训。狭义的职业教育，专门指学校职业教育，是从事职业岗位能力培养的专门教育机构。

在职业教育发展过程中，国际上较为流行的称谓还有以下几种：一是"技术和职业教育"，是1974年联合国教科文组织对职业教育进行描述的一种方式；二是"职业技术教育"，在我国是指"宽口径"的职业技术教育；三是"职业教育"，是德国、美国等的提法，专门指为职业发展而进行的教育，主要目标就是培养职业能力。通常，职业教育（vocational education）是指针对一般熟练工人的教育和培训；技术教育（technical education）是指培训技术人员的教育；专业教育（professional education）属于更高一个层次，以培养工程师或高级专业技术人员为主。我国职业教育法中使用"职业教育"，确定了职业教育的基本概念，与"技术和职业教育"的内涵一致。

伴随现代经济社会的快速发展，职业教育也需要适应市场需求，尤其是适应企业岗位要求。因为，职业教育与每个人的职业活动密切关联，必然对于每个人的职业发展产生极大影响。刘春生、徐长发认为，职业教育是培养具有专业知识，服务工作岗位的专门人才。[1]同时，徐国庆认为，职业教育是以实践教学为主导的教育，主要特点就是实践性。[2]

从国外文献来看，职业教育随着工业规模化生产而发展起来，在西方国家的几百年经验积累中，显现出以下几个发展特点：一是根据职业教育发展紧跟社会经济需求，满足经济社会建设发展。在欧盟，从1957年最初启动联盟之初，提出了《罗马条约》，在文件中就表示要加强职业教育及职业培训。1985年3月欧洲公平法院决定，在高等教育体系里建设高等职业教育。[3]1993年欧盟委员会发表《竞争、增长和就业》白皮书，提出各国加强合作培养体制，建立终身学习体系，并且把职业教育纳入体系之中，成为教育体系的重要组成部分。欧盟先后制定了《里斯本战略》《哥本哈根宣言》《马斯特里赫特条约》和《赫尔辛基公报》等文件，进一步突出了各国对于职业教育的重视和推进。[4]二是构建本国职业教育法律体系。以德国的职业教育法律体系建设为例，1969年

---

[1] 刘春生，徐长发. 职业教育学 [M]. 北京：教育科学出版社，2002：103.
[2] 徐国庆. 实践导向职业教育课程研究：技术学范式 [M]. 上海：上海教育出版社，2005：242.
[3] 雍冀慧. 欧盟职业教育培训政策历史演进研究述评 [J]. 中国职业技术教育，2009（30）：39-43.
[4] Johanna Lasonen, Jean Gordon. 李玉静，等. 增强职业教育吸引力——欧洲的政策、理念与实践 [J]. 职业技术教育，2009，30（12）：25.

德国颁布了关于职业教育的基本法令《职业教育法》,这部法律是确定了最早的原则性规定内容。后续又发布了《企业基本法》《培训员资格条例》《职业教育促进法》《青年劳动保护法》等。[①] 随着法律体系的不断完善,各项内容也不断充实,对于资金、规划、管理、使用等趋于完备。2005年4月,德国政府颁布《联邦职业教育法》,强化对行业协会的法律约束,同时废除原来的两个相关法律。[②] 三是各国不断完善职业教育体系,促进本国职业教育活动开展、实施、监督等。以澳大利亚为例,TAFA(Technical and Further Education,即技术与继续教育)体系是该国的最大特色,即通过网络教育系统,实现全国职业教育课程包共享机制,为全国青年提供受教育的机会。这种国家制定职业培训标准,并通过课程包提供给受教育者的方式,极大促进了职业教育发展,同时为社会弱势群体提供服务,让他们有继续教育的机会。[③]

2. 高等职业教育

在中国,"高等职业教育"与"高等职业技术教育"基本内涵一致。无论从西方发达国家的职业教育发展经历来看,还是从我国社会经济发展的需要,初等职业教育到高等职业教育是社会经济快速发展的必然选择。在我国,通常使用"高等职业技术教育"的概念,主要是为了强调技术的专业属性,也是进一步明确高等职业教育活动的适用范围。[④]

国际上对于不同层次的职业教育分为三种:培养一线技术工人的称"职业教育",培养技术员的则称为"技术教育",培养工程师的称"工程教育"。[⑤] 我国现在的"高等职业教育"对标西方的技术教育,主要是培养职业岗位的技术员到工程师层次的人才。[⑥]

由于社会经济的不断发展,职业教育的层次也不断提升,产生了"高等职业技术教育"(以下简称高职教育)。可见,高职教育具有高等教育和职业教育的两种特性,是职业教育中的高级阶段,其含义包括以下内容。

其一,它属于教育的范畴。从高职教育的社会活动属性,从影响受教育者的身心发展目标分析,教育属性体现明显。

其二,高等教育的属性。高职教育属于高等教育,目前主要是通过高职院校完成大专层次教育,但是,不应该局限于大专层次,而是要建设完善的高等职业教育"立交桥"。

---

① 杨洁.德国高等职业教育发达原因分析[J].职业技术教育,2009,30(13):90-93.
② 蔡跃,王继平.从《联邦职业教育法》看德国行会在职业教育中的作用[J].教育理论与实践,2011,31(06):25-27.
③ 陈小琼,谭绮球.试析澳大利亚政府高等职业教育政策的价值取向[J].高教探索,2010(01):73-75.
④ 梁志,赵祥刚.高等职业教育的概念解析及其内涵的厘定[J].山东师范大学学报(人文社会科学版),2008(01):88-91.
⑤ 郑余.高等职业技术教育概念术语辨析[J].浙江师范大学学报(社会科学版),2006(02):7-11.
⑥ 石伟平.比较职业技术教育[M].上海:华东师范大学出版社,2001:65.

其三，它是高等教育中的特殊类型。普通高等教育侧重学生的素质教育，强调传授知识、训练思维、提高能力，向着学术型、研究型、工程型等方向发展。高职教育具有不一样的特征，主要体现在以下三个方面：①职业性——培养目标首先是根据市场需求，以及就业岗位需要；②实践性——侧重岗位实际能力培养，教育教学过程强调实训和实习，通过培训具有极强的岗位适应能力；③开放性——面临市场选择，应对社会经济快速发展，迅速适应技术技能的最新动态，实现技术迅速转化，是职业教育对接社会需求的特点。

其四，职业教育发展通道。高职教育虽然完善了职业教育体系，但是，针对市场需求和个人发展，必须提升职业教育学生的水平，并给予持续发展的途径，更需要发展与普通高等教育的层次对接，促进学生继续学习发展。

（三）"双高计划"与高等职业教育类型化发展

1. "双高计划"

在高职示范（骨干）校项目结束后，国家在较长一段时间内没有新的专项投入，对于高等职业教育引导激励的力度在减弱。[1]2019年1月，《国家职业教育改革实施方案》（国发〔2019〕4号）首次提出，要启动实施中国特色高水平高等职业学校和专业建设计划。[2]2019年2月，《中国教育现代化2035》又一次提出，要集中力量建成一批中国特色高水平职业院校和专业。[3]2019年4月，《教育部 财政部关于实施中国特色高水平高职学校和专业建设计划的意见》的出台标志着"双高计划"的正式启动，教育部、财政部也于2019年12月公布了《中国特色高水平高职学校和专业建设计划建设单位名单》。我国高等职业教育的发展与改革进入了"双高计划"时代。"双高计划"旨在集中力量建设一批"引领改革、支撑发展、中国特色、世界水平"[4]的高职院校和专业群，是为了推动我国高等职业教育持续深化改革、实现高质量发展实施的又一重点建设工程，亦是为了实现我国教育现代化的必然选择和重大决策。

2. 高等职业教育类型化发展

类型是具有共同特征事物所形成的种类，"化"是指转变成某种性质或状态，也指大规模的实践，例如"现代化""城市化"等。在复杂的系统内，"自身"并不能决定自身属性，自身属性主要取决于其系统中巨量要素构成的网络间"关系"。[5]从单一走

---

[1] 李梦卿，刘晶晶. 我国优质高职院校建设的逻辑、特征与机制[J]. 高等教育研究，2018，39（02）：45-53.

[2] 国务院关于印发国家职业教育改革实施方案的通知_教育_中国政府网[EB/OL].（2019-02-13）[2022-10-08]. https://www.gov.cn/zhengce/content/2019/02/13/content_5365341.htm.

[3] 朱益德，王瑞德，等. 中国教育现代化2035：从规划到实践[M]. 上海：上海教育出版社，2020.

[4] 教育部 财政部关于实施中国特色高水平高职学校和专业建设计划的意见_中华人民共和国教育部政府门户网站[EB/OL].（2019-02-13）[2022-10-08]. http://www.moe.gov.cn/srcsite/A07/moe_737/s3876_qt/201904/t20190402_376471.html.

[5] 路宝利，缪红娟. 职业教育"类型教育"诠解：质的规定性及其超越[J]. 职业技术教育，2019，40（10）：6-14.

向多元的社会变迁推动教育类型从单一走向多样,教育类型从层次上可分为学前教育、初等教育、中等教育、高等教育,从方式上可分为家庭教育、学校教育和社会教育。并非是自发设计,高等职业教育类型化发展是经济社会发展成熟和深入的必然产物,多样性与分化是类型化发展的基础。综上,高等职业教育类型化发展所指的是高等职业教育在做好自身定位的基础上,通过实践走出一条符合国情、具有特色的发展道路,在社会各领域全面推广高等职业教育的类型观念、方法和经验。

二、高等职业教育发展的历史进程

我国高等职业教育从 20 世纪 80 年代初孕育至今有 40 余年的时间,一直在摸索中前进,对我国高等职业教育的发展历程中党的方针政策的梳理,有利于准确理解、定位我国高等职业教育与民生的关系,对新阶段基于民生改善的我国高等职业教育的健康、持续、快速发展提供实践借鉴。

纵观我国高等职业教育发展历程,我国高等职业教育大体分为复苏阶段、初期创办阶段、内涵发展阶段、大力发展阶段、加快发展阶段与高质量发展阶段。

(一)高等职业教育复苏阶段(1949—1977 年)

新中国成立之初,遭遇多年战乱的中国,满目疮痍,百废待兴,恢复和发展经济社会秩序、实现富国强兵成为全国人民的愿望和政府面临的首要问题。教育既是重点需要改造的对象,也是促进社会主义改造的重要工具。

1. 实现工农大众教育权益

新中国成立,我国职业教育得以恢复,吸收借鉴了苏联职业教育办学模式和教育经验,根据我国国情,大力发展初、中等职业技术教育,形成了一个以中等专业学校为主体的职教体系。1949 年颁布的《中国人民政治协商会议共同纲领》明确规定:"中华人民共和国的文化教育为新民主主义的,即民族的、科学的、大众的文化教育。人民政府的文化教育工作,应以提高人民的文化水平,培养国家建设人才,肃清封建的、买办的、法西斯主义的思想,发展为人民服务的思想为主要任务。"[①] 经过不断的实践与总结,中共中央、国务院于 1958 年在《关于教育工作的指示》中提出了更完善的教育方针:"教育必须为无产阶级的政治服务,教育必须与生产劳动相结合"[②],这是新中国成立后党和政府首次对教育方针的明确表述,此后为全国各级各类学校和全国人民所公认,并沿用了 20 多年。

在这一教育方针指导下,职业院校开始受到重视并被要求面向工农招生,变革了旧中国工农无法接受教育的历史,切实保证处于社会底层的广大工农大众享有受教育权利,

---

① 中共中央文献研究室编. 建国以来重要文献选编(第一册)[M]. 北京:中央文献出版社,1992:10.
② 中共中央文献研究室编. 建国以来重要文献选编(第十八册)[M]. 北京:中央文献出版社,1998:534.

促进了教育公平，提高了这部分人群的科学文化素质和思想道德素质，维护了我国刚刚建立起来的人民民主专政的国家政权，真正实现了人民当家做主。

2. 培养国家建设需要的专门技术人才

到了20世纪60年代，随着社会的不断发展，高等教育已经成为一个大众化的需求，而原有的大学却无法满足这种需求。高等教育中存在两方面的困境——数量与经费，为了更好地解决这一问题，有学者提出，通过高等教育多样化来解决广大普通民众接受高等教育的需求——既要发展传统的学术性大学，更要发展新兴的职业技术型高校，以培养社会各行各业需要的实用型技术人才，解决技能人才短缺的状况。在此背景下，各地兴办了大批"劳动大学"、技工学校和各种形式的"半工半读"学校，安徽劳动大学与江西共产主义劳动大学就是其中最具特色的。在当时，建设我国国民经济需要的众多技术人才就是这些实行半工半读的学校所培养的，其学历层次从中专到大专，是我国高等职业教育发展的雏形。同时，国家为加速社会紧缺建设人才的培养，尝试在各高校增设了与人民生产生活联系密切的短期专修科，如教育部指示南京大学、西北农学院、北京农业大学等7所院校举办二年制林业专修科。[①] 在专业设置上，探索除按学科设置外，按行业、部门的需要设立学院、专业和教授教学内容。将理论知识直接应用于社会主义建设的实践，直接发挥了职业院校服务发展社会民生的功能。

然而"文化大革命"却将教育事业在之前已取得的成就毁于一旦。其间，职业教育事业想要发展是不可能的，停滞不前已经是最好的状态，更有甚者还出现倒退，学校数量、师生规模和办学条件都难以满足经济建设对高素质技能型人才的迫切需求。据统计，1978年中等职业院校招生70.4万人，仅占当年高中阶段招生人数的6.1%，直接影响了我国职业教育民生的发展。国家意识到人民日益增长的物质文化需要同落后的生产力之间的矛盾是社会的主要矛盾，因此，应采取积极措施发展社会生产力，有必要发展与民生联系密切的职业教育。在20世纪六七十年代兴建了一批职工大学与管理干部学院，这是为了满足我国当时的实际需求，上海机床厂"七二一"工人大学是其中的一个典型代表。这些职业大学的建立使更多的学生掌握专业知识和实用技能，毕业后在岗位上发挥所长，成为社会基层工作急需的应用型技术人才，大大提高了自身的生存和发展能力，为民生发展做出重大贡献。

（二）高等职业教育初期创办阶段（1978—1990年）

党的十一届三中全会胜利召开之后，我国党和政府的工作转到以经济建设为中心，全面推行改革开放。许多地区需要越来越多的应用型技术人才，其中需求量最大的是经济发达地区与正在快速发展的地区，"职业技术教育的规模、层次和结构不能适应城市经济和社会发展的需要，还没有形成经济部门，尤其是工业企业都能依靠职业技术教育

[①] 中央教育科学研究所. 中华人民共和国教育大事记（1949—1982）[M]. 北京：教育科学出版社，1984：32.

来提高从业人员素质的格局还没形成"[1]。国家教委为了响应当时经济发达地区的号召提出了一个构想——创办地方职业大学，这不仅使高等职业教育的规模得到了扩展，其数量也大大增加了，不仅满足了社会经济发展对更多高素质技能型人才的需要，也使高职教育改变了更多人的人生际遇，对社会主义现代化建设、提高人民物质文化生活水平具有重要意义。

1. 高等职业教育确立

南京金陵职业大学是我国第一个高等职业教育院校，由国家教委于1980年批准建立，它的建立拉开了我国高等职业教育的序幕。[2] 为了有效缓解应用型技术人才紧缺的矛盾，于1982年召开的全国人大五次会议明确提出："试办一批花钱少、见效快、酌收学费，学生尽可能走读、毕业生择优录用的专科学校和短期职业大学。"[3] 这条指导方针促使我国高等职业教育发展规模的扩张，在此后的一年里，国家教委批准建立了33所职业大学。

1985年全国教育工作会议做出了《中共中央关于教育体制改革的决定》，把职业教育提高到教育发展最紧迫的议事日程上来："发展职业技术教育要以中等职业技术教育为重点，发挥中等专业学校的骨干作用，同时积极发展高等职业技术院校，优先对口招收中等职业技术学校毕业生以及有本专业实践经验、成绩合格的在职人员入学，逐步建立起一个从初级到高级、行业配套、结构合理又能与普通教育相互沟通的职业技术教育体系。"[4] 可见，国家已把职业教育纳入国家教育体系，并在这一总体结构框架内，对职业教育体系进行调整。"高中毕业生一部分升入普通大学，一部分接受高等职业技术教育。"[5] 这是在政策文件中第一次正式提出了要建立职业教育体系，打破了以往把职业教育看成是就业教育的终结性教育类型，有利于受教育者的持续性发展。该文件首次提到"高等职业技术院校"，并将其定位为高中阶段后实施、与普通学科类教育有区别的以及符合行业需求的新型教育。这一定位对高等职业教育的发展起到指导、引领作用，说其标志着高等职业教育的创立毫不夸张。该文件肯定了"社会力量办学"为各种形式的职业教育办学提供了政策基础。

这次会议确定了高等职业教育的范围，主要包括高等职业学校、高等专科学校和一些广播电视大学，在这之后"高等职业教育"就被正式使用于官方文件中，高等职业教育开始得到了初步发展。随后，国家教委批准建立了合肥联合大学、江汉大学等我国首

---

[1] 中国国家教委党组，中共国家计委党组，中共国家经委党组，中共劳动人事部党组. 关于全国职业技术教育工作会议情况的报告 [R]. 1986-10-03.
[2] 葛锁网. 高等职业教育人才培养模式研究 [M]. 北京：研究出版社，2004：113.
[3] 全国人民代表大会常务委员会办公厅编. 中华人民共和国第五届全国人民代表大会第五次会议文件 [M]. 北京：人民出版社，1983：170.
[4] 中共中央文献研究室编. 十二大以来重要文献选编（中）[M]. 北京：人民出版社，1986：729.
[5] 中共中央文献研究室编. 十二大以来重要文献选编（中）[M]. 北京：人民出版社，1986：729.

批 13 所职业大学，这是我国高等职业教育的一个早期雏形，它不仅为我国高等职业教育开创了先例，也标志着高等职业教育的开始。①1985 年，我国从世界银行贷款 3 500 万美元来援助建立 17 所职业大学，这一举措有力地促进了我国高等职业教育的发展，在国家出台一系列政策的强力推动下这一时期高职的规模得到了较大发展。

2. 社会力量创办职业大学

我国短期职业大学发展迅速，突破了现行的只有中央和省市政府才能办高校的二级办学体制，提出地方政府创办职业大学的设想，创建了高职院校服务地方经济建设的新途径，加强了高职院校和当地社会发展的联系，激发了地方政府办学积极性和高职院校办学活力。

地方政府创办的职业大学中所设立的专业充分满足了当地社会发展的实际需求，这在为当地经济发展培养高级技术应用型人才的同时还可以使专业结构得到优化升级，调整了专业适应性不强的情况，增加了毕业生对口就业率，切合了社会生活发展的需要。地方政府创办职业大学，使我国高职院校数量大幅增加，平衡了高职院校布局，促进了高职教育的发展，解决了各阶层民众迫切想要上大学的需求，培养了一大批社会主义现代化建设第一线需要的、有一技之长的专门技术人员。这是新时期对高校的社会化办学方式、运行机制及人才培养模式的有益探索，但短期大学主要依靠地方举办，发展过程中困难重重，此外，还大都面临多方面的实际问题，如规模较小、办学模式与途径单一、办学经费匮乏、学校硬件设施较差、学费贵、学生毕业后就业无制度保障等。这些问题的存在严重阻碍了高等职业教育的进一步发展。

这个时候，在发展高等职业教育过程中也发现了许多存在的问题。首先，普通高等专科"分流说"政策的出台，直接严重影响了我国高等职业教育规模化的进程。这时新创立的高等职业院校审批更加严格，现存的绝大多数专科学校及高职院校仍按照普通高等教育模式，学科本位教育内容使高等职业教育脱离了劳动力市场需求，丧失了自己的优势，这不是发展高等职业教育的初衷与最终目标，也与高等职业教育民生的发展相背离，这些失误与倒退的出现与政府的政策与决策直接相关，滞后了高等职业教育的发展。其次，当时的大多数职业大学都是地方所办，中央无法对地方所创办的职业大学进行大力的指导与扶植，虽提到要初步建立职业技术教育体系的基本框架，但是却并没有颁发切实可行的文件与政策来发展高等职业教育，国家教育主管部门的这一失策使得我国高等职业教育在发展初期就遭遇重大阻碍。但不可否定的是，从高等教育革新层面上看，准许社会力量创办职业大学，是一种体制的创新和突破，对高职院校软硬件质量提升、受教育者就业率提高、民众多样化教育需求等民生改善具有划时代的意义。

---

① 王明伦. 高等职业教育发展论[M]. 北京：教育科学出版社，2004：187.

（三）高等职业教育内涵发展阶段（1991—1998年）

党的十四大明确提出建设社会主义市场经济体制，是这一时期对高职教育民生影响最重要的因素。职业教育发展要是适应社会主义市场经济办学，走内涵式发展的道路，在市场经济的体制框架内对高职教育结构进行调整与优化。同时，为了顺应高等职业教育体制改革，我国政府颁布了一系列保障与推动其改革发展的规范化法律政策以及具体措施，体现出党中央与国务院对高职教育发展的深度关注，这也极大地促进了我国高等职业教育民生的发展。

1. 加快高技能型人才培养

1991年10月，《国务院关于大力发展职业技术教育的决定》明确指出："必须高度重视和大力发展职业技术教育"[1]，走内涵发展道路，初步建立起"具有中国特色的，从初级到高级、行业配套、结构合理、形式多样，又能与其他教育相互沟通、协调发展的职业技术教育体系的基本框架"[2]。该文件确立了我国高等职业教育的地位和未来发展方向。

为了优化我国高等职业教育的结构，1994年召开的全国第二次教育工作会议提出"三改一补"，这不仅完善了我国高等职业人才培养结构、形成具有中国特色的高职教育人才培养模式，满足了我国社会主义现代化建设所需要的高技能型人才，客观上也为更多的劳动者提供了接受技能教育与培训的机会，提高了劳动者的就业能力。

1997年6月，国家教委在邢台军需工业学校试办高等职业技术教育，拉开了高等职业教育的序幕。它标志着一种新型的高等教育类型出现，为我国高等职业教育规范化建设迈出了坚实的一步。在1996国务院召开的第三次全国职业教育工作会议上正式提出要积极发展高等职业教育，并开始了高等职业教育试点工作，加快了高级技术应用型专门人才的培养。1985年国家教委开始实行初中后"五年一贯制"高等职业教育改革试点，到1996年，施行五年制高等职业教育的学校就已多达22所，成为我国高等职业教育的重要形式，适应了我国经济社会快速发展对技术应用型专门人才的需要，满足了中等职业教育学生接受多样化高等教育的需求，是对高等职业教育实现形式和办学模式的有益探索。

2. 面向市场调整人才培育模式

随着市场机制的引入，高等职业教育开始探索以市场需求为导向培养人才。在1993年2月下发的《中国教育改革和发展纲要》明确要求现阶段职业技术教育要主动适应社会主义市场经济和当地社会建设和社会服务事业的需要。首次提出高等职业教育办学模式要"积极发展校办产业，办好生产实习基地。提倡产教结合、工学结合"[3]，

---

[1] 中共中央文献研究室编. 十三大以来重要文献选编[M]. 北京：人民出版社，1993：1720.
[2] 中共中央文献研究室编. 十三大以来重要文献选编[M]. 北京：人民出版社，1993：1721.
[3] 中共中央文献研究室编. 十三大以来重要文献选编[M]. 北京：人民出版社，1993：1724.

明确了职业教育要依靠行业、企业、事业单位和社会各方面联合办学、实行产教结合培养模式，这标志着高等职业教育培养模式变革的开始，"工"与"学"的结合回归到职业教育的本质。高等职业教育在人才培养上的典型特征体现在：其必须以建设地区经济与发展社会为出发点，培养满足市场需求的，能在第一线进行生产、服务和管理的实用型人才。在发展高等职业教育时，不能想当然而必须遵循相应的规则：面向基层、发展特色、勇于试点、逐渐规范和统筹规划以此来指引我国高等职业教育发展走向纵深化与高层次，使得高等职业教育培养的人才与市场的对接性更高，更受到劳动力市场的欢迎。

3. 确立高等职业教育法律地位

中国首部专门的职业教育法律——《中华人民共和国职业教育法》（以下简称《职教法》）在1996年5月颁布，使得我国高等职业教育在职业教育体系中的法律地位得以确立。《职教法》的颁布具有划时代的意义，它标志着我国管理职业教育法制化的开始，为职业教育进一步的改革和发展提供了更加完备、有力的法律保证。如此一来，我国高等职业教育有法可依、依法建设和规范发展已不再是一句空话。此外，《职教法》在各级政府与有关部门制定与职业教育相匹配的法规条例时提供了相关的参考。在《职教法》颁发后，相继在北京、辽宁、吉林等将近20个省、自治区、直辖市进行了试点施行。根据施行后的效果反馈各级政府制定了与职教法配套的法规，大部分地方政府高度重视、认真贯彻实施《职教法》并作出了大力发展地区职业教育的决定，形成了全社会关心、支持职业教育发展的环境，大大改善了职业教育的办学条件，使职业教育的任务、职责与发展目标更加明确，全面提高了劳动者素质，促进了劳动力就业。

《中华人民共和国高等教育法》于1999年1月1日颁布并施行，其第六十八条规定：本法所称高等学校是指大学、独立设置的学院和高等专科学校，其中包括高等职业学校和成人高等学校。这迎来了我国高等职业教育发展的新高度，使高等职业教育作为一个独立的教育类型出现在我国的高等教育结构之中，初步形成了具有中国特色和充满生机活力的职业教育体系框架。

高等职业教育在高等教育规模中所占比例逐渐上升，办学质量上也逐步得到了社会的广泛认同，表明我国的高等职业教育已经从重视规模的扩展，提升到了重视职业教育内涵基础能力建设阶段。为了给予高等职业教育以支持，国家政策明确规定今后我国每年都将增加高等职业教育招生计划，这也使得高等职业教育在此阶段得到了很大的发展。

（四）高等职业教育大力发展阶段（1999—2011年）

伴随着国民经济的持续快速发展，产业结构的优化升级，对高技能人才的需求越发旺盛，而现存的劳动力结构已经不能很好地满足社会需求，因此迫切需要通过大力发展高等职业教育来调整劳动力结构，同时也是为了最大程度地适应党的十六大所提出的"坚持以信息化带动工业化，以工业化促进信息化"①的新型工业化道路战略。此阶段，我国高等职业教育民生政策制定和调整较为集中，改革力度、发展速度也都超过了以往任何时期。

1. 大力发展、大众教育

我国高校扩招政策使高等教育从"精英教育"走向"大众教育"，高等职业教育顺应高校扩招的潮流，开始了其大力发展阶段。1999 年 1 月教育部、国家计委印发的《关于印发试行按新的管理模式和运行机制举办高等职业技术教育的实施意见》指出，调整高等教育结构，扩大高等教育招生规模，并将招生计划增量的部分主要用于高等职业教育，使高职成为促进高等教育大众化的重要动力。自该文件出台以来，我国高等职业教育在规模上实现了跨越式发展，随之，我国高等职业教育进入发展黄金期：从 2000 年至 2011 年，全国独立设置的高等职业学校由 442 所增加到 1 280 所，全国高等职业教育招生数从 48.7 万人增长到 324.9 万人，在校学生从 100.9 万人增长到 958.9 万人，为广大的适龄青年能够接受高等教育提供更多的机会，并培养出众多高素质劳动者和技术技能人才，为经济社会发展作出了重大贡献。

2005 年年底，国务院召开改革开放以来第二次全国职业教育工作会议，此次会议对于促进我国高等职业教育的大力发展具有深远意义，进一步突出了高等职业教育在国计民生中的战略地位。会议印发了《国务院关于大力发展职业教育的决定》（国发〔2005〕35 号），首次明确提出应该发展适合我国社情民意的，具有中国特色的职业教育体系，并且提出了大力发展职业教育，这充分地显示了党中央、国务院对职业教育事业支持的力度和发展的决心："高等职业教育招生规模占高等教育招生规模的一半以上，'十一五'期间，要为社会输送 1 100 万名高等职业院校毕业生。"②

日益扩大的高等职业教育规模使劳动力素质得到大幅提升，同时也带来了诸多民生问题，例如教学质量下降、大学毕业生就业难、收费问题等，这需要我国政府制定出能促进高等职业教育健康发展，同时又符合我国基本国情的针对性的政策。

2. 服务宗旨、就业导向

1999 年年初，"高等职业教育"首次在《面向 21 世纪教育振兴行动计划》中的"高等教育"部分被阐述，并从高等职业教育的培养目标：大批具有必要理论知识和较强实践能力的生产、建设、管理和服务第一线和农村急需的专门人才，及高等职业教育的功能：提高国民的整体科技文化素质，发展国民经济，推迟就业的角度提出要积极发展高等职业教育。2002 年，党的十六大报告将"为人民服务"纳入党的教育方针，为我国教育事业的发展提供了目标和方向，符合社会主义国家性质。从此，我国教育不再只是

---

① 中共中央文献研究室编. 十六大以来重要文献选编（中）[M]. 北京：人民出版社，2006：1093.
② 国务院关于大力发展职业教育的决定 _ 教育 _ 中国政府网 [EB/OL].（2008-03-28）[2023-10-15]. https://www.gov.cn/zhengce/content/2008-03/28/content_5549.htm.

单向度为经济社会发展服务的工具，相对独立的"民生"本身也成为教育的基本出发点，体现了我国教育发展的优越性。

2002年，我国首次以国务院的名义召开第四次全国职业教育工作会议，国家对职业教育的重视程度及当前职业教育发展的紧迫性充分地体现了出来。会议下发《关于大力推进职业教育改革与发展的决定》（国发〔2002〕16号），并全面部署了职业教育工作。强调职业教育"四个服务"要求，即服务于技术的进步和经济结构的调整，服务于就业和再就业，服务于农业、农村和农民，服务于西部大开发的推进工作。职业教育的发展被第一次融入整个社会经济和民生建设总体发展规划之中。高职教育总结多年改革经验得出：应紧跟市场需求进行自身建设，发展的关键在于服务社会，改善民生。该文件是21世纪指导我国职业教育改革和发展的纲领性文献，表明我国职业教育又进入了一个全新的快速发展阶段。

2004年4月，《教育部关于以就业为导向深化高等职业教育改革的若干意见》（以下简称《意见》）颁布，提出："以服务为宗旨，以就业为导向，面向社会、面向市场办学，深化办学模式和人才培养模式改革，努力提高职业教育的质量和效益，切实深化高等职业教育改革。"①《意见》总结了我国自1999年以来高等职业教育的发展状况，重点提出了以就业为导向体现高等职业教育的办学目标。坚持走产学研相互结合的发展道路，注重学生实际操作能力的培养。高等职业教育的重要目标即提高学生就业能力、增加学生的就业机会，这也是高等职业教育未来发展的趋势。

2010年国家颁布《国家中长期教育改革和发展规划纲要（2010—2020年）》，对职业教育的发展提出了新要求和方向：职业教育在面向人人、面向市场的同时，尤其要在学生的职业道德、技术技能、就业创业能力、创新能力上加大培养力度，以培养学生综合素质为基础，全面提高就业能力。②

3. 以人为本、多样办学

我国高等职业教育坚持以人为本、因材施教的先进办学理念，在教学过程中，面向全体学生的实际需求，切实关注学生的成长成才和职业发展，以期让每一个学生具有高素质，成为合格的劳动者和技术专业人才。为达成此目标，中央提出要多样化办学。1999年，我国教育部和国家计委颁布了《试行按新的管理模式和运行机制举办高等职业技术教育的实施意见》，其中指出合乎国家标准的六大类高等教育机构应该承担举办高等职业教育的责任，分别是：短期类大学以及职业类技术学院；符合高等学历教育资格的民办高校；普通高等专科学校；在本科院校中独立设置的二级学院；极少数国家重点中等专业学校；达到相关国家标准规定的成人高校。自此以后，我国高等职业教育便

---

① 教育部关于以就业为导向深化高等职业教育改革的若干意见（已废止）_中华人民共和国教育部政府门户网站[EB/OL].（2004-04-06）[2023-10-16]. http://www.moe.gov.cn/srcsite/A07/s7055/200404/t20040406_79654.html.
② 国家中长期教育改革和发展规划纲要（2010—2020年）_中华人民共和国教育部政府门户网站[EB/OL].（2010-07-29）[2023-10-19]. http://www.moe.gov.cn/srcsite/A01/s7048/201007/t20100729_171904.html.

迈向了"六车道"共同奋进的繁荣大道，高等职业教育在社会上的认可度和影响力得到了极大的提升。

4. 政府统筹、地方管理

1999 年，教育部、国家计委印发《试行按新的管理模式和运行机制举办高等职业教育的实施意见》，对高等职业教育管理体制进行改革，具体包括：中央与地方的管理职责进行适量的调整，将高职院校招生就业、人事任免、财务支配、文凭发放权限下放给省级地方政府和高职院校。逐步推进在国务院领导下，各级政府分级管理，以地方为主导，政府统筹，形成社会参与的新的管理体制与运行机制。这一新的管理体制，加强了地方政府与高职院校的联系，探索出了更为科学、有效地管理高等职业教育的形式，也更有针对性地培养出适合地方经济发展需要的实用型、技能型人才。

2002 年国务院印发的《关于大力推进职业教育改革与发展的决定》重申：必须继续加大职业教育管理体制改革力度，完善国务院的领导下，分级管理，地方为主导，政府统筹安排，社会广泛参与的职业教育管理体制。该文件下发后，各地方认真贯彻实施，一大批的高等职业学院迅速建立。与此同时，地方高等职业学校的布局调整也随之加快了步伐。从 1999 年开始，在没有高等职业技术学校的省、自治区和直辖市开始设立高等职业院校或专科学校，促进了高职院校数量、质量、规模、格局的提升，增加了当地受教育者接受高等职业教育机会的可能性与公平性。

《试行按新的管理模式和运行机制举办高等职业技术教育的实施意见》有力地推进了高职院校管理体制的改革，但也存在一些错误的认识和判断。比如，关于"三不一高"的提出。所谓"三不一高"，即将高等职业技术教育的学历层次设为专科层次，实施指导性的计划招生，教育经费以学生缴纳为主，政府给予一定的补贴。学生毕业后，不再使用《普通高等学校毕业生就业派遣报到证》，而是由所在学校统一颁布毕业证，国家不再统一印制毕业证书内芯，政府不再包分配，与其他普通高校毕业生一样实行学校推荐、自主择业。在学费方面，也采取了比普通高校收取更高学费的政策。"三不一高"政策与政策动机发生了抵触，较高的学费也使家庭贫困的学生减少了接受高等教育的机会，阻碍了高等职业教育民生的发展。

5. 加大投入、奖助结合

2005 年全国职业教育工作会议上，国务院提出，多方动员支持职业教育的发展，多方向多途径增加经费投入，建立家庭经济困难学生资助制度，帮助他们完成学业；积极开展对口支援工作，加大东部对西部、城市对农村的支援；决定中央财政在"十一五"期间对职业教育投入的 140 亿元，除重点支持实训基地的各项建设和充实教学设备外，其余部分全部用来资助家庭经济困难学生接受职业教育，使家庭贫困的学生不因经济困难而失学。

2007 年，《国务院关于建立健全普通本科高校、高等职业学校和中等职业学校家庭经济困难学生资助政策体系的意见》印发。该意见提出逐渐建立起完善的针对家庭经济困难学生的国家奖学金及助学金制度，进一步完善和落实国家助学贷款政策，为高等职业院校的困难学生完成学业提供保障。对于偏远的地区和一些农村、西部地区职业教育发展较为薄弱地区，中央财政设立了专项经费，用于发展这些地区的职业教育，使得经济困难地区的职业教育具有较好的发展创造机会和条件，这对于实现高职教育公平具有重要的意义，也使得高等职业教育服务民生功能得以极大体现。

这个时期，高等职业教育的发展已进入了实质性的可实践操作的阶段。职业教育工作会议的高层级、高频度，充分表明了中央政府对发展高等职业教育的坚定决心和迫切心情。

（五）高等职业教育加快发展阶段（2012—2016 年）

党的十八大以来，国家对高等职业教育重视程度、改革力度及各部门参与度都是前所未有的，使高等职业教育进入了加快发展阶段。中国特色、世界水平的现代高等职业教育体系建设稳步推进，服务人的全面发展的能力大幅提升，培养了大批高级技能型人才，为提高劳动者素质、促进就业作出了巨大贡献。当前，我国发展仍处在大有可为的重要战略机遇期，促进经济提质增效升级，改善民众生产生活条件，加快发展高等职业教育被摆在更加突出的战略位置。

1. 助力高等教育大众化

《国务院关于加快发展现代职业教育的决定》（国发〔2014〕19 号）①（以下简称《决定》）强调，职业教育不仅为国家培养输送了大批高素质劳动者和技术技能人才，也提高了劳动者素质、解决了民众就业难题、增加了人民收入，这体现了高职教育面向人人、满足教育主体性需求、促就业惠民生的教育功能。

高等职业教育作为一项朝阳事业，从小到大，从分散到整合，从政策边缘走向中心，取得了长足的跨越式进展，社会声誉和社会认可度日益提高。高等职业教育已然成为我国高等教育的重要组成部分，为高等教育大众化做出突出贡献。高等职业教育院校也已成为高级技术技能人才培养的重要基地，为推动国民素质的整体提高起到积极作用。

2. 系统培养各层次技术技能人才

《决定》以及 2015 年教育部印发的《高等职业教育创新发展行动计划（2015—2018 年）》中均提出，要完善中、高职技能人才职业教育体系内部接续培养机制，健全高等职业教育"文化素质＋职业技能"的考试招生办法。实施以全国统一高考为基础、单独考试招生、综合评价招生、中高职技能拔尖人才免试招生制度。国务院明确 2015 年通过分类考试录取的学生占高职院校招生总数的一半左右，2017 年成为主渠道。分类招生考试，将人的职业综合素质作为招生考核标准，是招生制度上的重大突破，充分

---

① 国务院关于加快发展现代职业教育的决定 _ 教育 _ 中国政府网 [EB/OL]. (2014-06-22) [2023-10-16]. https://www.gov.cn/zhengce/content/2014-06/22/content_8901.htm.

体现了人在职业教育中主体性存在，注重个体的个性化发展；有利于高职院校根据学校专业设置和学科特点有针对性地选择合适的技能型人才进行后续培养，提高高等职业院校的生源质量。对于考生而言，可将兴趣爱好、技能特长、对未来职业的预期等与招考专业相结合，挖掘自身潜力的、提升自身综合素质。

《决定》明确提出了高等职业教育体系既包括职业教育专科层次、也包括应用技术类本科层次，要求"到2020年，中等职业教育在校生达到2350万人，专科层次职业教育在校生达到1480万人，接受本科层次职业教育的学生达到一定规模"[①]，这一界定纠正了高职教育就是就业教育的错误认识，提升了技能人才培养层次。

同时，《决定》提出通过推动高等职业教育学分制改革，建立基于学分互认和学历补充方式，加强普通高等教育与高等职业教育的融合，优化学位设定；要让更多的中、高职学生接受高一层次教育，适度发展初中后五年制高等职业教育；贯通了从中职、高职、本科到学位研究生阶段人才培养的通道，使教育结构更加合理、层次更加丰富，为学生提供了多样化学习的机会，搭建起"人人皆可成才"的路线图，也为高等职业教育发展描绘了行动蓝图。

3. 提高经费保障水平

保障高职教育经费是高职教育发展的前提和物质基础。《决定》指出，要"进一步健全公平公正、多元投入、规范高效的职业教育国家资助政策。逐步建立职业院校助学金覆盖面和补助标准动态调整机制"[②]。

党的十八大以来，国家财政大幅提高了对高职教育的经费投入。财政部、教育部印发的《关于建立和完善以改革和绩效为导向的生均拨款制度加快发展现代高等职业教育的意见》，明确规定2017年各地高职院校年生均财政拨款水平应当不低于12000元，办学经费首次有了国家制度作为保障。与此同时，高职院校意识到加强集团化办学，多渠道筹集办学经费，是高职教育提高办学效益的必然选择。最后，建立了覆盖广泛的高职教育学生资助体系。2014年，中央财政共下拨高职奖补资金约64亿元。高职奖学金覆盖了近30%学生，助学金覆盖25%以上学生。国家通过落实生均拨款政策，建立多渠道筹资机制及加大对高职学生奖助学金支持力度，提高高职经费保障水平，确保职业教育健康快速发展，解决城市贫困家庭和农村学生上学难问题，促进教育公平，为实现社会公平奠定基础。

4. 创新人才培养模式

《决定》提出："开展校企联合招生、联合培养的现代学徒制试点，完善支持政策，

---

① 国务院关于加快发展现代职业教育的决定_教育_中国政府网[EB/OL].（2014-06-22）[2023-10-16]. https://www.gov.cn/zhengce/content/2014-06/22/content_8901.htm.
② 国务院关于加快发展现代职业教育的决定_教育_中国政府网[EB/OL].（2014-06-22）[2023-10-16]. https://www.gov.cn/zhengce/content/2014-06/22/content_8901.htm.

推进校企一体化育人。"[1]构建现代学徒制，深化工学结合，将学校学习与企业工作交替进行，促进知识传授、技能实训与工作实践的紧密衔接，改革教育方法，加大实践教育活动比重，符合高职教育发展本质规律和技能人才个体发展一般规律，体现了学校理论教学与企业生产劳动和社会实践相融合，创新了技能型人才培养模式，探索了高职院校招生与企业招工方式，成为产教融合的新路径。高职院校根据企业技术人员岗位特点和性质设置专业和开发课程，注重能力培养和技能训练，企业参与职业教育人才培养全过程，提升校企合作育人的有效性、针对性，提高了学生就业、创业、职业迁移能力，现代学徒制已经成为构建中国特色职业教育体系的重要内容。

5. 明确企业办学主体地位

党的十八届三中全会明确指出，市场应充分发挥在高等职业教育发展过程中的资源配置的作用，要引导社会各界尤其是行业企业积极支持和投身职业教育建设，在国务院于2002年、2005年发布的相关文件中对企业的地位的表述是：政府主导，依靠企业。《决定》要求优化职业教育发展环境，首次提出企业是职业教育的重要办学主体，是制约高职教育发展的关键因素。鼓励探索发展股份制、混合所有制职业院校，开展多元主体组建职业教育集团的改革试点。要发挥企业办学和参与教育教学活动的积极性，让企业和学校两个办学主体真正融合，形成利益共同体，激发高职院校办学活力，以此增强学校人才培养的实用性和毕业生岗位的适应性。

6. 建立现代学校制度

《国家中长期教育改革和发展规划纲要（2010—2020年）》从制度建设的层面对现代职业院校提出了新的要求：政校分开、管办分离，落实和扩大学校办学自主权。[2]《决定》还指出："完善现代职业学校制度，扩大职业院校在专业设置与调整、人事管理、教师评聘、收入分配等方面的办学自主权。职业院校要依法制定体现职业教育特色的章程和制度，完善治理结构，提升治理能力，激活办学活力。"[3]

高职院校要坚持和完善党委领导下的校长负责制，落实党委、校长职权，健全议事规则与决策程序；探索通过建立高职院校、行业企业、社区等多元的、不同利益诉求主体参与的学校理事会或董事会；健全社会支持和监督学校发展的长效机制，共同依法、民主、多元地治理学校，使得学校办学更加科学、公平、高效，以达到提升高职教育教学质量和构建现代职业教育体系的目的。

---

[1] 国务院关于加快发展现代职业教育的决定_教育_中国政府网[EB/OL].（2014-06-22）[2023-10-16]. https://www.gov.cn/zhengce/content/2014-06/22/content_8901.htm.

[2] 国家中长期教育改革和发展规划纲要（2010—2020年）_中华人民共和国教育部政府门户网站[EB/OL].（2010-07-29）[2023-10-19]. http://www.moe.gov.cn/srcsite/A01/s7048/201007/t20100729_171904.html.

[3] 国务院关于加快发展现代职业教育的决定_教育_中国政府网[EB/OL].（2014-06-22）[2023-10-16]. https://www.gov.cn/zhengce/content/2014-06/22/content_8901.htm.

（六）高等职业教育高质量发展阶段（2017年至今）

1. 政策支持

2017年12月的中央经济工作会议上习近平指出，推动高质量发展，是保持经济持续健康发展的必然要求，是适应我国社会主要矛盾变化和全面建成小康社会、全面建设社会主义现代化国家的必然要求，是遵循经济规律发展的必然要求。[①]经过改革开放以来长期的高速发展，我国经济在总量上已经取得显著成就，巨大成就的取得促使我国经济发展向质的提升转变。习近平反复强调："我国已进入高质量发展阶段"[②]，表明我国经济发展在总的量变过程中发生了阶段性的部分质变，体现了我国经济发展的前进性。但并不意味着我国经济高质量发展就没有问题。习近平多次指出："实现高质量发展还有许多短板弱项"[③]，这些短板和弱项是制约经济实现高质量发展的突出矛盾和问题，体现了我国经济发展的曲折性。我国已进入高质量发展阶段，这一论断指明了今后一段时期我国经济发展的历史方位，是今后一段时期我国经济发展的最大实际，是今后一段时期我国制定经济政策、路线、方针和政策的出发点。高质量发展阶段的经济发展更加注重经济发展方式的转变、经济结构的优化和经济发展动力的转换，而这样的经济发展必然并且也只能是高质量的发展。

当前，我国开启了"第二个百年"新征程，向着全面建成社会主义现代化强国迈进。中国经济在高质量发展中崛起，不断加快产业结构升级和生产方式调整，这就相应地提高了国家对人才质量的要求，尤其是生产领域高素质技术技能人才的急需，倒逼职业教育提质增效，实现高质量发展，为推动国民经济和提高竞争力提供源源不断的高素质劳动者。2021年10月，中共中央办公厅、国务院办公厅印发了《关于推动现代职业教育高质量发展的意见》，明确提出了推动现代职业教育高质量发展的总体目标：到2025年，职业教育类型特色更加鲜明，现代职业教育体系基本建成，技能型社会建设全面推进。办学格局更加优化，办学条件大幅提高，职业本科教育招生规模不低于高等职业教育招生规模的10%，职业教育吸引力和培养质量显著提高。到2035年，职业教育整体水平进入世界前列，技能型社会基本建成。技术技能人才社会地位大幅提升，职业教育供给与经济社会发展需求高度匹配，在全面建设社会主义现代化国家中的作用显著增强。[④]

[①] 中央经济工作会议在北京举行[N]. 人民日报，2017-12-21（001）.

[②] 习近平. 习近平谈治国理政（第四卷）[M]. 北京：外文出版社，2022：59.

[③] 习近平. 习近平谈治国理政（第四卷）[M]. 北京：外文出版社，2022：59.

[④] 中共中央办公厅 国务院办公厅印发《关于推动现代职业教育高质量发展的意见》_2021年第30号国务院公报_中国政府网[EB/OL].（2021-10-12）[2023-11-05]. https://www.gov.cn/gongbao/content/2021/content_5647348.htm.

党的二十大提出"高质量发展是全面建设社会主义现代化国家的首要任务"[①]。《关于深化现代职业教育体系建设改革的意见》提出"把推动现代职业教育高质量发展摆在更加突出的位置"[②]，为现代职业教育的"大有可为"提供了良好的政策引导。在高等职业教育领域，依托"双高计划"和"行动计划"，一大批高等职业学校的办学实力取得了长足进步，高职专科的职业教育主体地位不断强化，社会适应性进一步增强。

我国现有的职业教育体系主要由中职院校、高职院校、本科层次职业学校三种类型组成。职业教育与普通教育一样重要。职业教育是国民教育体系和人力资源开发中必不可少的组成部分，肩负着培养技术技能型人才、促进产业经济转型升级的重要职责。"十四五"期间是职业教育高质量发展的重要时期，我国职业教育体系面临转型升级的发展机遇。2021年，我国针对职业教育发展，相继发布《关于推动现代职业教育高质量发展的意见》《中华人民共和国国民经济和社会发展第十四个五年规划和2035年远景目标纲要》（以下简称《纲要》）等重要文件，旨在完善中国特色现代职业教育，推动职业教育高质量发展。

《关于推动现代职业教育高质量发展的意见》明确提出，到2025年，我国职业教育的发展特色要更加鲜明，办学格局要更加优化，办学条件大幅提高，职业教育吸引力和培养质量显著提高，现代职业教育体系要基本建成。《纲要》指出，要"增强职业技术教育适应性"[③]，突出职业教育的特色，优化结构与布局，深化产教融合、校企合作，鼓励企业等社会力量举办高质量职业技术教育，大力培养应用型技术技能人才，探索中国特色学徒制。"十四五"期间，国家实施教育提质扩容工程，支持建设200所以上高水平高职学校和600个以上高水平专业；加强创新型、应用型、技能型人才培养，壮大高水平工程师和高技能人才队伍。

"十四五"期间，我国产业经济发展正值转型升级的关键时期，高质量发展成为社会经济发展的主题。2015年国家制定的《中国制造2025》为中国制造业未来发展设计了顶层路线图。未来制造业的转型升级、硬核科技的突破都需要大量的产业技能型人才。产业技能型人才培养最有效的途径是职业教育，因此，未来势必会兴起一场职业教育的大改革。这是我国职业教育未来发展的重要机遇。

2. "双高计划"对高职院校发展的新要求

党的十八大以来，党中央、国务院高度重视职业教育，不断加大政策供给，特别是

---

① 习近平. 高举中国特色社会主义伟大旗帜　为全面建设社会主义现代化国家而团结奋斗——在中国共产党第二十次全国代表大会上的报告（2022年10月16日）[M]. 北京：人民出版社，2022：28.
② 中共中央办公厅　国务院办公厅印发《关于深化现代职业教育体系建设改革的意见》_ 中央有关文件 _ 中国政府网 [EB/OL].（2021-10-12）[2023-11-05]. https://www.gov.cn/zhengce/2022-12/21/content_5732986.htm.
③ 中华人民共和国国民经济和社会发展第十四个五年规划和2035年远景目标纲要 _ 中华人民共和国教育部政府门户网站 [EB/OL].（2004-04-06）[2023-10-16]. http://www.moe.gov.cn/jyb_xwfb/xw_zt/moe_357/2021/2021_zt01/yw/202103/t20210315_519738.html.

"双高计划"系列配套政策对高职院校提出了更高的要求。在建设具有特色高水平高职学校和专业群的目标引领下，高职院校应找准自身发展定位，持续深化改革，强化内涵建设，办出特色水平，实现高质量发展。

(1) 引领改革，全面推动高职教育内涵建设

我国职业教育经过了示范校时期探索校企合作、工学结合人才培养模式的点状改革阶段，骨干校时期探索体制机制创新，以深化校企合作、工学结合等专题来探索类型教育的改革阶段，而后开启了"双高计划"提质培优、增值赋能、全面推进内涵建设的新阶段。站在职业教育改革的前沿，高职院校亟须聚焦职业教育改革发展的热点和难点，打破现有制约职业教育发展的体制机制，打一场高职教育提质升级的"攻坚战"。通过"双高计划"内涵式发展，形成一批有效的职业教育高质量发展政策、制度、标准，让经验和模式通过复制、推广等形式助力更多高职院校发展，发挥"双高计划"高职院校的示范引领作用。

(2) 支撑发展，为经济社会发展提供优质人才

为不断增强职业教育适应性，"双高计划"高职院校须站在服务国家战略和区域经济社会发展的高度办学，通过人才培养、技术研发、社会培训等方式提供有力的人才和智力支撑。当前各行各业对技术技能人才的需求不断增加，为"双高计划"高职院校培养高素质劳动者和技术技能人才提供了发展动力。在支撑区域经济社会发展领域，"双高计划"高职院校要积极对接区域性支柱产业、战略性新兴产业、优势特色产业等，优化调整专业对接产业发展，实施"三教"改革，全面对接新产业、新业态、新产品，提高技术技能人才的供给能力，以技术创新强化对区域企业的支撑作用，促进区域产业转型升级。

(3) 凸显高水平，推进高职教育高质量发展

"双高计划"旨在通过建设一批引领改革、支撑发展、中国特色、世界水平的高职学校和专业群，推动高职教育内涵建设和高质量发展。"双高计划"高职院校务必从对标国家战略、推进发展和融入区域产业转型升级的高度，谋划和推动高职教育系统性改革，始终坚持高标准定位，实施高水平建设，引领高质量发展。具体来说，入围"双高计划"的高职院校需全面落实十大建设任务，在技术技能人才培养、技术研发水平、专业群建设、高水平"双师"队伍、校企合作产教融合、服务发展水平、学校治理、信息化数字化建设和国际化办学水平等领域体现高水平，从而有效支撑国家重点产业、区域支柱产业发展，引领新时代职业教育高质量发展。

(4) 彰显特色，形成特色职业教育发展模式

"双高计划"建设的第一个基本原则是坚持中国特色，支持办学特色鲜明的高职学校和专业群率先发展，打破"千人一面"的发展格局。高职院校多年来在人才培养、科技服务和社会培训等领域的办学实践形成了社会公认的独特、优质的办学特征，这是学

校特色化发展的重要基础。职业教育成为与普通教育具有同等重要地位的教育类型，更需要高职院校办学彰显教育类型的不可替代性——职业性，因此，在办学模式上要充分体现校企合作，彰显产教融合特色，健全多元共治的治理结构和治理特色。这就要求"双高计划"高职院校充分发挥自主性和首创性，进一步彰显职业教育人才培养特色，实现"一校一特色"。

三、高等职业教育发展的理论基础

（一）竞争优势理论

哈佛大学商学院教授迈克尔·波特（Michael E. Porter）于1990年在《国家竞争优势》中第一次以传统比较优势理论为基础，提出了竞争优势理论。根据竞争优势理论，有四个基本要素密切关联着国家和地区的产业竞争：第一个要素是需求条件，第二个要素是生产要素，第三个要素是相关产业和支持产业的表现，第四个要素是企业的战略、结构和同行竞争对手，此外，还有两个辅助要素分别为"政府"和"机会"。[①] 如果一个国家的特定产业想在国际上取得竞争优势，关键在于四个基本要素的实现以及与两个辅助要素的结合，这些基本要素与辅助要素结合便构成了著名的钻石理论模型（Diamonds Theory Model）。竞争优势理论认为，发展高级生产要素是通过生产要素建立起强大并持久的竞争优势的必需条件。高等职业教育走类型化发展的道路，也就意味着要取得其他类型教育所不具备的竞争优势。将竞争优势理论运用于分析、探究高等职业教育类型化发展的理论与实践，能够加快高等职业教育对自身不足的认识，全方位做好自身定位、发展自身特色、建立自身优势，从而完善现代教育体系、推进教育现代化进程。

（二）协同创新理论

奥地利经济学家熊彼特（Joseph A. Schumpeter）1912年在《经济发展理论》一书中首次将"创新"（Invention）一词作为学术用语提出，认为创新是将生产系统的中生产要素和生产条件进行一种从未有过的有机结合以达到降低成本和利润最大化的目的。[②] 协同理论与协同学是由德国物理学家哈肯（Hermann Haken）于1971年提出并创立的，他认为协同是在开放系统内，通过每个子系统之间产生的非线性相互作用，从而使系统从无序到有序，从低级到高级，以及从有序又转换为混沌的具体机理和共同规律。[③] 伴随着人们创新需求的增加、创新意识的增强，协同学相关理论逐渐被引入到创新概念之中，用来研究系统内各个子系统之间的相互协同关系。哈肯认为协同创新是通过创新资源和要素的有效汇聚以充分释放人才、资本、信息、技术等创新要素活力并实现深

---

① 迈克尔·波特. 国家竞争优势[M]. 李明轩，邱如美，译. 北京：华夏出版社，2002：67-69.
② 约瑟夫·熊彼特. 经济发展理论[M]. 何畏，等，译. 北京：商务印书馆，2020：15.
③ H. 哈肯. 协同学[M]. 徐锡申，等，译. 北京：原子能出版社，1984：56.

度合作。① 在高等职业教育系统中，存在着大大小小的各种要素，不同要素之间也存在着各种利益关系。高等职业教育要实现类型化发展，必须协调好内部要素及其利益关系，协同创新理论有助于统筹所有要素之间的深度合作，使整个高等职业教育系统持续健康运转。

（三）教育生态理论

1966年英国学者阿什比（Ashby E.）首次提出了"高等教育生态学"的概念，开创了用生态学的原理与方法研究高等教育的先河。② 阿什比将高校的生存与发展类比为生物进化过程，认为"任何类型的大学，同所有生物一样，都是遗传和环境的产物"③。教育生态学通过积极借鉴教育学和生态学两个领域的研究方法，从整体上综合分析教育生态系统的各个组成部分及其相互作用与联系，有助于借助生态学的原理和方法对教育现象进行研究，掌握教育生态要素中的各项因果结构，从而达到促进教育效益的提高、促进教育功能达到最优化的目的。教育作为一个生态系统，是教学环境内相互作用的生态要素形成功效和机能完善的统一整体。④ 教育生态理论有助于将高等职业教育视作教育生态系统的组成部分之一，从而综合分析与其他组成部分的联系、内部的运作机制，有利于使高等职业教育的内部系统功能运行有效，外部系统功能协调发展，这也正是高等职业教育高质量发展的价值追寻所在。

（四）系统理论

系统理论是针对大型复杂的事物或者工程，所采用的一种超越局部，运用定量和定性等思维方法整合各部分要素所形成的一个整体的理论。系统工程理论作为一种理论与方法，针对大型的复杂系统，对其按照特定目标进行流程的开发、设计、管理及监控，以实现整体效果最优的目标。系统理论认为：系统普遍存在于自然界，系统分析的观念核心观点就是以整体性构建系统的结构，动态性、时序性、层次性剖析系统的逻辑关系，相关性探索事物之间的关联性。⑤。系统理论的基本原理、系统要素、结构、功能、过程等均与高等职业教育发展密切相关，并广泛应用于实践中。高等职业教育体系中，人才培养目标确认、教学目标的设定、教学大纲、教学内容的合理安排、教学工具和技术手段的使用、教学成果的评估、教学资源准备和运转等模块各自形成子系统，只有让职业教育各个子系统形成有机结合、协调运行，最终实现职业教育资源最佳配置。

---

① 赫尔曼·哈肯. 协同学：大自然构成的奥秘[M]. 凌复华, 译. 上海：上海译文出版社，1995：56.
② 范国睿. 美英教育生态学研究述评[J]. 华东师范大学学报（教育科学版），1995（02）：83-89.
③ 阿什比. 科技发达时代的大学教育[M]. 滕大春, 滕大生, 译. 北京：人民教育出版社，1983：7.
④ Finn H, Maxwell M, Calver M. Why Does Experimentation Matter in Teaching Ecology?[J]. Journal of Biological Education，2002（04）：158-162.
⑤ 冯·贝塔朗菲. 一般系统论：基础发展和应用[M]. 林康义, 等, 译. 北京：清华大学出版社，1987：61.

四、高等职业教育高质量发展的内涵及意义

（一）高等职业教育高质量发展的内涵

高质量发展既是阶段上的变化，如经济的粗放（要素驱动）转向集约（投资驱动、创新驱动），教育的外延（规模扩张、跨越式）转向内涵（质量、特色、品牌），也是结果上的变化，如经济、政治、文化、社会、生态、教育和科技等的高质量。就高等职业教育而言，阶段上的变化是步入新的发展阶段，如契合需求——增强适应性、创新理念——立德树人、追求卓越——认可度高，其中，适应性是职业教育最大的质量标志之一[①]，立德树人是根本任务，认可度高则是类型教育的目标追求。结果上的变化是高等职业教育成为我国职业教育发展的重心，"职业教育体系内部的主体向专科、本科层次转移"[②]。因此，高等职业教育的高质量发展包括以下四个方面的内涵。

1. 质量导向

突破规模扩张的粗放型发展方式，服务经济社会发展，坚持立德树人，为党育人、为国育才，强化质量保障体系，增强适应性，大有作为。

2. 标准引领

基于类型定位，强化高等职业教育的基础设施、专业群、师资队伍、实践教学条件、科研与社会服务能力等支撑维度的高标准，打造人才培养高地和技术技能创新平台，实现高质量发展。

3. 主体多元

高等职业教育的外部依赖性对办学主体多元化提出了客观要求，高质量的职普融通、产教融合、科教融汇离不开政府、行业、企业等多主体的协同育人。

4. 成果彰显

高质量的高等职业教育应该是看得见的——当地离不开、业内都认同、国际可交流，人才培养的标志性成果成为办学实力的最好证明，所以，基于比较优势的人才培养成果彰显是认可度的应有之义。

（二）高等职业教育高质量发展的意义

1. 高等职业教育高质量发展的必要性

（1）服务国家战略的要求

实现高等职业教育的高质量发展是国家战略的客观要求，正如习近平强调的："职业教育是国民教育体系和人力资源开发的重要组成部分，是广大青年打开通往成功成才大门的重要途径，肩负着培养多样化人才、传承技术技能、促进就业创业的重要职责，

[①] 周建松. 增强适应性是职业教育提质培优的关键[N]. 中国教育报，2021-02-23（03）.

[②] 陈子季. 深入贯彻落实《职业教育法》依法推动职业教育高质量发展[J]. 中国职业技术教育，2022（16）：10.

必须高度重视、加快发展。"[1]高等职业教育通过立德树人、培养技术技能人才,以人才红利助力经济社会发展;通过发挥产教融合、校企合作的办学优势,提升学生技术技能,促进学生就业创业,促进教育和产业联动发展。

（2）高等职业教育的问题导向要求

从高等职业教育领域看,招生分数线下滑、人才培养制度标准不够健全、模式创新不够、培养方案的科学性引领性欠缺、实习实训指导不到位等问题比较多;专升本数量相对较低、就业的对口率、学生满意度不够、就业创业需要进一步加强;教师队伍总量不足、教授和博士等高层次人才数量较低;企业参与办学的动力、科研与社会服务能力不足,与高质量发展要求不适应。

（3）高等职业院校可持续发展要求

高等职业院校的发展进入关键办学能力比拼阶段,探索"一体两翼",即省域现代职业教育体系建设新模式、市域产教联合体和行业产教融合共同体,提升关键办学能力,打造核心课程、优质教材、教师团队、实践项目,建设职业教育国家专业教学资源库、国家精品在线课程和培育国家虚拟仿真实训基地等,以及广泛开展技术技能培训。这些是趋势,是任务,更是可持续发展要求,提升关键办学能力有待高质量发展去塑造与成就。

2. 可行性

（1）党和国家政策提供机遇

新修订的《职教法》、中办、国办印发的《关于推动现代职业教育高质量发展的意见》、教育部印发的《本科层次职业学校设置标准（试行）》、各省（市、区）相应推出的"推动现代职业教育高质量发展的实施意见"等都为高质量发展高等职业教育提供了政策机遇。

（2）社会期盼增强底气

基于"群众拥护不拥护、赞成不赞成、高兴不高兴、答应不答应"[2]的逻辑起点,行业企业对高素质技术技能人才的需求旺盛、学生和家长对高等职业教育高质量愿望强烈,高质量发展高等职业教育、增强社会认可度、提升社会获得感,必将逐步改变职教学生"低人一等"的局面,为社会所拥护和赞成。

（3）业内部分院校具备高质量发展条件

在高等职业教育领域,依托"双高计划"和"行动计划",一大批高等职业学校办学实力取得了长足的进步,高职专科的职业教育主体地位不断强化,社会适应性进一步增强。以安徽商贸职业技术学院为例,在教育部、安徽省教育厅的支持下,学院占地面积560亩、校舍建筑面积28万平方米、生均教学仪器设备值超万元、图书（含电子图书）近150万册,基础设施达到同类院校一流水平,师资队伍和科研经费基本满足职业本科

---

[1] 中共中央文献研究室编. 习近平关于社会主义社会建设论述摘编[M]. 北京：中央文献出版社,2017：48.
[2] 中共中央文献研究室编. 十六大以来重要文献选编（上）[M]. 北京：中央文献出版社,2005：775.

办学条件。2019年"双高计划"建设以来，学院取得的成绩有：3个国家教学成果二等奖、3个省级以上重点专业群、11门国家级核心课程、27本国家"十三五""十四五"规划教材、3个国家教材奖以及学生职业技能大赛国赛一等奖7个、教师教学能力大赛一等奖1个、二等奖4个、主持国家级教学资源库1个、国家级职业教育教师教学创新团队1个、国家职业教育虚拟仿真示范实训基地1个、国家级职业院校数字校园建设试点项目1个等，这些成绩为高质量发展提供了条件，增添了勇气。

第二章　高等职业教育发展的现实审视

进入21世纪，世界各国间的竞争更加激烈，经济竞争归根结底是人才的竞争、教育的竞争。其中，高等职业教育与经济发展的关系最为密切。加强高等职业教育发展，提高国民经济发展水平，已然成了各国发展的共识。培养高素质、高技能型人才已经成了各国高等职业教育的中心目标。因此，引导和促进高等职业教育高质量发展，已成为我国培养高技术人才、增强国际竞争力、提高国际地位的重要手段。

纵观这将近四十年的发展历程，我国高等职业教育政策发展愈加完善，高职教育的作用也愈加突出，为社会培养了大量优秀人才，其意义重大，影响深远。但是，目前高职院校发展普遍存在理念桎梏、定位不明晰、法律制度体系不健全、招生难、师资难、资源条件跟不上发展等问题。

一、高等职业教育发展的现状分析

（一）政策的积极引导作用

1. 政策在促进高职教育地位和功能上的作用逐步提升

由于受传统思想的影响，人们对高职教育存在偏见和歧视，认为高职教育没地位、没水平，高职教育就是为成绩差、无能力的学生准备的。种种现象似乎表明，就国家而言，高职是次等教育；就学生家长而言，高职是无奈的选择；就企业而言，高职毕业生就是次等品，总之，高职毕业生和本科毕业生在社会中受到了截然不同的对待。我国高等职业教育发展的主要方式是政府主导，而政府主导的主要方式就是政策推进。

进入21世纪，高职教育的地位逐步扭转。毋庸置疑，高职教育政策对高职教育地位的影响是深远的。其地位从最初的被边缘化到现在的"半壁江山"——近几年我国高职教育发展迅猛，不管是高职院校的招生规模还是政府对高职教育的资金投入，都呈现逐年增长的趋势，这说明了我国政府对高职教育的重视程度日益上升。在我国经济建设和社会发展中的作用也日益突出，缓解了社会就业压力，提升了经济效益。2019年2月国务院印发《国家职业教育改革实施方案》（国发〔2019〕4号），这份方案被看作是办好新时代职业教育的顶层设计和施工蓝图，其中第一句话就明确了其地位："职业教育与普通教育是两种不同教育类型，具有同等重要地位。"[①]这不仅表明了职业教育在我国教育体系中的重要地位，也为我国职业教育的发展指明了方向。另外，从近些年来高职院校的发展规模和在校生人数可以看出，高职教育的地位明显提升。

高职教育功能的发挥也依赖于高职教育地位的提升，高职教育的功能也逐步呈现多样性。首先是经济功能。发展高等职业教育是我国成为制造业强国、走新型工业化道路、发展高新技术产业、培养数以万计的高素质、高技能人才的主要途径，对我国的经济发展和竞争力提升十分重要。其次是我国教育大众化的主要手段。随着高校扩招，我国已步入了高等教育大众化阶段，这与我国大力发展职业教育密不可分，可以说几乎与普通教育平分秋色，为我国高等教育大众化贡献了许多力量。最后是其社会功能。发展高职教育是我国构建和谐社会、构建终身学习体系和学习型社会，贯彻以人为本的科学发展观的主要路径，为其发挥着不可替代的作用。

2. 政策的目标和导向愈加明确

随着高职教育地位和影响的提升，人们对高职教育的认识也更加深刻，因此政策的目标和发展方向也更加明确。2002年国务院印发的《关于大力推进职业教育改革与发展的决定》（国发〔2002〕16号）明确了我国高职教育"十五"期间的改革与发展的目标，不断改进高职教育的教育教学模式，促进体制和制度革新，满足经济结构调整和技术进步的需要，初步建立起与我国经济发展相协调的现代职教体系。2005年国务院印发的《关于大力发展职业教育的决定》（国发〔2005〕35号）明确了我国高职教育下一步的发展目标，高职发展要与市场需求和劳动就业相适应，促进校企合作和工学结合，建立起结构合理、形式多样、灵活开放、自主发展，具有中国特色的现代职教体系。高职院校办学条件明显提高，师资力量明显提升，质量效益显著提高。2014年，国务院印发的《关于加快发展现代职业教育的决定》（国发〔2014〕19号）明确了到2020年高职教育要适应社会发展需求，产教融合得到深度发展，中高职、职教与普教之间相互沟通，体现终身教育理念，具有中国特色、世界水平的现代职教体系，专业设置更加适应经济社会需求，职业院校办学水平普遍提高，发展环境更加优化。

从2002年我国第四次职教工作会议召和国务院印发《关于大力推进职业教育改革与发展的决定》开始，我国职业教育发展进入一个全新的时期，国家对职业教育的重视也是有目共睹，针对发展中出现的问题，不断地补充和完善，明确我国高职教育发展方向。我国高等职业教育发展的春天已经到来了。

3. 政策提倡高职教育办学类型、层次和模式向多元化方向发展

进入21世纪，高等职业教育的办学规模、办学数量都有了显著的提高，办学机构和办学方式也逐渐变得多元化，这为高等职业教育的健康发展和高职教育体系的建立和

[①] 国务院关于印发国家职业教育改革实施方案的通知_教育_中国政府网 [EB/OL].（2019-02-13）[2023-10-20]. https://www.gov.cn/zhengce/content/2019-02/13/content_5365341.htm.

完善奠定了基础。

世纪之交，国家明确提出我国高等职业教育发展的形式和模式要走向多元化，这使我国开始了类型结构、层次结构和办学模式的探索。在类型结构方面，主要有职业技术学院、短期职业大学、普通高等专科学校、本科院校举办的二级职业技术学院、具有高等学历资格的民办高校等。[①]从层次结构来看，依现有的政策性界定，高职教育属于大专层次的教育，我们所谓的高职高专就是指高职教育。

近些年来，一些试点和示范性的应用技术本科在本科学院举办，还批准了一些职业院校师资培训基地可以依托大学建立，这是高职教育在层次结构上的积极探索。

办学模式方面呈现多样化的趋势。高职教育发展初期，办学模式比较单一，随着高职教育的发展，办学模式逐步呈现多元化，这与我国经济发展的实际需求分不开，主要有校企合作、集团化办学、订单式培养以及模块化教学等方面。

2002年国务院印发的《关于大力推进职业教育改革与发展的决定》明确提出要"形成政府主导、依靠企业、充分发挥行业作用、社会力量积极参与的多元办学格局"[②]。政府在多元办学中主要发挥宏观调控作用，对其办学过程进行监管和调控，行业和企业主要为社会培养人才并加以用之，促进社会经济发展。2005年印发的《关于大力发展职业教育的决定》对这一表述的补充增加了公办与民办共同发展，有利于充分利用社会资源，缓解供需矛盾。2014年印发的《关于加快发展现代职业教育的决定》肯定了民办职业院校的法律地位，与公办职业院校一样享有财税、土地等同等优惠的政策，以调动企业办学的积极性，吸引企业参与办学。给予各高职院校更大的自主权，比如课程设置、教师考核、工资分配等，以激发高职教育的活力。

4. 政策注重高职教育自身建设能力的增强

（1）政策日益注重规模逐步扩大与质量不断提升

高职人才培养的质量与高职教育发展和社会经济发展息息相关。在不断扩大高职规模的同时，更要注重其人才质量的提高。

高职院校学生就业率与质量紧密挂钩，培养的人才能否找到工作，是衡量高职院校办学质量高低的标准之一。本科毕业生一般会选择继续接受高层次教育或者出国留学，高职毕业生大都直接步入职场，这说明高职院校的人才培养质量是值得肯定的。

在21世纪的前十年里，我国高等职业教育办学条件发生了深刻变化，培养能力不断提升，高等职业教育由规模建设逐步转向以质量发展为主的内涵建设。[③]2015年，教育部印发的《关于深化职业教育教学改革全面提高人才培养质量的若干意见》进一步明

---

① 耿欣. 浅析日本高等职业教育对我国的启示[J]. 长春教育学院学报，2011，27（07）：131-132.
② 国务院关于大力推进职业教育改革与发展的决定_中华人民共和国教育部政府门户网站[EB/OL].（2002-10-28）[2023-10-20]. http://www.moe.gov.cn/jyb_xxgk/gk_gbgg/moe_0/moe_8/moe_28/tnull_491.html.
③ 中国职业技术教育学会课题组，等. "十二五"以来我国职业教育重大政策举措评估报告[J]. 职业技术教育，2017，38（12）：10-32.

确：高等职业教育需坚持内涵式发展的道路，加强学生道德素质和实践技能的培养，促进学生全面发展。①2014年印发的《关于加快发展现代职业教育的决定》全面而系统地介绍了提高高职人才培养质量的办法：第一是推进人才培养模式创新，加强校企合作、工学结合，提高学生的实践技能，重视实践技能的培养，实行"双证书制度"，推行校企联合招生和培养的现代学徒制试点，推进校企一体化育人模式。第二是建立健全课程衔接体系，专业和课程的设置要与经济技术需要相协调，与职业标准相衔接，满足中高职衔接的需要，坚持以德树人。第三是"双师型"教师队伍的建设，加强"双师型"教师培训基地建设，加强教师实践训练，提高实践能力和科研能力，改革教师任职资格，健全教师职称评聘办法，加强校领导培训，对所有教师进行五年一周期的培训，贯彻教师企业实践制度，学校按照有关规定自主聘请兼职教师的要求政府应支持。完善技术型人才担任专兼职教师的相关政策。第四是提高信息化水平，扩宽高职教育资源的覆盖面，实现不同区域优质高职教育资源的共建、共享，大力推广远程教学，实现教学与生产过程的实时互动，将信息技术应用能力与教师考核挂钩，促进教师现代信息技术应用能力的提高。第五是加强国际交流与合作，通过"引进来"和"走出去"，不断提高我国的技术水平。通过引进国外高水平专家、互派留学生和教师、开展中外合作办学等方式学习国外先进技术。人才培养质量是衡量我国高职院校办学水平高低的关键因素。②

（2）政策要求高职人才培养模式更加注重实践技能

人才培养模式的探索一直贯穿于高职教育发展的过程中。2000年印发的《关于加强高职高专教育人才培养工作的意见》，这是全面研究高职教育人才培养模式的开端；2004年印发的《关于以就业为导向，深化高等职业教育改革的若干意见》，鼓励加强校企合作，要求重视学生实践能力和可持续能力的培养，提高人才培养质量，推行"双证书"制度，把职业资格证书培训课程纳入教学计划之中；2005年印发的《关于大力发展职业教育的决定》，提出要摒弃课堂中心论，重视学生的企业实践学习，学生企业实训的时间至少为半年，大力推行工学结合、校企合作的培养模式，这标志着高等职业教育工学结合的人才培养模式从政策层面得到确立。③为进一步落实《关于大力发展职业教育的决定》精神，2006年教育部印发《关于全面提高高等职业教育教学质量的若干意见》，提出要重视学生技术技能的培养，高职教育的学习模式要与生产劳动和社会实践相结合，对不符合要求的专业及时调整，并提出了全面提高高职教育质量的相关意见。2010年颁布的《国家中长期教育改革和发展纲要（2010—2020年）》提倡产教结合、

---

① 教育部关于深化职业教育教学改革全面提高人才培养质量的若干意见_中华人民共和国教育部政府门户网站[EB/OL].（2015-08-17）[2023-10-22]. http://www.moe.gov.cn/srcsite/A07/moe_953/201508/t20150817_200583.html.

② 国务院关于加快发展现代职业教育的决定_教育_中国政府网 [EB/OL].（2014-06-22）[2023-10-16]. https://www.gov.cn/zhengce/content/2014-06/22/content_8901.htm.

③ 朱永新. 中国教育改革大系：职业教育卷[M]. 武汉：湖北教育出版社，2015：36.

工学结合的培养模式，表明高等职业教育人才培养模式探索还有很长的路要走。2011年，教育部印发的《关于充分发挥行业指导作用推进职业教育改革发展的意见》提出，继续探索工学结合的人才培养模式，推动和鼓励学生顶岗实习。[①] 为进一步提高人才培养质量推动，推动人才培养模式改革，教育部于2014年印发《关于开展现代学徒制试点工作的意见》。现代学徒制试点工作的开展，为高等职业教育人才培养模式提供了新的探索方向。2017年国务院办公厅印发了《深化产教融合的若干意见》，2018年教育部等六部门联合印发《职业学校校企合作促进办法》，对于进一步促进校企合作，规范校企合作工作，保障校企合作工作的进行，提高教育教学质量具有重要意义。

（3）政策提出高职"双师型"教师队伍建设的措施更加明确

2000年，教育部印发《关于加强高职高专教育人才培养工作的意见》，首次提出"双师型"教师的表述，这是关于高等职业教育师资队伍建设要求较早的指导性文件。教师是立教之本、兴教之源。从这一时期所有的政策文本来看，无不强调教师队伍的重要性。不管是具体的课程教材安排，还是培训基地的建设，所有教育教学工作都需要教师付出大量的心血。为保证我国高等职业教育的健康发展，国家出台了各项政策，保障师资队伍的建设和管理。21世纪以来，国家通过出台一些政策加强教师队伍的建设与管理，这些政策涉及教师的职业道德、专业素质和专业技能、职称评定等多个方面，加快了我国高等职业教育发展。在前面高职教育发展每一时期的分类论述中，笔者详细列举了具体的政策文件。这些文件分别从提高教师实践教学能力、教师企业实践制度、提升专业教学改革与实践能力和健全教师培养培训体系等方面进行部署安排，并对高等职业教育的教师培养进行了顶层设计，这对于教师体制的完善意义重大。[②]

（4）政策要求高职经费投入要不断增长

随着高职教育的发展壮大，其经费投入也逐年增加。与公办本科高校相比，高职院校经费总量占高等教育经费总量不到20%，其经费主要来自财政拨款和学杂费。[③]

2002年印发的《关于大力推进职业教育改革与发展的决定》明确了高职院校要充分发挥社会力量，坚持多渠道筹资，规定了在城市教育附加费的应用上，职业教育的比重至少为15%，对于已普及九年义务教育的地区至少为20%[④]，2005年印发的《关于大力发展职业教育的决定》中将用于职教部分的比重提升到20%，并且政府分配了专项经

---

① 教育部关于充分发挥行业指导作用推进职业教育改革发展的意见__2012年第2号国务院公报_中国政府网[EB/OL].（2011-06-23）[2023-10-22]. https://www.gov.cn/gongbao/content/2012/content_2041868.htm.
② 于海侠，杨云龙. 对改革开放40年来我国高等职业教育政策变迁的认识与思考[J]. 职业教育研究，2019（02）：11-16.
③ 张婧. 我国高等职业院校经费投入比较分析及其优化建议——基于2010—2017年年鉴数据分析[J]. 广东技术师范学院学报，2018，39（04）：7-12.
④ 国务院关于大力推进职业教育改革与发展的决定-中华人民共和国教育部政府门户网站[EB/OL].（2002-10-28）[2023-10-20]. http://www.moe.gov.cn/jyb_xxgk/gk_gbgg/moe_0/moe_8/moe_28/tnull_491.html.

费用于职业教育，另外还专门为职教的贫困生建立了助学制度[①]；2014年印发的《关于加快发展现代职业教育的决定》提出要不断完善经费投入机制，用于职教部分的附加费至少为30%，各级政府要根据办学规模建立相适应的财政投入制度，制定并落实高职院校公用经费标准和生均经费标准，逐步改善办学条件。另一方面要完善激励政策，鼓励社会力量出资办学。完善国家在高职教育方面的资助政策，加大对贫困和农村地区职教的投入力度，保障弱势群体的利益，促进职业教育公平化。[②]

5. 政策引导高职教育发展更加均衡化和公平化

均衡化是指东部和西部、城市和农村职业教育共同发展，是实现教育公平的内核。在我国高职教育的发展进程中，我国政府非常注重资源配置的均衡化和公平化，坚持"以人为本"，统筹东部和西部、城市和农村共同发展，缩小差距，这对构建和谐社会，实现社会公平具有非常重大的意义。[③]这是贯彻落实科学发展观的重要体现，具有重大的现实意义和深远的历史意义。公平合理地配置公共教育资源，进一步缩小城乡教育差距，不断提升教育质量，促进职业教育公平化。教育公平一直是我国非常重视的问题，尤其是对西部地区、农村地区以及贫困地区。自2005年国务院印发《关于建立健全普通本科高校、高职院校和中等职业学校家庭经济困难学生资助政策体系的意见》以来，对家庭经济困难学生的资助体系逐步建立起来，并且实行多种形式的资助，比如国家奖助学金、国家助学贷款以及顶岗实习等方式；对于农村和偏远地区职业教育发展较差的地方，政府提供专项经费，以促进该地区职业教育的发展；大力推进职业教育面向人人，注重招生对象多元化，不仅包括初高中生，还包括社会人员；关注农村地区和西部地区，给他们提供更优厚的资源，使每个人都有接受职业教育的机会，实现人生成长的价值。

2005年印发的《关于大力发展职业教育的决定》明确了今后一段时期我国职业教育发展的重点是农村和西部地区，提出了促进农业发展的一些措施，加强农校与企业的合作，走产学研相结合的道路；重视农村科技示范户培养；建设农民培训基地，提高职业学校质量；加大对农村的资金投入，加强中东部对西部地区的扶持力度，比如通过东部地区人员去西部地区办学以及任教等，提高西部地区职业院校的办学质量。[④]

从以上五个方面可以看出，我国高等职业教育的发展逐步深化，国家力图改变社会对高等职业教育的偏见，通过各项政策来规范高等职业教育的发展，使其充分发挥为社会服务的功能，为人类造福。

---

① 国务院关于大力发展职业教育的决定_教育_中国政府网 [EB/OL].（2008-03-28）[2023-10-22]. https://www.gov.cn/zhengce/content/2008-03/28/content_5549.htm.
② 国务院关于加快发展现代职业教育的决定_教育_中国政府网 [EB/OL].（2014-06-22）[2023-10-16]. https://www.gov.cn/zhengce/content/2014-06/22/content_8901.htm.
③ 范蔚，张龙. 城乡教育统筹发展的研究现状问题及展望[J]. 教师教育学报，2016，3（05）：83-88.
④ 国务院关于大力发展职业教育的决定_教育_中国政府网 [EB/OL].（2008-03-28）[2023-10-22]. https://www.gov.cn/zhengce/content/2008-03/28/content_5549.htm.

（二）现状分析

高等职业教育的发展是一个具有中国特色的教育问题，而其根基和驱动力则是把高等职业教育看作一个积极的、与经济社会发展相互关联的愿景。进入21世纪以来，在国家推动高等教育普及化和发展职业教育的双重政策促进下，我国高等职业教育取得了历史性的进步。特别是近年来，我国高等职业教育在规模、结构、质量、效益等方面取得了显著成就。

1. 规模不断扩大

截至2021年年底，全国共有高等职业院校1 468所，在校生2 915万人。2021年，全国普通高校招生规模达到1 012.12万人，其中本科招生443.12万人，专科招生524.34万人。专科招生规模已连续两年超过本科招生规模，占普通高校招生总规模的51.8%。至2021年，全国普通高校毕业生891.8万人，其中本科毕业生559.6万人，专科毕业生332.2万人。专科毕业生占普通高校毕业生总数的37.3%。[①]

2. 结构不断优化

按学历层次划分，我国目前已形成"中职—高职专科—职业本科"的一体化办学格局。至2021年年底，全国共有32所学校开展本科层次职业教育试点，招生规模约4.2万人。按办学类型划分，我国高等职业院校包括公办高等职业院校、民办高等职业院校、独立学院、成人高等教育院校等。其中，民办高等职业院校数量占比达到48.5%，在校生占比达到38.8%。按专业类别划分，我国高等职业教育共设立19个专业大类、97个专业类、1 349个专业，基本覆盖了国民经济各领域。[②]

3. 质量不断提升

近年来，我国高等职业教育大力实施质量提升工程，加强内涵建设和改革创新，提升人才培养质量和水平。一是加强专业建设和课程改革。推进专业设置与产业需求对接，建立动态调整机制，及时淘汰落后专业，开设新兴专业；推进课程标准化、模块化、信息化建设加强课程质量监控和评价。二是加强实践教学和技能考核。完善实训基地建设和管理，加强校内外实训基地的联动和共享；推行双证制度，实施技能等级认定和学历教育相衔接的考核评价体系。三是加强师资队伍建设和培训。加大"双师型"教师的引进、培养和激励力度，完善教师评价和激励机制；加强教师的岗位练兵和企业实践锻炼，提升教师的专业素养和实践能力。

4. 效益不断提高

高等职业教育为经济社会发展和个人成长成才提供了有力的人才支撑和技能服务。一是为产业发展提供了技术技能人才。高等职业教育紧密对接产业需求，培养了大批适应现代制造业、战略性新兴产业和现代服务业等领域需要的高层次技术技能人才。调

[①] 周云，溥丹丹，李本春. 高等职业教育发展战略研究[J]. 现代职业教育，2023（26）：53-56.
[②] 周云，溥丹丹，李本春. 高等职业教育发展战略研究[J]. 现代职业教育，2023（26）：53-56.

查数据显示，在现代制造业、战略性新兴产业和现代服务业等领域，一线新增从业人员70%以上是职业院校的毕业生。二是为社会发展提供了技能服务。高等职业教育积极参与社会公益事业，为脱贫攻坚、乡村振兴、生态文明建设、应急救援等提供了技能支持和服务保障。三是为个人发展提供了就业创业机会。高等职业教育注重培养学生的就业创业意识和能力，为学生提供多元化的就业创业指导和服务。近年来，职业学校毕业生年终就业率总体保持在95%以上。

二、高等职业教育发展面临的困境

进入21世纪以来，我国高等职业教育发展快速，但仍然是我国高等教育体系最为薄弱的环节，高等职业教育与人民群众的期盼还有一定差距，存在的问题概括地说有以下几个方面。

（一）理念桎梏

受长期以来形成的传统文化特征、文化价值取向的制约，整个社会对高职教育的认可度不高，甚至存在一定的错误认识。

1. "社会本位论"对高等职业教育民生的遮蔽

长期以来，受"社会本位论"的哲学思想影响，人们的教育价值观念一直被基于社会本位的教育理念所统治，认为教育应该承载国家主体与社会整体的期待与愿望，以经济社会发展需要为旨归，按照社会规定性与人的社会属性去培养人，通过提高个体基本素质来满足社会发展需要，成为对社会有用的人才。

社会本位教育价值观的片面性在于它忽视人的生命存在和人的发展与生活改善的本原性与目的性意义，将"人"与"社会"完全对立起来，把社会性作为人发展的终极意义，不足以展现具体的人作为生命整体的多重属性，不足以诠释与解决现实的人在生活中的困境，不足以培育和维护人的生命自觉与人性尊严。

赵汀阳在《论可能生活》（第2版）中反复强调：虽然人是社会性存在的，但"社会只是生活的必要条件，而生活本身的意义和质量才是生活的目的。我们在具体行为中有可能把社会当作目的，但却不是生活本意性的。尽管生活总是需要社会这一形式，但却不是为了服务于社会。恰恰相反，社会必须服务于生活"[①]。

我国后发型现代化国情以及相应的社会结构决定了对高职教育功能的分析多是立足于国家主体的立场，把高职的价值归结为促进经济社会发展，把教育主体的人的价值归结为对经济社会发展的贡献，缺乏对人的自我价值的关照。尽管经济社会的发展是民生改善的前提，但不充分尊重广大民众的主体地位，没有认清广大民众的现实生活需要，即使经济社会发展也并不必然带来个体生存状态的同步改善。对高职"社会本位论"的

[①] 赵汀阳. 论可能生活（第2版）[M]. 北京：中国人民大学出版社，2010：9–10.

理论批判，是为了强调个体发展，利于职业能力、创新能力的形成，准确定位高职院校人才培养方向，更加明确了高职教育在民生改善中的重要地位和作用。

2. 高等职业教育以及这种教育形式对应的职业长期受不到重视

中国人崇尚读书，人文道德教育是我国古代高等教育发展的主流，"劳心者治人，劳力者治于人"（《孟子·滕文公章句上》）和"万般皆下品，惟有读书高"（北宋·汪洙《神童诗》）折射出国人对知识性学习的追崇，而社会对技艺的鄙视可谓痼疾恶病，非一日之功可以根除。正所谓"德成而上，艺成而下；行成而先，事成而后"（《礼记·乐记》）。曾几何时，中国民间的艺（学）徒制十分流行，但都是社会底层弱势群体及其子女因享受不到知识性学习而迫于生计选择的谋生手段。

在我国现行的高等教育结构体系中，教育的层次结构明显处于强势地位，受教育的等级往往成为衡量一个人文化程度、身份与社会地位的主要指标，而教育类型结构则处于相对弱势的地位。在国民教育体系中以"理论知识"为主的普通教育与"实践技能"为主的职业教育两大教育类型中，普通教育长期以来一直被看作"正统"教育，处于"主体"地位，而高等职业教育却明显处于"替补"的位置。加上高等职业教育又是近几年出现的新生事物，由于办学规模的快速扩充，存在一部分院校是由中等职业学校基础上直接升格而成，这时会面临专业建设、教学计划制订、师资队伍培养等问题，学校办学水平有限，外加人们对此类型教育产生办学不正规、层次低等心理，造成高等职业院校较普通高等院校处于竞争劣势。

曾几何时，国内学历主义盛行，人才高消费现象严重，文凭的排斥、封闭和社会分层功能突出。文凭不仅是获得某一岗位的首要资格和必备条件，而且直接与劳动者社会地位、工资收入、晋升发展相联系，这诱导社会成员普遍愿意获取高级文凭，进而有更优的发展机会。同时，高等职业教育受关注度不高，社会上有不少人，包括部分教育界人士也认为高等职业技术类的教育仍是低投入、低层次、低水平的教育类型，对人民生存、发展等民生的改善影响甚微。这不禁对高职教育的受教育者、教育者和办学单位造成了较大的精神压力，同时，也影响了高职生源质量、入学要求、办学条件、教学水平及高职教育获得更多的社会资助的机会，极大地影响了高职教育的发展。如果说传统文化中的落后陈腐观念是"源"的话，那么这些现实中对高职的偏见甚至歧视价值取向就是"流"。"溯源"固然不可或缺，但是"治流"更为迫切。

在公众教育价值观发展过程中，滞后与短视的凸显已经给高职教育民生的发展与生活改善带来不良的影响，需要从全面生活的角度对他们的教育价值观进行正确合理的引导。

3. 高等职业教育公平性、公正性明显存在被弱化的倾向

高等职业教育面向人人、面向社会，强调不论受教育者的自身条件如何，都应该平等地享有教育资源和接受教育的权利，获得充分自由的发展。然而，在实施教学的过程

中，教育并没有很好地解决复杂社会关系中的不同个体对于教育的多种需求。教育在满足物质生产需要、促进经济社会发展时，人的现实的日常生活需求并没有被公平、全面观照的情况普遍存在。

影响高等职业教育公平的重要因素主要是由于贫富差距的不断增大而导致阶层意识的固化——文化资本和社会资本越富有的人，其子女的就学机会就会更多，就学质量也会更好。另外，区域、城乡和学校之间的教育资源配置和教育质量差距的不断拉大，也使得教育不公平的现象更加明显，这加剧了地区间教育发展的不平衡，与民生主体当下生活的普遍改善存在距离。

虽然我国的高等教育已经实现了大众化，但其存在的明显的不均衡现象却越来越严重。曾有学者依据我国城镇居民入户的详细数据，专门对1990年以来我国高等教育入学机会均等化程度的变化情况进行了对比研究。结果显示，家庭背景与子女受高等教育的质量呈正相关，而且这种相关性越来越强，这就造成了弱势阶层在享受优质高等教育资源方面的机会减少，一定程度上也阻碍了弱势群体进入上层社会。

从当前我国高等职业教育的现状来看，其作为大众可以平等共享的公正性和公益性不断被弱化，甚至在一定情况下成为谋求个人利益或集团利益的工具和手段。同时值得注意的是，我国的高等职业教育的民本意识也在逐渐减弱，不再是为了满足人的全面发展的需要，也不是根据教育本身所应遵循的发展规律来进行调整和规划，而是不断迎合市场需求，大多采用市场机制的发展逻辑来驾驭当下的高等职业教育事业。

（二）办学定位不够明确

高等职业教育与普通教育是两种不同的教育类型，具有同等重要的地位。高等职业教育的目标是培养适应社会经济发展需要的高层次技术技能人才，强调专业技能的掌握和运用，注重就业创业的指导和服务，突出产教融合、校企合作的特色。[①] 但是，在实际办学过程中，一些高等职业院校没有明确自身的办学定位和特色，盲目模仿普通教育的理念和方法，忽视了职业教育的实践性和针对性，造成高等职业教育的同质化和低水平化。另外，一些普通高校也想借助职业教育扩大招生规模和提升就业率，但由于缺乏与行业企业的深度合作和专门设备的投入，难以保证职业教育的质量和效果。这些现象导致高等职业教育与普通高等教育之间的错位竞争和资源浪费，不利于两者的优势互补和协调发展。

（三）办学水平不够高效

高等职业教育是培养高层次技术技能人才的重要途径，应该紧跟产业发展的脉搏，及时调整专业结构和人才培养模式，培养具有创新精神和实践能力的新型技术技能人才。但是，在当前经济社会转型升级的背景下，一些高职院校在办学水平上存在一些问题，

---

① 李运山，肖凯成. 高职教学绩效评价的现有形式、瓶颈问题与体系优化 [J]. 教育与职业，2021（09）：88–93.

与产业发展存在结构性矛盾。[①]一方面,一些高职院校在专业设置上盲目跟风、重复增设,忽视了自身办学条件和地方产业需求,导致了专业外延拓展过快、内涵建设不足;另一方面,一些高职院校在课程改革上缺乏灵活性和前瞻性,不能及时反映新技术、新产业、新业态、新模式的发展变化,导致课程内容陈旧落后、与实际需求脱节。同时,一些高职院校在实践教学和技能考核上缺乏规范性和有效性,不能保证学生真正掌握必要的专业技能和职业素养,导致人才质量不高、用人单位满意度不高。这些问题不利于高等职业教育提升办学质量和效率,也不利于满足经济社会发展对高层次技术技能人才的需求。

(四)办学资源不够充足

高等职业教育是培养适应经济社会发展需要的高层次技术技能人才的重要途径,应该得到各方面的重视和支持。例如,2021年全国高等职业教育经费总投入为2758亿元,比上年增长14.73%,但仍低于全国高等教育经费总投入的19.7%,其中,民办高等职业院校占全国高职院校数量的66.67%,但其经费来源主要依赖于学生收费和社会捐赠,公共财政对其投入力度较弱。这导致了一些民办高等职业院校在办学资源上存在缺口和差距。另外,由于社会对高等职业教育的认知和评价还存在偏差和误解,一些企业对高等职业教育的参与度不够深入,产教融合还存在障碍,这导致一些高职院校在社会声誉上不被充分认可,在人才培养上难以与企业需求紧密对接。为了提升高等职业教育的办学质量和效益,必须建立多元化的投入保障机制,加大政府、社会、企业、个人等方面的支持力度,优化办学资源的配置和利用,提升办学资源的数量和质量。

高职院校的高质量发展,需要高质量的办学条件。目前,高职院校的发展受到多种因素的制约影响,普遍存在资源投入不足、办学条件不优的现象。实践发现,高职院校建设情况较好的有两种情况。一种是经济较发达、市场经济较活跃地方的民办高职院校,这些地方的政府及社会力量举办高等职业教育的积极性较高,同时因民办高职院校的机制灵活,可以充分调动各级政府扶持、社会力量扶助的发展资源,更好地解决高职发展中的融资、聘用师资、学生就业等瓶颈问题。另一种是所在地区区位比较核心、专业建设有一定特色的公办高职院校,这类高职院校,由于其所处地区是比较核心的(比如省会城市等),所以毕业生的招生和就业具有一定的优势,同时公办高职院校有政府拨付的生均拨款,其发展经费方面具有相对比较优势。高职院校发展除了受地方政府政策支持及社会力量扶助的力度因素影响之外,还受影响于社会教育需求的广度,比如在生源大省,由于其教育资源的溢出效应,职业院校的发展也会相对成熟一些。同时,高职院校在资源条件上还受到本科院校及本科层次职业学校的挤压,办学条件普遍跟不上高质量发展的要求。

此外,地方政府给予高职院校的政策扶持不够。地方政府对于中央扶持职业教育的政策缺乏细化落实、配套扶持,社会力量参与办学的积极性并没有充分激活。很多高职

[①] 万卫.“双高计划”建设的困境及突破路径[J].教育与职业,2021(20):12-19.

院校想升本，但是现有资源条件下很难。

（五）办学绩效评价不够科学

高职院校在办学绩效评价中普遍存在评价主体不明确、指标体系不完善、结果反馈不及时等问题。具体表现为：一是评价主体混乱，部分院校只注重教师或学生的评价，忽视政府、企业等利益相关者的评价影响，导致评价缺乏全面性和客观性，不能正确评价教师的教学过程和效果，不利于调动教师和学生的积极性。二是指标体系不完善，部分院校只注重教师的工作量、科研经费、论文数量等指标，忽视质量，导致评价不能准确反映教师的主要工作，也不能提供关于教学质量绩效的有效信息和证据，不利于实施质量改进措施。三是结果反馈不及时，部分院校开展评价后不公布结果，导致评价流于形式，未能正确应用评价结果，无法形成良好的评价反馈机制。这些问题影响了教师的教学积极性、学生的学习、学校的办学质量和社会的人才需求。因此，需要建立科学、合理的教学绩效评价机制，提升高职教育的质量。[①]

（六）缺乏相关配套的法律保障

依法治国是我国的基本国策。依法治国是民族振兴与持续发展的重要保障。依法治教是依法治国的重要内容，依法治教首先要有法可依，法律是维护国家稳定、各项事业蓬勃发展的最强有力的武器。若要提升高职教育地位，激发高职教育活力，完善职业教育法律法规是其强有力的保障。

鉴于目前我国社会经济快速发展和高技术人才严重缺乏的局面，完善高职教育法律法规，充分保障高职教育的社会地位和作用发挥，加速人才培养就显得尤为重要。与发达国家相比，我国高职教育的立法和法律法规建设还很落后。我国现行关于高职教育的法律有2021年修正的《教育法》、2018年修正的《高等教育法》以及2022年修订的《职业教育法》，而关于专门的高等职业教育的法律法规并没有出台。虽然现行的法规政策中有涉及关于高职教育的内容，但大都从目标、方向等方面做出规划，而关于具体的、可实际操作的措施，法律法规中并没有具体规定，以至于学校和企业对自己的权利义务不明确。《职业教育法》中也没有明确的关于高职教育的法律条文，只是笼统地说明了公民有依法接受职业教育的权利，实施职业教育应当根据实际需要等内容。由于缺乏与高职教育相关的法律法规，政府、学校和企业在高职教育的具体作用不明确，比如师资配备情况、奖惩规定、专业设置等，使其缺乏参与办学、人才培养的动力，严重阻碍了高职教育的发展。

（七）招生难

高职院校的高质量发展，需要高质量的生源。近年来，经济社会发展对职业教育人才数量、质量的需求是不断攀升的。高职院校，作为高等教育体系的重要组成部分，对于职业技能人才培养起到重要作用。但是总体来讲，目前高职院校的招生还是有些困难

[①] 葛晓波．"双高"院校建设绩效评价指标体系构建研究[J]．教育与职业，2021（05）：60-66．

的。高职院校的生源主要是两类，一类是高考成绩欠佳的高中生源，另一类是中职院校的毕业生生源。近年来，随着招生竞争的日益激烈，各高职院校千方百计抢夺生源。

一方面，家长对于高职院校认可度不高，对于职业教育的学历、就业并不乐观，多数家长不情愿将孩子送到高职院校学习，宁可多花钱去读"三本"。传统教育观念认为，高职院校只能拿到大专学历，毕业后也只能去公司做一线技术工人，文凭和就业方面的认可度不高。

另一方面，随着普通本科院校的招生扩展，以及本科职业技术大学及应用型本科院校的"挤压""围剿"，导致高职院校生源紧张。经济发达地区的公办高职招生问题还好一些，而经济欠发达地区的公办高职也存在生源不稳定的现象。[①] 民办高职的招生问题更是紧张。招生难、生源不稳定，严重制约着职业教育的高质量发展。

（八）师资难

高职院校的高质量发展，离不开高质量的师资。师资是高职院校加强内涵建设、提升人才培养质量的重要保证。目前，民办高职院校专业教师以本科、硕士学历为主，职称以讲师为主，博士及副高以上职称的老师比例很小。民办高职院校另有部分来自企业的技术工程师及公办本科院校退休教师作为师资补充。公办高职院校的专业教师情况稍好一些，但也存在师资资源不稳定的情况。年轻老师一旦评聘上教授，其主观意愿上就会选择转投公办本科院校做教职。校内的具有技术工程师背景的老师是高职院校的特有师资资源，但是现实情况下还缺乏"传、帮、带"阶梯团队和顺畅的职称晋升发展空间。[②] 高质量的师资资源，是建设高水平、高质量的职业教育专业体系的有力保障。师资资源短缺及不稳定的现状，严重阻碍职业教育的高质量发展。

三、高等职业教育高质量发展的影响因素分析

（一）外部影响因素

随着经济、社会与科技等诸多方面的迅速发展，特别是中国式现代化的推进，我国高等职业教育所处的环境更为特殊和广阔。高等职业教育对政府和行业企业依赖以及同行竞争等对高质量发展影响明显。

1. 政府支持

尽管我国高等职业教育的办学主体较为多样，但省（自治区、直辖市）级政府和地方政府是主要的办学主体。办学综合实力处在前列、具备高质量发展的基础与条件的高职院校多为政府主办，如2019年入选"双高计划"的197所高职院校中，95%以上的

[①] 张德文，冉云芳，王一涛. 我国民办高职院校基本现状、困难挑战与应对策略[J]. 职教论坛，2018（10）：108-116.

[②] 冉云芳，王一涛，张文静. 我国民办职业教育的功能、困境与突破路径[J]. 当代职业教育，2020（04）：32-39.

学校办学主体是政府。基于管理体制，政府的政策支持和经费保障成为学校高质量发展的关键，也正是如此，高质量发展体现政府意愿和战略导向。

2. 行业企业参与

一方面，我国高等职业教育的行业特征明显，除部分综合性高职院校外，超过70%的高职院校广泛分布在农业、机械、电子信息、轻工、财经、医学、师范、政法、体育和艺术等领域，而综合类院校也往往依托几个主体行业。对接行业、服务产业以适应行业需求是高质量发展的重要条件。另一方面，高等职业教育产教融合、校企合作是必由之路，其中，产教融合是显著特征。高质量发展必须展现标准引领，将企业的新方法、新技术、新工艺和新标准引入教育教学实践，即融入课程、教材、教学团队和项目。所以，行业、企业参与成为高质量发展的环境条件。

3. 同行竞争

竞争机制是高等职业教育发展的重要推手。在高等职业教育大扩张背景下，目前，高职院校竞争激烈是不争的事实。这既有国内所有院校的竞争、国内同类院校的竞争，也有区域内院校的竞争，还有国际同类院校的竞争。理想的状态是分类管理、特色发展、争创一流，但基于竞争的压力，业内比拼在所难免，高质量发展就要在竞争中脱颖而出，走出特色发展之路。所以，拉高标杆、追求标志性成果、成就走在前列的一流水平是高质量发展的题中应有之义。

（二）内部影响条件

高等职业教育高质量发展的落地体现在高职院校个体的人才培养、科学研究、社会服务、文化传承与创新的高质量上。从高职院校内部看，发展进入内涵建设和提高质量的新阶段，实现外界对学校的高期望和真正大有作为需要强化以下条件。

1. 党的领导

坚持和加强党对教育事业的全面领导，是坚持走中国特色社会主义教育发展道路的重大前提和基本经验。"双高计划"建设要求把加强党的领导贯穿"双高计划"建设全过程，因此，高质量发展首先是党的领导高质量，要以习近平新时代中国特色社会主义思想为指导，提升学校治理能力，落实党委领导下的校长负责制，发挥基层党组织的战斗堡垒作用和共产党员的先锋模范作用，以高质量党建助推高质量发展。

2. 支撑维度

高职院校高质量发展离不开支撑维度。通常意义上，有五大支撑维度：基础设施、特色专业群、"双师型"教师队伍、教科研水平和办学经费。[①] 在基础设施方面，教育部印发的《本科层次职业学校设置标准（试行）》在土地、建筑面积、仪器设备、图书、实训和实习场所等的规定中提供了指引；特色专业群的支撑应该是国家级和省级重点专

---

① 郑承志. 地方技能型高水平大学建设标准研究——以财经类高等职业院校为例[J]. 安徽商贸职业技术学院学报（社会科学版），2016, 15（03）：55-60.

业群；"双师型"教师队伍可依据国家标准和本科层次职业学校设置标准相关规定；教科研水平则要求高层次科研项目、1 000 万元以上科研经费和科研奖项；办学经费则依靠"生均拨款"制度和多渠道筹措办学经费。

3. 产教融合

产教融合是职业教育的本质特征，也是高等职业教育发展的基本路径。[①]《关于深化现代职业教育体系建设改革的意见》提出："以提升职业学校关键能力为基础，以深化产教融合为重点，以推动职普融通为关键，以科教融汇为新方向……"[②] 为落实意见要求，高职院校必须聚焦区域发展需求，深化产教融合，推进科教融汇，增强职业教育适应性，助力区域经济社会发展。因此，学校在产教融合体制机制创新、创新服务平台建设、省域现代职业教育体系、市域产教联合体、行业产教融合共同体的"一体两翼"推进、社会服务能力提升等方面，成为重要的条件。

4. "三教"改革

2019 年 1 月出台的《国家职业教育改革实施方案》提出了"三教"（教师、教材、教法）改革的任务，为职业院校人才培养对接产业所需提供了具体的指导意见。教师、教材和教法成为教学活动的主要构成要素：教师是教学活动的实施者，教材是课程建设与教学内容的载体，教法是教学改革的途径。在职业教育高质量发展过程中，"三教"改革已成为非常重要的内容，一定程度上，其深度与成效代表了发展的质量，如国家级教师教学创新团队、国家教学成果奖、国家规划教材与教材奖、国家精品在线课程与教师教学能力大赛获奖等标志性成果，成为高质量发展的支撑条件。所以，依托"三教"改革，强化比较优势，培育一批彰显高质量的成果是必然要求。

---

① 郑承志. "双高"学校"群发力"高质量发展的实践探索——以安徽商贸职业技术学院为例[J]. 安徽商贸职业技术学院学报（社会科学版），2021, 20 (04)：64-67.

② 中共中央办公厅 国务院办公厅印发《关于深化现代职业教育体系建设改革的意见》_ 中华人民共和国教育部政府门户网站 [EB/OL]. （2022-12-22）[2023-10-16]. http://www.moe.gov.cn/jyb_xxgk/moe_1777/moe_1778/202212/t20221222_1035691.html.

第三章 国内外高等职业教育发展的经验借鉴

高等职业教育是我国特有的一种教育类型,兼具高等教育和职业教育的特点。从国际上来看,发达国家没有与其完全一致的大学类型,无法找到直接可以借鉴的经验,加之各国教育制度背景不同,难以形成通用模式。从国内来看,在近几十年的高速发展中,全国各地高职院校也是在不同方面开展探索,没有形成成熟的模式。因此,本章拟通过国内外的个案分析,借鉴已有的经验和成果,转化为中国高等职教育高质量发展的参考依据。

第二次世界大战后,西方各国纷纷出现高等教育民主化的运动高潮,"高等教育机会均等"成为每个公民争取平等、民主的重要表现。既保证学术型大学的教育质量,又满足民众接受多样化高等教育的需求,高等职业教育就是在这样的背景中应运而生的。到了 20 世纪 60—70 年代,快速发展的高等职业教育大多已形成了符合各自国家社会形态的教育模式,赢得了社会的广泛认可,成为民生建设的重要途径。在高等职业教育发展过程中,各国国家性质、历史文化传统、政治经济背景及教育管理制度等不同,高等职业教育民生特征各不同。本章通过对文献资料的搜集、整理,选择德国、法国和澳大利亚作为高等职业教育国别研究的素材,选择江苏省、浙江省宁波市的高等职业教育作为国内研究对象。

一、国外高等职业教育发展的经验借鉴

(一)德国高等职业教育发展的经验借鉴

德国在二战以后,加强了国家教育体制改革,为适应社会经济迅速发展,特别推动中高等职业教育发展,促进形成科学的国家职业教育体系。[1]德国实施协调性市场经济,企业在职业教育中承担职责比较多。

德国依据专业结构,分层次设立不同种类的职业学校,如大致处于初等、中等层次的强制性职业补习学校、全程职业教育、商业专科学校、工业及工艺专科学校、农业专科学校和具有大学教育程度的高等工业学校、高等商业学校等职业学校。[2]

---

[1] 高柏. 经济意识形态与日本产业政策:1931—1965 年的发展主义 [M]. 安佳,译. 上海:上海人民出版社,2008:13.

[2] 杨喜军. 国际职业教育体系的类型分析及对我国的启示 [J]. 现代教育管理,2014(04):95-99.

在德国这个联邦制国家,各州是教育管理的负责人,包括职业学校在内的所有学校均属于州一级的国家设施,因此,各州享有学校教育的立法权,但也存在一个特例:《高等学校框架法》为联邦立法。

德国大学具有悠久的历史,其治理结构和权力模式呈现出多元化的特色,主要表现为以下几个方面:一是州政府是大学的主要管理者,是大学各种权利的集中反映,具有大学决策的管理权力;二是大学内部的所有利益基层代表具有较为集中的权力;三是学术权力是大学内部的主导权力,教授部务委员会是学校管理的最高权力机构。

德国的法律对大学自治办学及管理以及其与国家关系给予了详细的规定,但由于大学的办学经费绝大部分依靠州政府解决,因此,实际上大学依赖州政府的程度远高于联邦政府。州政府直接委派官员管理大学的非学术性事务,大学拥有学术自治权。德国大学的最高领导机构为校务委员会,决定大学所有重大决议;各学部均成立有部务委员会,分别负责各自学术活动事项。[1]

德国职业教育的特色是双主体的"双元制"职业教育,这个"双元"就是指一个是职业学校,另一个是教育企业,由这两者同时办学,完成职业教育过程,称为"双元制"。德国通过联邦政府的立法权明确职业教育主体包括职业学校和教育企业,其中,职业学校的行为受州学校法管理,由州教育主管部门实施;教育企业的行为规范由联邦职业教育法规确定,形成联邦与州的两级管理体系。[2]

1. 外部环境:德国职业教育协同治理的现实场域

德国非常重视职业教育和技能培养,他们认为培养熟练的技术工人非常重要,是国家工业生产技术标准的基本保障,对社会经济发展具有重要作用。[3] 德国的教育管理体系是联邦与州的两级管理,其中州具有地方管理权,[4] 州政府拥有对本州教育事业的自主领导和管理权,对内实行统一管理,由州教育与文化事务部直接领导下属各级教育行政管理机构,中央政府则负责监督和辅助。

德国的"双元制"是最具有德国特色的职业教育体系。政府每年定期出版《国家承认的培训职业目录》,作为职业教育培训的国家标准,全国各地按照国家职业目录开展教育和培训活动。目前,德国共有约 350 个受承认的培训职业。[5] 在德国的教育系统中,职业教育的"双元制"属于国家公办教育系列,是国家人才培养的两条路径之一,与普通教育具有同等地位,而且学习人数已经占据大半。

德国的企业会申请成为教育企业,但"双元制"并不是企业的法定义务,企业提供

---

[1] 刘向东,陈英霞. 大学治理结构剖析 [J]. 中国软科学,2007(07):97-104.
[2] 姜大源,刘立新. (德国)联邦职业教育法(BBiG)[J]. 中国职业技术教育,2005(35):56-62.
[3] 孙玫璐. 职业教育制度分析 [D]. 上海:华东师范大学,2006:82.
[4] 吴景松. 政府职能转变视野中的公共教育治理范式研究 [D]. 上海:华东师范大学,2008:43.
[5] Deissinger Tomas, Silke Hellwig. Apprenticeships in Germany: Modernizing the Dual System[J]. Education& Training,2005(47):312-324.

"双元制"培训全是自愿，但是，参与教育企业可以获得国家层面的政策支持，如税务支持等。联邦政府主要管理协调如联邦教育与研究部等部门，完成国家职业培训标准，具体各项培训教育的推进，一般是由行业协会实施，教育企业积极参与。

2. 协同动因：德国职业教育治理中多元主体的共生融合

德国职业教育的发展，关键是国家法律体系的完善，以及政府财政的保障。德国建立了比较规范的职业教育法律、法规体系，包括联邦《职业教育法》、联邦《职业教育促进法》和《手工业条例》等规范德国职业教育的基本法律以及《青少年劳动保护法》《企业基本法》《培训员资格条例》《实训教师资格条例》和各州的职业教育法和学校法等。完善的法律体系给德国职业教育的规范开展提供了制度支持和权利保障。德国职业教育体系中，各主体之间权力运行和权力配比较为平衡，极大地促进了职业教育治理主体之间的相互融合，其中，教育企业受联邦政府法规约束，通过行业执行教育培训，并拥有相对的权利保证；职业学校受州法律约束，州政府同时给予资金、土地等资源的保障。

2004年7月《职业教育改革法》由联邦政府颁布，2005年4月1日新《职业教育法》颁布，是对1969年《职业教育法》和1981年《职业教育促进法》的合并，并于2007年做出部分修改。[1]

根据德国新的联邦《职业教育法》规定，联邦政府以及州政府的责任可以分别确定为以下几个方面。

从联邦政府方面来看，法律条款主要约束教育企业，直接管理的政府部门为联邦经济和劳动部。联邦经济和劳动部的主要职责有：代表联邦政府对职业教育的教育构成、专业教育、考试内容、教育形式等以及整体职业教育实践过程管理；对于全国职业教育发展进行研究和分析，统计相关数据，并上报联邦劳动局。

联邦职业教育研究所是由联邦政府主管，是一个独立法人机构，其主要职责有：参与联邦政府的职业教育相关法律、法规的制定工作；负责起草国家职业教育目录；负责开展职业教育的研究报告、统计汇总、典型案例、国际合作等事项。

在州政府层面，主管机构是职业教育委员会，这里的委员会是各州对自身教育事务进行管理的部门，主要管理内容包括：教学计划框架制订、教学计划实施监督、经费预算及管理、监督本州的行业协会参与职业教育的各项活动。各州主管机构设立的职业教育委员会由多名雇主代表、雇员代表及职业学校教师组成。州级最高部门的代表中一半必须为学校教育专家。

州政府以法规形式确定职业教育可全部或部分计入职业教育期限时，需提前听取州职业教育委员会的意见。法规要求，由受教育者和教育提供者共同申请折算教育期限。承担农业包括农村家庭经济类职业教育、家政类职业教育的教育机构必须获得按照州法律规定的主管部门的认可。

---

[1] 姜大源. 德国联邦职业教育法译者序[J]. 中国职业技术教育，2012（10）：71-88.

3. 协同引擎：德国职业教育校企合作治理模式的运作

（1）职业教育治理模式中行业的职责

德国的主要行会包括工商业行会、律师行会、手工业行会、税务顾问行会、农业行会、医师行会等，行业协会是每个行业中直接负责开展"双元制"职业教育的实施主体。新《职业教育法》规定，通过行业协会的实际推进，把新的技术、新的工艺和新的管理，教育培训给相关行业领域的企业工作者。例如1998年，企业、工会和政府密切合作在信息和通信技术领域开发了4个新的培训职业并获得认可推广。

行业协会的主要责任有：手工业协会在法律上是手工类职业的职业教育主管机构；获得手工业协会认可的企业可开展须经许可的手工业类、无须许可的手工业类及类似手工业的职业准备教育、职业教育及职业改行教育。

在《联邦职业教育法（2005）》中，行会机构被确定为各领域职业教育培训的主管机关。行会负责职业教育培训合同各阶段的管理以及职业教育培训的考试组织、审查与监督。[1]

德国职业教育体系是一个几乎完全依赖于企业自愿提供培训的体系，德国整个职业教育体系的发展完善除了依靠德国制造业企业支持外，也包括许多服务类企业的参与，以及大量中小企业的积极支持。行业企业参与是对于职业教育体系最大的支持。[2]

（2）职业教育治理模式中企业的职责

《联邦职业教育法》规定，企业的职业教育办学资格需要经过相关行业协会的资格审查和认定。教育企业在资质上必须满足《联邦职业教育法》规定的办学条件。在企业自愿提供培训的基础上，政府主要通过惩罚性征税等行政手段来倒逼企业开展职业教育培训。

教育企业是"双元制"职业教育的法人，以与受教育者签订"职业教育合同"的形式，对受教育者开展职业教育培训，促进受教育者个性发展。[3]

在德国"双元制"职业教育中，培训企业与职业学校分别是两大重要的教学机构。职业学校依据职责向"双元制"学徒提供义务的职业教育。学徒在企业和学校的培训时间比例约为3∶2。学徒每周一天在企业中接受技能训练，另外的一天在职业学校上文化知识课程，学校与企业相互合作，又各司其职。学徒在通过由考试委员会主持的中期考试和结业考试（考试包括笔试和实际操作）后，可获得全国认可的职业资格证书。

职业学校中的教学场所主要是教室和实验室。根据联邦德国各州教育与文化事务部长联席会作出的规定，"双元制"职业学校2/3的教学应该是职业导向的，其他1/3为

---

[1] 蔡跃，王继平. 从《联邦职业教育法》看德国行会在职业教育中的作用[J]. 教育理论与实践，2011，31（06）：25-27.
[2] 景琴玲，王革. 德国职业教育体系透析与展望[J]. 国家教育行政学院学报，2012（02）：91-95.
[3] 姜大源. 德国联邦职业教育法译者序[J]. 中国职业技术教育，2012（10）：71-88.

普通教育或综合的职业教育,每周教学不少于12小时。普通教育部分主要包括社会研究、经济、德语、外语、宗教和体育等,职业教育部分根据联邦德国各州教育与文化事务部长联席会颁布的框架教学计划开展。

4. 协同评估:德国职业教育协同治理的经验与借鉴

在"双元制"中,联邦政府和州政府扮演了不同的角色,行业协会负责职业教育的教育执行指导,工会协调各方意见,教育企业开展企业岗位的实训指导和技能实训,职业学校开展职业教学过程。分析"双元制"管理架构,不难看出机构主体之间的利益均衡。"双元制"的所有利益相关者,除了政府和学校以外,雇主的利益是由行业协会代表的,学徒的利益是由工会代表的。

在当代德国,利益协调的原则在德国"双元制"的组织与管理体系中有较明显的体现。"双元制"的培训成本分别由教育企业、职业学校和跨企业培训中心承担。职业培训条例与框架教学计划是德国"双元制"教学的两大规范,同时对师资提出了明确要求,并执行科学的考试与资格制度。

总的来说,在宏观层面,德国"双元制"建立了较为完善的法律制度,并且在联邦政府和州政府之间协同形成完整的职业教育法律体系;在中观层面,职业培训条例和框架教学计划明确了培养标准,为企业培训与职业学校的职业技术教学提供行动指南;在微观层面,教学实施的督导体系较为完善,通过第三方的独立考核,能够保障教学效果。德国的经济、社会、文化背景及教育体系为德国"双元制"的发展创造了条件。"双元制"在德国获得了高度认可和较为普遍的开展。

(二)法国高等职业教育发展的经验借鉴

第二次世界大战后,为满足高等教育大众化的发展需要及经济飞速发展对技术人才的迫切需求,法国短期高等职业教育应运而生,其主要教育形式为高级技术员班和大学技术学院,二者相互协调发展,互促共进,弥补了法国高等职业教育体系学制长、人才培养目标局限等方面的问题。二战后法国短期高等职业教育在不同发展阶段凭借人才培养定位精准、短期高效的优势,始终面向经济发展需要,培养了大量技术人才,成为法国高等职业教育体系的重要组成部分。

1. 二战后法国短期高等职业教育的形式

法国短期高等职业教育是指学生在高中毕业后所接受的2至3年的职业教育,主要包括高级技术员班和大学技术学院两种形式,与综合大学、大学校等多种高等教育形式并存,学生若学业成绩合格可取得相应层次的文凭,并可以直接参加工作。

(1)高级技术员班(STS)

高级技术员班(Sections de Techniciens Supérieurs,简称STS)产生于1956年,是最早被创立的短期高等职业教育形式。大多数高级技术员班附设在条件较好的技术高中里,分为公立和私立两类,学生成绩合格毕业时获得高级技术员证书(Brevet de

Technicien Supérieur，即 BTS），BTS 的水平与效力与法国综合大学和其他高等教育形式所颁发的两年制高等教育文凭同等，[1]绝大多数毕业生取得文凭证书后选择直接就业，[2]基本就业类型为技术员，并且能够迅速适应工作；少数毕业生选择升入职业本科学校继续学习深造。

学制：除部分特殊专业如义肢矫形专业、足科矫形专业等采取三年学制外，高级技术员班的专业一般学制为两年，另外，若非酒店类专业高中毕业生在高级技术员班中学习酒店－餐饮专业，须提前在预备班中进行一年的学习。[3]

入学条件：业士文凭（Baccalauréat，即 BAC）获得者申请进入高级技术员班时需要通过严格的学历审查和筛选，如提交高中历年成绩单、教师评语、一封写明申请人入学理由的信函等。另外，技术高中和职业高中毕业生（或持有技术员会考证或技术员证书者）申请入学时可被优先录取。

教学安排：高级技术员班培养计划由法国全国教育委员会（大学与企业界人士组成）根据相关领域现实发展情况拟定并提供具体实施建议，[4]之后由法国教育部负责制定与修改。高级技术员班的教学组织形式采取班级授课制，课程类型分为理论课、有教师指导的小组习题课以及实践课三大类，每周课时约为 30～33 小时，两年中实习的时间占 6 至 9 个月左右，实践课比重大。高级技术员班除了对学生进行普通文化知识和专业技术知识的基础教育之外，还十分注重学生的实际技能培养，其授课内容体现了很强的专业性。同时，除常规学校内教学模式外，有些高级技术员班由指定企业、学校、学生三方签订合同，学生根据接收企业确定学习内容，每周在校上课 2 天，在企业实习 3 天，由企业导师指导完成实习与工作，实行工学交替教学模式，实习成绩在学生所获学分中占有很大比例，同时，学生也可获得部分津贴。另外，学校考试制度森严，学生两年期间需参加淘汰率极高的考试。根据规定，学生若不通过考试，只有一次留级机会。

专业设置：高级技术员班专业设置广泛，涉及第一、第二和第三产业的诸多领域，基本按职业划分专业，目前共设置一百多个专业，如第一产业的农业生物分析、植物工艺学、花卉生产等；第二产业的建筑业、电力工程等；第三产业的秘书、旅游等。相对于后文提到的另一种短期高等职业教育形式——大学技术学院，高级技术员证书班着重于对学生进行某一种专门技术的培养，专业划分较细，专业设置口径相对较窄。总体看来，二战后高级技术员班自兴起后就受到法国社会和工业企业界的欢迎，作为法国高等职业教育形式之一而发展迅猛，为法国培养出大批具有扎实知识基础和良好专业技能的综合性中级技术人才。

---

[1] Huchette M, Thienpont M. Stages en Sections Industrielles de Techniciens Supérieurs sous Statut Scolaire: Représentations des Enseignants et Logiques de Mises en Oeuvre[J]. Research Gate，2011（01）：4-5.

[2] 安延，姜大源. 法国职业教育[J]. 中国职业技术教育，2006（02）：57-59.

[3] 邹润民. 法国高级技术员证书班办学模式与特色[J]. 世界教育信息，2017，30（07）：32-34.

[4] 张人杰. 国外短期高等教育的由来和发展[J]. 全球教育展望，1979（01）：1-8.

（2）大学技术学院（IUT）

法国大学技术学院（Institut Universitaire de Technologie，简称IUT）产生于1966年，被设置于综合性大学内，[①]虽属于综合大学二级学院，但是自成体系，独立办学。学生成绩合格毕业获得阶段性文凭即"大学技术文凭"（Diplôme Universitaire de Technologie，简称DUT），DUT属于法国教育部颁发的国家级文凭，另外，大学技术学院可以独立或联合其他法国高职院校颁发短期职业培训文凭，该文凭属于非国家级文凭。[②]大学技术学院毕业生可选择直接就业，也可以继续在大学深造学习一年，取得职业本科文凭。大部分学生毕业后担任法国国家部门或私人企业中的中级干部和技术人员，一部分学生选择继续到综合大学进行第二阶段深造学习。

学制：一般为两年。

入学条件：持有法国业士文凭的申请者，需经过严格成绩审查及筛选，如提交申请材料、面试甚至笔试。非高中应届毕业生但具有业士学位的社会人士也可以报名，非业士文凭获得者可在经过同等学力认定（即VAP）后申请入学。

教学安排：大学技术学院每学年课程时间约32周，每周为32课时，两学年中总课程时间约2 000学时。课程类型主要包括专业基础理论课、项目专业指导课、实习课三大类，其中专业基础理论课教学约占总学时的20%，项目专业指导课约占35%，实习课约占45%，在两年中大约有6~12周的教学实习课，其中一年级的实习时间约为3周，二年级的实习时间约为9周。大学技术学院的课程内容呈现多样化特点，课程设置极具综合性特点，尤其注重培养学生对未来工作的适应能力及实际应用能力。

专业设置：法国大学技术学院的专业目录由国家统一规定，以在工业和第三产业中服务的干部与高级技术员为培养目标，因此，与高级技术员班的专业设置不同，大学技术学院专业设置一般只涵盖第二和第三产业领域，基本上按学科进行设置，涉及制造业、应用研究和服务行业的24个专业，其中约16个专业属于工业领域，其余8个属于第三产业领域，如第二产业领域中的食品与生物工业、环境工程、机械工程、热能工程专业等；第三产业领域中的信息工程、通信网络服务、后勤管理专业等。自20世纪60年代起，大学技术学院以飞快发展的态势成为法国高等教育领域的重要教学形式之一。截至2022年年底，全法已开设117所大学技术学院，如尚贝里大学技术学院、格勒诺布尔大学技术学院、亚眠大学技术学院等，目前已为国家培养了近200万名毕业生。

2. 二战后法国短期高等职业教育发展的成效及分析

（1）二战后法国短期高等职业教育发展的成效

①提供经济建设优质技术人力资源

在法国短期高等教育的蓬勃发展阶段，法国短期高等职业教育为法国二战后经济恢

---

① 苗娟，李润华. 实践导向下的法国大学技术学院[J]. 世界教育信息，2013，26（21）：44-46，50.
② 刘继芳. 法国现行"双轨制"职业教育体系及其启示[J]. 中国高教研究，2012（11）：103-107.

复提供了优秀的技术人员。法国劳动力结构中的脑力劳动者数量从 1954 年的 10 万左右增长到 1968 年的 300 万左右，工程师数量在这十二年中增长了 40%，技术人员增长了 5%。法国短期高等职业教育注重对各领域、各类型职业人才的培养，为法国实现经济现代化从结构到数量上提供了必需的人力资源，促进了法国战后经济的快速重建。[①] 如图 3-1 所示，1960 年法国的国内生产总值约为 4 500 亿法郎，[②]1970 年达到约 7 900 亿法郎[③]，在二十年间增长了两倍。

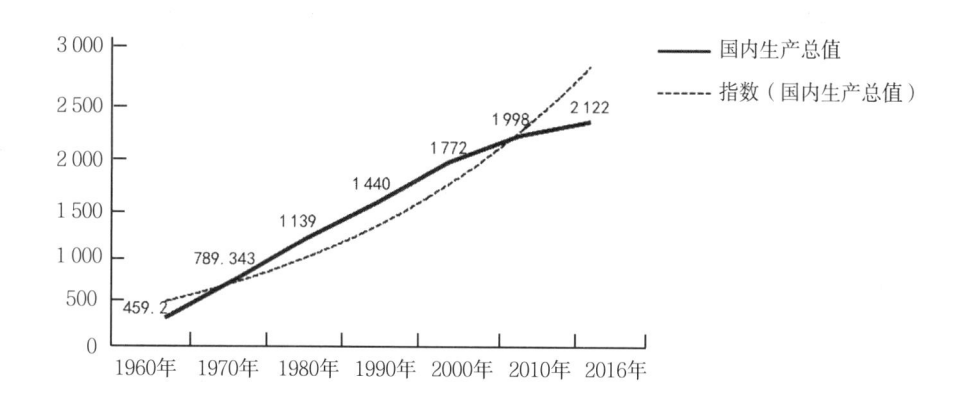

图3-1 1960—2016年法国国内生产总值（不变本币单位）走势 单位：十亿法郎

在 1975 年后的经济危机中，法国经济进入萧条发展阶段，教育经费极大削减，在这个时期传统综合大学学习周期长、办学效益低的短板愈发凸显，同时综合大学颁发的普通大学学士文凭并不具备就业资格，虽办学规模大，但却无力为经济危机中的法国提供大量人力资源。而此时，短期高等职业教育虽然也承受着教育经费短缺的压力、发展速度较为平缓，却凭借周期短、见效快的优势生存并发展，大大提高了办学效益，支持着法国在经济危机阶段的经济发展。如图 3-1 所示，虽然经济危机爆发，法国经济依旧在人力资源的支持下取得稳定发展。[④]

同时，法国的短期高等职业教育为适应各类新型科技产业发展，不断调整其专业内容，加强与新兴科技发展所匹配的专业设置，为法国高科技发展提供了大量专业技术人员。近年来，法国高新科学技术呈专业化发展，其高新技术方面相关产品的出口量极为可观，与欧洲国家相比，法国的高新科技产业整体的发展水平独占鳌头。在这些主要出口产品

---

① Beaud S. Le Métier de Chef de Travaux: Entre L'École et L'Entreprise[J]. Revue Française de Pédagogie，2000（131）：23-31.
② 国际货币基金组织. 国际金融统计[G]. 统计年鉴，1980：194-197.
③ 数据来源：世界银行国民经济核算数据以及经济合作与发展组织国民经济核算数据文件。
④ CEDEFOP. France: VET in Europe: Country Report 2014[EB/OL]. Available at http://www.cedefop.europa.eu/en/publications-and-resources/country-reports/france-vet-europe-country-report-2014.

制造领域中,法国短期高等职业教育培养的技术人才起到突出作用,占有重要位置。

②丰富法国高等职业教育结构

法国传统高等职业教育是双轨制结构,主要形式为综合大学与大学校"两轨":综合大学的主要职能是进行基础理论教学与科学研究,人才培养目标是高级教师和科学研究人员,较为轻视对学生进行职业知识的教育,忽视对学生职业实用技能的培训;大学校虽然在部分专业上以培养实用型技术人才为培养目标,但是重点培养的是高级工程师及高级管理人才,并且人才培养规模小。虽然法国双轨制的高等职业教育结构为法国社会培养出了各类高级人才,但与二战后法国的劳动力市场需求严重脱节,体现了法国传统高等职业教育结构的不完整性。二战后创立的短期高等职业教育作为具有短期性、高效性特点的、以中级技术人才为培养目标的教育形式,丰富了法国高等职业教育结构,(如图3-2所示),也使法国教育体系更加完整。

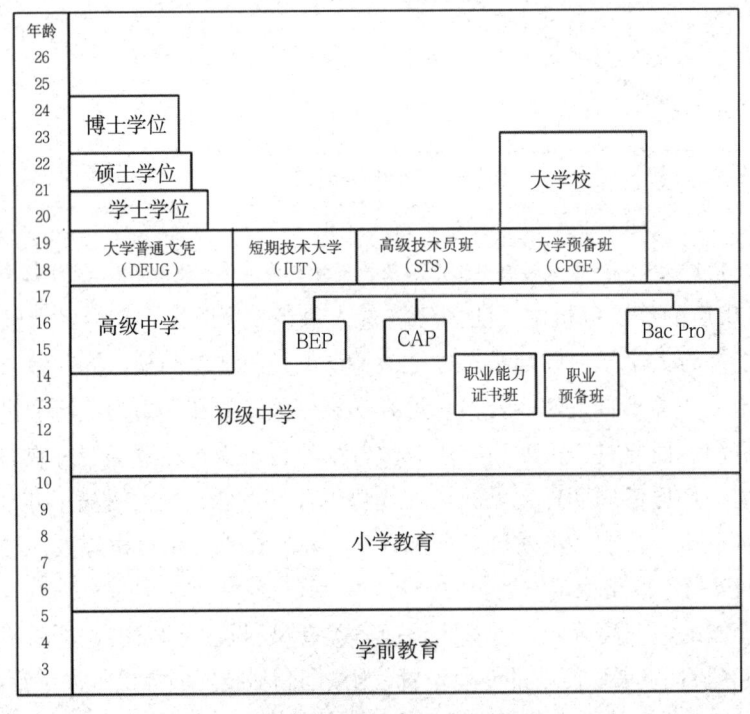

图3-2 法国教育体系结构

同时,如表3-1所示,高等职业教育结构的完整化使整个高等教育体系中的学历文凭层次更加丰富。①

---

① 王秀丽. 法国概况(Regards Sur La France)[M]. 北京:外语教学与研究出版社,2010:187.

表3-1 法国高等教育学位与文凭体系对照

BAC+2	BAC+3	BAC+4	BAC+5
普通大学学业文凭（DEUG）	学士文凭（Licence）	硕士文凭（Maitrise）	高等深入研究文凭（DESS）
大学技术文凭（DUT）			高等专业学习文凭（DESS）
高级技术员证书（BST）	职业学士文凭（Licence Professionelle）		工程师文凭（ID）
大学科技学业文凭（DEUST）			商学及管理学院文凭（MBA）

在完善的教育结构与学历体系中，法国短期高等职业教育自身结构与学历文凭得到了系统发展与国家认证。

（2）对二战后法国短期高等职业教育发展成效的分析

①人才培养目标以经济需求为导向，毕业生质量严控把关

法国短期高等职业教育为适应法国二战后经济建设而生，在发展过程中其人才培养目标与劳动力人才需求相适应，始终为明确的产业领域和服务对象培养技术人才，源源不断地为经济发展提供人力资源保障。在短期高等职业教育学校中学习、成绩合格的毕业生可以获得相应文凭证书，并可以直接进入社会就业。短期高等职业教育在各发展阶段不断与社会产业结构相适应、相匹配，对学生质量严控把关，在毕业生就业问题上取得了不俗的成绩。短期高等职业教育重视对学生进行基础理论知识与符合企业实际需求的职业技能培训，使其毕业生普遍具有较为扎实的文化知识以及专门技术，虽然学制短，但是具有严格的考试机制。如表3-2所示，高级技术员班各专业严格的毕业率是优质人力资源的保证。

表3-2 法国高级技术员班各专业毕业率分析

专业	毕业率	专业	毕业率
企业行政管理	70%	信息技术	63%
通信技术	80%	热能工程	75%
化学	74%	交通物流管理	71%
物理测量	76%	生物工程	81%

大学技术学院的考试制度极为严格，淘汰率极高，在教学过程中，学生从一年级升入二年级的淘汰率为30%～40%，两年内能够毕业取得大学技术文凭的学生比例约为68%，因特殊原因延迟毕业或者是进行复读的学生能够在三年内毕业的比例约为76%。这种"严出"的手段也保证了其毕业生的高质量。

在与职业市场完美对接的优势下，经过短期高等职业教育严控把关的高素质技术人

才得到了企业的欢迎，就业率比较高。如表3-3所示，在取得大学技术文凭后，18个月内顺利就业和30个月内就业的各专业大学技术学院毕业生就业率均超过了80%。

表3-3 大学技术学院各专业类型毕业生就业率统计

专业类型	毕业人数（人）	18个月就业率（%）	30个月就业率（%）
法律、经济、管理类	20 114	82	86
人文社会科学类	4 769	80	85
科学技术类	21 994	83	90
所有专业	46 904	82	88

所以，法国短期高等职业教育培养了高质量的毕业生，为经济建设提供了优质的技术性人力资源。

②两种教育形式互促共进，办学定位始终如一

在短期高等职业教育发展的过程中，作为其主要形式的大学技术学院和高级技术员班虽然同属于一个水平层次，但它们的专业设置、人才培养目标及发展方向并不完全相同，高级技术员班专业设置广泛涉及第一、第二和第三产业的诸多领域，基本按职业划分专业，专业划分较细，专业设置口径相对较窄；大学技术学院专业设置一般只涵盖第二和第三产业领域，两者分别具有自身独特的办学特色可以适应不同产业的人才需求，形成了两者相互竞争、相互补充、协同发展的良好局面，共同促进了法国短期高等职业教育自身结构的完整性。

法国短期高等职业教育从被创立开始，在发展的过程中，自身办学定位始终十分精准，那就是处于法国高等教育第一水平层次。即使在蓬勃发展的阶段，短期高等职业教育学校也从不盲目追求办学规模上的升级，不与高等职业教育结构中的综合大学和大学校争"地盘"，以对学生进行职业能力培训为中心，注重理论与实践相结合的教学模式，充分利用其学制短、办学效益高、学生适应性强的优势，适应着法国市场经济需求，为法国社会培养大量的中、高级技术员，也促进了法国高等职业教育结构的完整化。学校办学定位准确是保证法国短期高等职业学校始终持续、稳定发展的一个重要原因。

3. 二战后法国短期高等职业教育的发展对中国高职教育的启示

信息技术以令人惊叹的速度发展，全球经济一体化进程也在各国的合作与竞争中持续推进，21世纪已经迎来了充满新变化的知识经济时代。从国际看，世界各国的职业教育都有逐步向高等教育层次上移的发展趋势。对于已经进入全新发展阶段的中国而言，新时代的变化呈现出全方位性，大力发展高等职业教育、完善高等职业教育体系建设符合我国经济、科技等领域快速发展的需求。分析法国短期高等职业教育的发展经验与特点，对我国高职教育未来发展来说具有一定的意义。

（1）明确办学定位与人才培养价值

我国目前的大多数高等职业院校是以中等专科学校、技工类学校为基础"升格"而

成，其中一部分高等职业学校则是直接在普通高等院校中挂名，或者属于并入普通高等院校的二级学院，还有一部分高等职业院校属于民办高职院校。但是，为追求升级，我国高等职业学校有积极向本科靠拢的趋势，这样的现象使高职院校迷失了职业教育的根本办学方向、丧失根本价值定位。办学定位的不精准导致我国高等职业教育整体地位偏低，缺乏办学特色与发展活力。我国高等职业学校应向高级技术员班、大学技术学院等法国短期高等职业教育学校借鉴其办学定位精准的特色，明确高职院校人才培养目标与学校基本定位，逐步形成自身办学优势，而不是盲目追求入学人数、学校规模的升级，并促进我国高职教育中高等性与职业性的完美融合。

伴随着社会主义经济的供给侧改革发展，我国应突出职业教育在技术人才培养方面的价值，明确其人才培养的根本目标是服务于行业生产、企业管理、经济建设第一线的技术应用型人才，并对各类别各层次的文凭学历设置更加明确的分类标准。坚持以适应国内社会经济发展需求为目标，以培养高质量人才为核心目标，同时也要坚持以理论知识为基础，以企业实践为保证，以培养学生技术应用能力为主线的发展思路，发挥高等职业教育根本价值，为新时代建设输送高质量技术应用型人才。

（2）提高专业设置灵活性与持续性

我国高职教育对教育资源的占有以及它的办学规模决定了其在专业设置的范围上无法面面俱到，所以在专业数量上不应该与普通高校盲目攀比。高职院校应根据现有的教育资源，以市场结构为基本导向，从立足于本地区经济发展的要求最基本的方面，培养高质量的技术人才以满足区域经济的建设乃至社会发展的需求，所以在高等职业教育的专业设置方面，应该充分针对本地区和周边区域产业、企业的优势特点，在基本服务对象、专业设置和课程设置以及实践研究等方面因地制宜，使我国高职教育专业建设体现针对性和灵活性。

具体而言，我国高职院校应该加强与地方政府、当地企业的联系与合作，积极了解地方社会经济政策及各企业的人才需求，逐步改变经济规模主导型的发展模式，做到所培养的人才目标与人才需求精准地结合，积极创办本地特色专业、精品专业，始终坚持以服务地区、国家社会经济发展为宗旨，根据地方企业实际需求"定制"其人才培养规格与数量，使毕业生成为技术应用型人才，在未来的职场中更加具有竞争力。同时，在对高等职业教育进行专业设置前，教育部门应该及时调查劳动力人才市场的现实需求情况，根据市场结构的变化对专业设置进行及时调整，并紧密关注随着科技发展而形成的新职业类型和最新职业分类。我国教育部、人社部和工信部在2016年年底联合印发了《制造业人才发展规划指南》，其中明确指出了到2020年市场中人才需求将存在巨大缺口的几个专业，包括新一代信息技术产业、电力装备产业、新材料产业、高档数控机床和机器人等，在这些人才紧缺的产业中，新一代信息技术产业中对技术人才的需求量将达到七百万以上。①随着新材料、新能源、新装备、新农业、新服务等新业态的层出不穷，我国高等职业教育在进行专业设置时，要具有超前意识，不断强化职业教育专业建设，合理扩展高职院校内技术专业以适应社会经济及科技的飞速发展，加强专业设置的灵活性。同时高等职业教育也要对重点专业进行维护，提升其生命力与可持续性，使其成为高等职业教育特色专业，不断为新时代的社会主义现代化社会发展培养优秀人才。

（3）强化高职教育学生综合素质

高等职业教育要体现其基本内涵中的高等性与职业性，正如普通高等教育十分注重对学生基础理论知识的教学，要求学生完整、系统地掌握基础理论知识，而职业教育在具体的教学过程中，通常设置企业实习培训环节，并将教学重心放在学生对成熟技术的学习和职业技能的熟练掌握上，注重学生的动手能力和实际应用能力的培养。高等职业教育需要结合两种教育特性，不断加强对学生进行基础知识传授环节的教育，同时，也需要强化学生对技术的熟练掌握程度并激发学生的创新能力，加强学生实习环节的培训，使校企合作朝向标准化、系统化发展，使通过高等职业教育的毕业生逐步成为专业技能强、基础知识牢的高素质应用型人才，在劳动力市场中建立良好的声誉，不断促进其自身发展，提升高职教育的入学率和就业率，也使其未来的发展得到保障。

同时，我国高职教育的发展应避免进入一个常见的误区，即高职教育具有与岗位培训相同的性质，事实上，岗位培训的教学内容较为单一、指向性很强，一般很少涉及基础理论知识，只是根据某一具体岗位具体知识和技能的需求，对培训人员进行有针对性的短期训练。高等职业教育与岗位培训有着本质性的区别。高职教育应注重对学生综合素质的培养，使毕业生不仅能胜任某一岗位的工作需求，同时具有全面丰厚的基础知识，专业过硬的技术应用能力以及较强的社会适应能力，为社会主义现代化建设培养各级各类综合应用型技术人才。

（三）澳大利亚高等职业教育发展的经验借鉴

1. 澳大利亚的 TAFE（Technical And Further Education，即职业技术教育学院，以下简称 TAFE）模式

（1）全国统一的职业资格认证框架体系

资格框架、培训包和质量培训框架三部分构成了澳大利亚职业资格认证框架体系，将知识、技术及知识与技术的运用能力作为规定资格等级的标准。职业资格认证体系将职业教育与中等教育、高等教育相衔接形成了国家终身教育体系，有利于高级技术应用型专门人才的培养和有效解决技能人才就业。

除具有将教育体系内各教育类型相沟通的功能外，全国统一的职业资格认证在澳大

---

① 教育部 人力资源社会保障部 工业和信息化部关于印发《制造业人才发展规划指南》的通知 _ 中华人民共和国教育部政府门户网站 [EB/OL].（2017-02-14）[2023-10-26]. http://www.moe.gov.cn/srcsite/A07/moe_953/201702/t20170214_296162.html.

利亚 TAFE 教育体系的重要地位还表现在职业资格认证在全国范围内互通和承认。澳大利亚政府规定从事技术性工作必须具有相关的职业资格证书，取得职业资格证书是就业的前提条件。

建立全国统一的国家资格认证体系，既为接受培训的学生提供其具有某一职业所必须具备的专业知识和技能的有效职业资格证明，又为各类培训机构统一人才职业评定标准提供了参考，同时还可以有效防止有关培训机构滥发文凭和无序竞争，是规范和引导培训市场的有力保障。这对于 TAFE 的良性快速发展是极为有利的，同时也使教育培训的内容满足岗位的技能需要，从而提高学生的就业针对性和成功率。

（2）坚持终身教育思想基础上的能力本位教学和评价体系

澳大利亚 TAFE 学院基于终身教育培养理念，遵循先学习再工作、再学习再工作的阶梯状循环教育方式，将基础理论与实用技术、学校学习与企业实践、学历教育与岗位培训相结合。

第二次世界大战后，澳大利亚对职业教育进行了大刀阔斧的改革，构建起能力本位的职业教育体系。教育体系重点是从传授知识为中心转移到培养实际工作需要的实践动手能力、组织管理能力、团队协作能力、信息运用和创新能力上。TAFE 将理论教学与社会实践有机结合在一起，二者没有明显的体系之分，共同为 TAFE 培养人才服务。

遵循能力本位教育理念（Competency-based Education，简称 CBE），将行业组织公认的职业能力标准与国家统一的职业资格认证标准作为专业课程设置的依据，同时把行业标准转换成具体的课程标准和教学内容，按专业标准开设课程，将应具备的知识和应掌握的技能进行分解，按相应模块组织教学，培养实际工作岗位所需的职业技能，目的是学生毕业后能迅速胜任职业岗位要求。

澳大利亚 TAFE 学院能力本位教学体系，不仅体现对学生的能力培养上，还十分重视教师理论教学和实践教学能力的提高，学院通过定期组织教师到企业实践进修和邀请企业专家到校培训，加深教师对职业技术教育的认识，强化了实践能力，确保教师的教学紧跟企业需求，培育出掌握最先进技术的应用型人才。

（3）行业主导、产学研一体化发展

澳大利亚 TAFE 学院重视学校与行业的密切联系，在教育中注意发挥行业的主导作用，在长期的 TAFE 教学理论探索与实践改革中被证实是能有力促进学生提高技术应用能力，形成产业、学术、科研一体化发展的成功的 TAFE 管理体制。为使开设的专业与所学内容能够适应社会需求，培养的毕业生顺利就业，TAFE 定期召开院级的董事会，董事会主席与董事会主要成员均来自企业的资深行业专业人士，参与学院教学管理并做出决策。澳大利亚全国共计开设了 21 个全国性行业培训咨询机构，它们的主要职能为联络相关行业内的企业，协调企业与政府、学校与企业间的关系，促进企业与 TAFE 教育事业共同发展。行业对 TAFE 的主导作用体现在教育教学工作的整个过程，具体表现在：参与TAFE学院制定学院办学操作规范、管理制度、师资力量建设等。与此同时，行业组织和专家还负责对TAFE教学质量实施定期的监督和评价。

在澳大利亚政府对教育事业的大力扶持下，澳大利亚TAFE教育找到了一条有自身特色的快速发展之路，澳大利亚联邦政府认为教育属于产业，可以买卖，积极支持TAFE院校实行市场化经营，院校管理上采取产业经营模式，支持院校通过向社会和企业提供技术与服务获取资本支持。

2. 澳大利亚TAFE模式对我国高等职业教育的启示

（1）教育行政部门积极承担发展高等职业教育的责任

澳大利亚TAFE学校有较大办学自主权，州政府对TAFE教育的管理与规划方面起主导性作用。政府主要从宏观政策上对TAFE学院实施管理和调控，主要职责包括：提供经费支持和制定政策法规。由于政府投入TAFE的费用所占的比例较高，学生缴纳的费用只占很小比例。我国可以借鉴澳大利亚的做法，加大政府对高职教育事业的投入，同时允许企业对办学进行投资参与，减轻学生的经济负担。

对于我国当前各地高等职业教育的具体情况，我国各级教育行政部门在高职教育领域的投入略显不足，因此除了教育民生战略的制定和方向正确外，教育民生事业的发展还需要具体的政策和资金支持。我国政府在高职教育方面还需要进一步的政策规划和战略调整，加大财政支持力度，使高职预算内经费占全国预算内教育经费比例的增长速度与高职发展规模相匹配。将加快发展职业教育的战略真正落到实处，以保证高等职业教育在教育体系和人力资源开发的中坚地位。

（2）规范劳动力市场秩序

目前，我国已形成了较为科学完备的职业教育体系，但我国职业资格认证制度上仍存在机构数量繁多、名目繁杂、认证标准通用性不强等问题，因此，要改善这种局面，政府需要进一步规范高等职业教育人才市场认证制度，致力于开发具有我国特色的、科学的、规范统一的高等职业教育国家资格认证体系。地方政府也应主动配合，积极加入高等教育职业资格认证体系。

随着社会的进步和信息化的高度发展，建立职业教育网络信息平台是当前和今后高职教育发展的需要。这要求各教育机构应充分利用网络渠道和网络资源，改革教育内容和模式，探索高职教育发展新方向，实现信息领域的教育资源开发和利用，为学生多样化学习提供网络资源。

（3）增强校企合作，培养适合产业需求的技术应用型人才

澳大利亚建立的行业主导的校企合作模式，企业深入参与学校教育教学，根据行业需求，有针对性地培养学生的职业技能。对于像我国这样政府通过行政管控教育系统的情况，高等职业教育所培养的人才从人才供需上存在错位现象，缺乏企业参与合作，企业对人才的需求、投入在参与教育教学过程中的资源优势未能得到充分共享，在分工与

合作的职能上未得到充分的体现。因此，我们应借鉴澳大利亚 TAFE 以企业为主的办学模式，通过在企业内办学、高职院校参与企业职业教育等形式，使学生与企业的联系更加紧密，毕业生更全面了解未来行业发展所需人才的方向，进而及早地规划自己的职业生涯。

同时，澳大利亚在政府宏观调控和监控下将 TAFE 推向市场，按产业化模式来经营。这种做法在高职领域是标新立异的，而且实践证明是成功的。我国要正确认识高等职业教育产业化，使高职教育人才培养目标适应市场需求，充分发挥高职院校技术优势，加强与企业的密切合作，提升企业员工岗位技能水平。

（4）教育体系内部相融通，满足多样化教育需求

澳大利亚 TAFE 模式与普通高等教育两大体系是相贯通、融合成一个体系的。获取职业资格认证的 TAFE 毕业生可直接进入普通大学相关专业继续深造，这更好地体现出教育的平等性和连贯性，形成了教育体系内部统一的资质考核和认证体系，为学生提供多元化教育的同时也为其专业技能的发展提供了平台，提高了高等职业教育在国家教育体系中的地位，也有助于国民整体素质的提升和职业生涯的发展。

我国没有形成健全的职业资格证书体系，现有的资格证书与学历证书之间脱钩，外加受计划经济的制约，长期以来，被视为"断头"教育，与中职教育和普通高等教育衔接和沟通并不十分顺畅。随着知识经济的快速发展，对从业人员的技能水平、知识结构提出了更高的要求，应进一步加强各教育类型和层次之间的渗透，解决职普管理制度沟通不畅问题，建立具有我国特色的高等职业教育体系，使高职教育成为终身教育的实现途径和提升个人素质的重要方式。

二、国内高等职业教育发展的经验借鉴

（一）江苏省高等职业教育国际化先进经验

江苏省是中国近代职业教育的发祥地之一，是中国近代职业教育普及面最广、声势最盛、成效最显著的省份之一。党的十九大以来，江苏省职业教育持续领先全国，现有中等职业学校 334 所、高职高专 90 所，在校生 157 万余人，规模庞大，体系完备。

1. 成立职教集团

20 世纪 80 年代末，江苏省在全国首创"职教中心"，21 世纪初形成高职发展的"江苏模式"，并继续向"中国职教名城"的目标奋勇前进，江苏省职教集团不断发展壮大。为建立产教深度融合机制，江苏省已建立 32 个省级以上职业教育集团，无锡、常州、苏州等 10 个地区被确定为江苏省职业教育创新与发展试点区。江苏省教育部选拔了 19 个现代学徒制试点项目，26 个省级现代学徒试点单位。全省 9 个地级市有 9 个职业教育园区，已建成 80 多所中等职业学校。在职业教育发展方面，江苏省特别重视职业教育培训标准的制定，编制了 106 个专业职业人才培养计划、38 个职业技能教学标准和

763个职业核心课程标准。在坚持标准先行的原则之下,江苏省职教发展有了行动标尺,才有了质量保障。此外,江苏省实行人才培养的多元化评价,率先在全国试行中等职业学校学生学业水平考试制度。

2. 构建现代职业教育体系

构建现代职教体系,江苏职教实现从学制衔接到课程衔接,从"独木桥"到"立交桥"的多元化继续教育模式。2012年,江苏在全国率先实施现代职教体系试点,进行学制改革,全面实行中职"2.5+0.5"、五年制高职"4.5+0.5"的学制模式。连续12年保持高中阶段招生职普大体相当,在全国各省份中独树一帜,高等职教也已成为江苏高等教育的"半壁江山":打通中职—高职—应用型本科的衔接,建立中职与高职"3+3"、中职与本科"3+4"、高职与本科"3+2"分段培养及高职与本科"4+0"联合培养等新模式。目前,江苏省超过40%的中职生进入到高等学校深造,打通职业教育与高等教育的升学通道,为学生找到最适合的发展路径。

3. 高等职业教育国际化

2019年教育部、财政部印发《关于实施中国特色高水平高职学校和专业建设计划的意见》(以下简称"双高计划"),联合实施中国特色高水平高职学校和专业建设计划。列入"双高计划"建设单位的院校发展水平高,是国家高等职业教育的重点建设单位。首批"双高计划"从全国1 400余所高职院校中选中197所建设单位,其中高水平学校建设高校56所、高水平专业群建设高校141所。入选"双高计划"拟建设单位排名前10的省份中江苏省入选"双高计划"拟建设单位的总数第一,高等职业教育整体发展水平高。

(1)来苏留学和短期培训

江苏省高职院校与本科高校享受同等国际化政策与资源支持。一是全面实施专科学历留学生生均拨款。自2015年省财政对省属高校学历教育外国留学生实行生均拨款政策,拨款标准与中国学生相同,不断扩大"茉莉花留学江苏政府奖学金"总量。2020年生均拨款约为1.1万元。生均拨款为留学生来江苏省留学高职带来很大吸引力,很大程度扩大了生源范围,稳定了生源,提高了生源质量,也提升了高职院校的留学生培养水平。二是搭建留学生招生平台。2018年江苏省教育厅组织高校赴海外参加国际教育展,在泰国等国家举办"留学江苏"推介会进行招生宣传,召开"留学江苏优秀人才遴选计划"启动会暨"一带一路"来苏留学教育峰会,拓展与"一带一路"合作伙伴定点中学及高职院校合作招生的机会,为江苏省高职院校招收留学生提供了稳定可靠的生源渠道。三是开展留学生重大项目:实施"留学江苏优秀人才遴选计划",省级外国留学生预科基地,开展留学生暑期项目遴选,极大推动留学生招生和培养。四是开展课题研究和培训,提升留学生教育质量和管理水平。江苏省教育厅组织遴选外国留学生英文授课精品课程并开展课程建设,组织留学生管理人员培训,围绕"一带一路"倡议设立留学生教育研究课题，开展留学生教育教学研究，进一步引导江苏省高职院校提升留学生教育水平和管理质量。平台搭建、生均拨款和重大项目实施等为江苏省留学生培养和短期培训提供了大力支持，推动江苏省高等职业院校留学生培养工作快速向好发展，打造"留学江苏"品牌。

（2）开发共享国际专业教学标准和课程标准

江苏省通过引进—改造—开发—输出的模式构建国际教育教学资源和专业教学标准等的开发和共享体系，引入国外优质教育教学资源和标准，根据院校和专业发展需求改造开发，推进自身教育教学和专业建设，改造为适用于国外教育教学的资源，推广到"一带一路"合作伙伴。通过这一循环模式，高等职业院校既能利用、开发教学标准和教育教学资源，提高自身国际影响力，又能加强专业建设、课程提升等内涵发展。

一是开展中外合作办学项目，引进、开发专业教学标准和课程标准。江苏省举办中外合作办学项目经验丰富，项目数量和水平居于全国各高等职业院校前列，中外合作办学水平首屈一指。丰富成熟的中外合作办学项目为高等职业院校引进国（境）外优质资源、开发国际专业教学标准和课程标准等提供了良好的合作基础和资源。江苏高等职业院校通过合作办学等途径引入优质教育教学资源、教育教学标准和课程标准、先进师资、教学管理体系和国际通用职业资格证书等，结合相关标准和实际教学需求制定高职学生普通班级和合作班的培养方案，将证书内容融入课程教学中，开发设计更适宜的课程体系，构建互认专业基础课程的学分，促进自身教育教学和专业建设。

二是加强海外办学，改造、推广专业教学标准和课程标准。根据中国教育国际交流协会职教分会发布的2020年度国际化发展报告，据不完全统计，中国高等职业院校目前在海外设立境外办学机构53所，主要形式是海外独立大学、海外办学点和鲁班工坊等。江苏省高等职业院校目前有境外办学机构近10所，占全国高职境外办学机构约五分之一，包括柬埔寨西哈努克港工商学院、几内亚江苏海院韦立船员学院、常州工程职业技术学院缅甸曼德勒分校等。江苏省高等职业院校设立境外办学机构较多，产生充足的境外分校和培训基地等的建设和海外教学培训需求，为江苏省高等职业开发国际教育教学和专业教学标准等提供了发展目标，提供了输出的有效渠道。江苏高等职业院校通过海外办学、海外培训等途径加强与国内外企业、院校交流合作，能够更有效了解企业人才培养培训需求、国内外院校对于教育教学资源的需求，进而与国内外院校和企业合作，对院校开发的教育教学资源和专业教学标准等进行本土化改造，通过对境外办学机构教学和培训进一步改造教学资源和标准等，并进行测试和改进，从而促进江苏省高职院校教育教学资源和标准等应用到国外院校。

江苏省高职院校利用良好的合作办学和海外办学等基础，引进—开发—改造—输出教育教学资源和专业标准、课程标准等，促进江苏省及中国高等职业教育"走出去"获得国际认可，为"走出去"的企业提供职业教育服务，服务"一带一路"建设和国际产能合作。

(3) 完善高等职业教育国际化政策

江苏省不断出台鼓励招收留学生、合作办学等的政策，鼓励江苏省高等职业院校开展国际化建设。相关政策有以下特点：一是政策出台及时。二是政策全面、明晰、可操作。江苏省出台的政策对应国家政策进行了细化，指明了江苏省高职教育国际化建设的具体目标和要求，说明了下一步的具体举措如重点建设"留学江苏"品牌、开展中外合作办学试点、开展"郑和计划"服务企业"走出去"，明确了责任部门，确定教育厅、高职院校等的重点任务，并提供了经费、政策等保障措施。政策全面明确，能够为江苏省高等职业院校指明近期与中长期工作方向。三是注重联合行业企业开展"走出去"办学。江苏省出台的政策对"走出去"办学提出了明确要求，说明了具体计划是"郑和计划"，具体措施是集合江苏省核心职业院校，由政府引领，依托境外重点产业园、重点"走出去"企业、重点项目等"组团出海"，在境外建立一批职业教育办学机构开展本土员工培养培训，推广江苏职业教育专业教学标准等。

(4) 搭建政校行企国际交流合作平台

教育部、江苏省人民政府出台的《关于整体推进苏锡常都市圈职业教育改革创新打造高质量发展样板的实施意见》中提出搭建职业教育国际合作交流平台。江苏省建设江苏高职院校"一带一路"培养合作联盟，推动院校与境外行业协会、境外产业园、跨国企业等合作，搭建服务企业"走出去"等政校行企合作平台，政校行企协同开展国际化合作，这与管理协同理论契合。江苏省完善高等职业教育国际化双边和多边合作机制，联合加拿大安大略省大学、澳门·葡语国家大学共同组建合作联盟，和英国高水平大学建立"20+20"合作机制，和东盟职业教育建立合作对话，引导职业院校与行业、企业共同成立"一带一路"产教协同联盟，推动江苏省高等职业院校协同中外相关行业职业院校、企业、行业协会等，优化整合优质资源，共同打造合作交流机制，促进教育国际化发展。

(二) 宁波市高等职业教育高质量发展的推进策略

早在2014年，宁波市教育局被评为全国职业教育先进单位，后经多年的建设与发展，目前宁波职业教育形成了立足地方、面向国际，具有鲜明特色的政府为主导、行业参与、院校为主体的职业教育运行机制，为市域经济社会发展贡献了重要力量。

1. 宁波市高等职业教育高质量发展的成效

高等职业教育是我国现代职业教育体系的重要组成部分。《宁波市教育事业"十四五"发展规划》对宁波市职业教育的定位是具有宁波特色、契合发展需求、国内一流、世界水准的开放型职业教育。目前，宁波市高等职业教育将高质量发展作为新发展阶段的重要目标，依据教育发展和市场运作规律，提升高等职业教育系统性与人才培养质量，实现区域高等职业教育与区域产业协同发展。

（1）深入推进产教融合，聚焦高素质技术技能型人才培养

产教融合是完善现代职业教育体系的关键。高质量的产业发展关键在于高质量的产业人才支撑，高等职业教育高质量发展是高素质技术技能型人才（产业人才）培养的源泉。"十四五"时期，宁波市处于高质量发展的"关键期"，其战略性产业、优势产业、新兴产业的发展离不开高素质技术技能型人才的支撑。高等职业教育只有主动适应地方经济社会发展，并满足地方产业发展转型升级、产业结构调整对高素质技术技能型人才培养的需要，才能获得良好的发展资源和动力。高职院校积极参与产教融合，在融入地方经济社会发展过程中，不断强化自身服务能力，同时也进一步拓展学校的办学空间。区域高等职业教育与区域经济和产业发展具有紧密联系和很强的互动关系。为深入推进产教融合，2022年宁波市公布了产教融合"五个一批"产学协同育人项目（如表3-4所示），以产学协同育人项目为抓手来提升产教融合的成效。从本质上讲，产学协同育人就是高水平的校企（合作）协同育人，打破了以往学校与企业间的制度壁垒与关系隔阂，实现知识、人才、资源在高校与企业场域中的共建共享，让学校与企业从松散合作到紧密合作，从单一谋划向多元协同，从疏离发展向协调融合转变，[①]最终凸显校企参与产教融合的成效。

表3-4 宁波市产教融合"五个一批"产学协同育人项目拟入选名单（高职高专） （单位：个）

学校名称	产教融合人才培养基地	教育教学改革项目	双师型教师建设项目	立项数（合计）
宁波幼儿师范高等专科学校	0	1	1	2
宁波职业技术学院	2	3	5	10
浙江纺织服装职业技术学院	1	3	4	7
浙江工商职业技术学院	1	2	4	7
宁波城市职业技术学院	1	2	4	8
宁波卫生职业技术学院	1	1	3	5

（2）充分发挥双主体办学积极性，聚焦企业多元需求

新发展阶段，企业需要的不单是能完成指定工作任务的技术技能型人才，还需要具备基本职业技能和职业素养的创新型人才来适应"工业4.0时代"的（工程）技术变革。高职院校培养的人才是企业的智力支持，能够针对企业生产中的技术难题提供技术研发支持和技术创新服务，通过优化科技资源运用效率与效能，从而提升企业的创新能力。因此，充分发挥高职院校与企业双主体办学的积极性，投入各自优势资源，并在地方政府、行业部门及相关机构支持下，通过组织结构性安排、制度性设计等，加强高职院校、地方政府和行业企业的资源分享与信息沟通，实现共同受益。与此同时，职业教育作为一种典型的跨界教育，跨越了学校与社会、学习与工作、职前与职后，通过跨界企业培

---

① 李德显，李颖芳. 新时代职业教育高质量发展的内在逻辑与实践路径[J]. 吉首大学学报（社会科学版），2021，42（06）：1-5.

训，创新发展现代学徒制等育人模式，进一步链接整合产业、企业需求。① 在结合本地实际的基础上，宁波市充分尊重校企双主体地位，多以高校为牵头单位组建产教（合作）联盟、产学研联盟和产业职教集团等，不仅提高了学校的社会服务能力和社会贡献度，也提升了企业的竞争力和市场地位。

（3）协同校内外优质教育资源，聚焦服务产业能力

区域产业发展是区域高职教育发展的基础，并为高职教育的发展提供了肥沃土壤。宁波市积极推进市级试点行业特色学院建设，主动服务地方产业经济和社会发展，取得了较好的社会效益。2016年，宁波市面向智能制造、跨境电商等领域，重点遴选一批地方支柱产业和战略性新兴产业，以建立优势突出、特色鲜明的二级院（系）为抓手，提升高职院校服务区域产业能力，共有宁波职业技术学院机电（海天）学院、浙江纺织服装职业技术学院、中英时尚设计学院等10余家行业特色学院陆续入选，为每个行业特色学院投入500万元建设经费。在依托行业而生存、服务经济而发展的思路指导下，宁波市各高职院校纷纷对二级分院和专业作出调整，从原来以学科为基础组建二级分院和专业群转向以区域产业群为基础组建产业学院。因此，行业特色学院可视为具有地方产业特色的（现代）产业学院，其特点是高校在现有办学体制下，对接区域支柱产业发展及产业链转型升级，由学校和行业企业共建共管，通过构建政、校、企合作长效机制和共建共享管理机制，坚持"不求所有、但求所用，不为独享、但求共赢"的原则，协同校内外优质教育资源共同开展人才培养、科学研究与专业建设。

2. "十四五"时期宁波市高等职业教育高质量发展模式

《宁波市"十四五"规划和二〇三五年远景目标建议》提出，强化高水平职业院校建设，推进职业教育提质培优。宁波市高职教育具有经长期积累的丰富的办学经验与鲜明优势。"十四五"时期，宁波市高职院校在自身发展进程中，通过实践探索，初步形成了可参考、可借鉴、可推广的高职教育高质量发展模式。

（1）专业建设模式

高等职业教育是为满足某类或某种职业需要所开展的教育类型，其与地方产业发展有着天然的联系。因此，高职院校专业建设与区域产业发展的融合状况，既是衡量学校人才培养是否适应社会经济发展需求的基本尺度，也是衡量学校与区域社会经济发展是否协调的重要指标。②2022年3月，宁波市成立了全国首家"RCEP服务贸易产业学院"，该学院由宁波城市职业技术学院与中国贸促会商业行业委员会共建共管，预期建成RCEP（Regional Com-prehensive Economic Partherhip，即区域全面经济伙伴关系）服务贸易发展研究中心、国际交流与合作中心、教师发展中心、实训与培训中心和学生发

---

① 胡微，石伟平. 从高适应到高质量：新时代职业教育改革的定位、挑战与路径[J]. 教育发展研究，2022，42（09）：30-37.

② 万伟平，李森，王贵兰. 论高等职业教育专业建设与区域产业发展的衔接与融合[J]. 广东技术师范学院学报，2009（02）：61-64，79，120.

展中心等五大中心。该学院面向宁波市区域产业需求，重点对接外贸物流企业和地方产业集群，结合宁波城市职业技术学院外贸物流专业群的学科优势与特色，围绕该学院的五大中心开展课题研究、国际交流与合作、教师发展、学生发展等相关工作，贯通专业、行业、企业，有效融合培养链、产业链、创新链，构建高等职业教育与产业集群联动发展机制，切实推进校地、校企合作向国际空间延伸。

（2）技术研发模式

技术研发是高职教育的重要任务，高职院校在将科技创新的技术、理念运用到区域产业、行业的实际生产过程中，为区域经济发展增值赋能。2013年11月，宁波市获批国家职业教育与产业协同创新试验区，为此宁波市启动建设10个左右的市级高校协同创新中心，以此来解决产业、行业、企业的重大共性和关键技术，服务于战略性新兴产业发展。2014年，宁波市又制定了《宁波市高等学校协同创新中心建设管理办法》，以高校特色学科（专业）为依托，在推动解决当地经济、产业发展中的一系列技术难题方面发挥了重大作用，不仅提升了高校办学水平，还加强了宁波市高等职业教育与区域产业的协同。浙江纺织服装职业技术学院通过推进纺织服装数字化，积极服务时尚纺织服装产业发展，与"壹布"共建服装数字化"未来工厂"样板车间，为服装中小型企业智能制造改造升级和数字化转型提供专业服务；与"凌迪"合作共建服装3D数字化技术应用中心，快速精准对接服装数字化设计人才培养新需求。另外，该校牵头成立了宁波市纺织服装产学研技术创新联盟、新型面料研发与应用协同创新中心和先进纺织技术与服装CAD重点实验室，为区域相关中小型企业的创新能力提升提供技术支持。

（3）服务面向模式

有研究表明，高职院校建在开发区和示范区，能提高职业教育实时追踪产业动态需求的能力。[1]2014年5月，宁波市政府办公厅出台《促进高等职业院校与地方共建的指导意见》，指出为更好地提升高职院校的社会服务能力，引导宁波市各高职院校"重心下移"，探索建立多样化的校地共建共管合作机制，促进优质高等教育资源向经济发达的区县（市）、高新区和产业集聚区延伸。从宁波市现有产业发展看，各区（县）产业相对单一、集中，有利于产教融合的深度开展。目前，宁波市基本上实现各区（县）高等职业教育资源全覆盖。2016年10月，慈溪市政府和浙江工商职业技术学院签订了合作共建"浙江工商职业技术学院慈溪学院"（以下简称慈溪学院）协议，浙江工商职业技术学院主动对接慈溪市先进制造业（以家电产业为基础）产业集群，重点发展应用电子技术、工业机器人技术、电气自动化技术和计算机网络技术等专业，目前该校的智能制造类专业已全部落地慈溪学院。慈溪学院围绕慈溪经济社会发展战略和产业发展需求，以多赢理念为指导，形成的慈溪模式具有立足地方、融入地方、服务地方的鲜明特征。

---

[1] 祁占勇. 增强职业教育适应性的路径选择[J]. 吉首大学学报（社会科学版），2021，42（06）：15-17，113.

慈溪学院相继与卓力电器、慈星集团等20家慈溪市企业签订产教融合、校企合作协议，共建15个紧密型校企合作实训基地，在慈溪就业的学生人数达到毕业生的60%，有效解决了当地制造业发展对中高级技能人才的需求。

（4）产教协同模式

产教协同作为一种人才培养模式，具有面向市场、服务就业、对接就业岗位和职业能力，坚持校企合作、工学结合的特点。[1]宁波卫生职业技术学院言语听觉康复技术专业提出了基于产教协同的儿童言语治疗人才培养模式，系统性设计人才培养方案，构建了行业标准—教学指南—教学标准的标准链体系。该专业与领军企业合作开发集在线课堂、虚拟实训室、智慧实践基地于一体的康复云，并将课程体系、校内实训室、校外实践教学基地搬到云平台，提供了学徒式就业、合伙式创业的人才培养双向选择路径。浙江工商职业技术学院在影视专业试点全员"实战化"育才模式，该专业每名学生在入学时就会提前选择目标企业，经过基础学科的学习后，直接到企业生产线实践，同时作为企业的准员工，由企业在职人员给学生上网课、布置作业。这种"实战化"育才模式从更广阔的社会视角出发来办学，借鉴企业管理平台化的理念，学生和企业无缝链接，学生以准员工身份直接参与到企业的实际项目中，在项目中获得学分、完成学习。"实战化"育才模式跟以往的订单班、实训基地等不同，深化、创新了现代学徒制，缩短了（骨干）人才的培养周期，经过双向选择而留在企业的毕业生能迅速上岗，降低了企业的运营成本。

3. "十四五"时期宁波市高等职业教育高质量发展的推进策略

当前，我国正处于新发展阶段，面对国内外错综复杂的局势变化，高等职业教育唯有用"高质量"实现自身转型，才能应对产业转型升级和企业发展方式转变的现实需要。新时代，构建与新发展格局相适应的高质量高等职业教育，能有效促进增强职业技术教育适应性的落实。[2]作为全国高等职业教育的"排头兵"，面向"十四五"时期的区域高质量发展，宁波市高等职业教育的提质增效仍有很大空间。

（1）打通区域职业教育人才培养"新通道"

2014年5月，国务院印发的《关于加快发展现代职业教育的决定》提出形成定位清晰、科学合理的职业教育层次结构，统筹发展各级各类职业教育。[3]截至2020年，我国共有职业院校1.14万所，包括中职学校9 896所，高职（专科）院校1 468所，本科层次职业学校21所。中职招生644.66万人，在校生1 663.37万人，招生和在校生分别占高中阶段教育的42.38%、39.96%；高职（专科）招生524.34万人，在校生1 459.55万人，

---

[1] 任占营. 新时代职业教育高质量发展路径探析[J]. 中国职业技术教育，2022（10）：5-11.

[2] 李德显，李颖芳. 新时代职业教育高质量发展的多维思考（笔谈）·新时代职业教育高质量发展的内在逻辑与实践路径[J]. 吉首大学学报（社会科学版），2021，42（06）：2-5.

[3] 国务院关于加快发展现代职业教育的决定_教育_中国政府网[EB/OL].（2014-06-22）[2023-10-16]. https://www.gov.cn/zhengce/content/2014-06/22/content_8901.htm.

招生和在校生分别占普通本专科的54.2%、44.43%。[1]职业教育占整个中、高等教育的"半壁江山",为国家经济社会发展提供了不可或缺的人力资源支撑。一是不同教育层次的有机衔接,提高了技术技能型人才学历水平。《关于加快发展现代职业教育的决定》提出,发挥高等职业教育在优化高等教育结构中的重要作用,探索发展本科层次职业教育。[2]基于此,宁波市通过实施中高职"3+2"模式、五年一贯制模式、中高职一体化结构衔接模式等多种形式实现中高职衔接,不仅满足了学生个人发展的需要,也满足了中职教育上移"层次"的需要。实施专升本、高职升本等模式,实现专科、本科教育体系融通,既为高素质技术技能型人才的培养质量奠定了基础,也为地方产业经济发展提供了高质量的人才保障。二是普通教育与职业教育的融合互通,为学生搭建成才的"立交桥"。宁波市积极探索普职融通教育改革,实现普高和中职双向融通、双向选修、学分互认和学籍互转改革,同时积极开展本科高职院校建设工作。例如2016年宁波职业技术学院与宁波工程学院合作办学的化学工程与工艺专业成功入选浙江省四年制高等职业教育人才培养试点专业,按照依托高职优质资源、联合本科举办、发放本科文凭、高职院校办学的原则,开展四年制高等职业教育人才培养试点。

(2)践行立足地方的发展"新样态"

立足地方,服务地方经济发展是宁波市高等职业教育稳步发展的重要保证。2017年3月,宁波市政府出台《关于宁波市推进"中国制造2025"试点示范城市建设的若干意见》提出,构建"3511"产业体系,即3大战略性产业(新材料、高端装备和新一代信息技术产业),5大优势产业(汽车制造、绿色石化、时尚纺织服装、家用电器、清洁能源产业),1批新兴产业和1批生产性服务业,为打造新型产业体系指明了方向。"十四五"时期,宁波市高等职业教育持续深入围绕宁波市产业发展与演进,以市域高职院校为"主力军"服务地方经济发展,努力建立高等职业教育与产业良性互动关系。一是高职院校专业设置与地方优势产业紧密结合。专业设置所产生的高质量办学成效或社会影响是专业特色的根本所在,专业特色形成于高职院校办学中积淀出的优势专业,专业特色是逐步打造的特有品质。[3]新时代,高职院校的专业特色要与区域重点(优势)产业发展相对接。2017年,宁波市11所高校新增数据科学与大数据技术、航空航天工程、工业机器人技术等27个专业,主动调整优化专业布局,以适应产业升级需求。另外,职业教育产教深度融合通过加强区域统筹,紧密对接产业升级和技术变革新趋势,促进

---

[1] 教育部. 2020年全国教育事业发展统计公报 [EB/OL](2021-08-27)[2023-10-22]. http://www.moe.gov.cn/jyb_sjzl/sjzl_fztjgb/202108/t20210827_555004.html.

[2] 国务院关于加快发展现代职业教育的决定_教育_中国政府网 [EB/OL].(2014-06-22)[2023-10-16]. https://www.gov.cn/zhengce/content/2014-06/22/content_8901.htm.

[3] 荣玮,等. 新时代高职教育高质量发展的方位、方向与方略 [J]. 高等职业教育探索,2022,21(04):35-41.

市域职业院校的专业结构与产业结构相匹配。①"十四五"时期，宁波市高职院校聚焦宁波市重点（优势）产业，持续发力，展现专业领域的特有优势，促进特色专业建设与重点（优势）产业发展良性互动（如表3-5所示），不断提高人才培养的适应性、契合度。二是高职院校对接地方高技能人才培育。《宁波市"十四五"规划和2035年远景目标建议》提出，深化产教融合试点城市建设，推进工程师协同创新中心建设，实施港城工匠培育行动，构建高技能人才培育体系。②对此，2022年6月，海曙区人社局和浙江工商职业技术学院签约启动海曙工程师（工匠）学院，充分依托学校平台和资源，积极联动区内部门、各镇（乡）街道、商会、企业等各力量，共同培养更多制造业高技能人才。海曙区工程师（工匠）学院通过探索完善现代职业技能培训机制，提升高技能人才培育水平，更好地优化工程师、技能人才队伍结构，为海曙区"工程师友好区"建设贡献力量。

表3-5 宁波市高职院校特色专业与重点（优势）产业对接表

高职院校	特色专业	重点（优势）产业
浙江纺织职业技术学院	服装类专业	服装业
宁波职业技术学院	智能制造类专业	智能制造业
宁波城市职业技术学院	现代服务业相关专业	现代服务业
浙江工商职业技术学院	现代服务业相关专业	现代服务业
宁波卫生职业技术学院	健康专业	健康产业

（3）实施多元办学的"新路径"

从推动高等职业教育、积极服务"十四五"发展目标和战略任务角度来看，实施多元办学的新路径在于政、校、企间的协作。从根本上讲，政、校、企间协作的核心是形成以企业为主导、多元主体协同治理、合作伙伴有效参与的良好发展格局。在多元主体协同治理的格局下，高等职业教育高质量发展须以"善治"为目标，准确定位各治理主体方在合作过程中的职能和权责，激发各参与者的优势与积极性，建立良好的治理关系。一是作为地方政府促进高等职业教育发展综合改革试点城市，宁波市政府通过战略引领，加强规划指导和经费投入，积极推进职业教育与产业协同创新的制度创新和体制机制建设，形成以地方政府统筹与引领、社会组织有效参与的现代化管理体制。与此同时，宁波市政府逐步建立、完善有关高等职业教育发展的政策体系，先后制定、出台了《宁波市职业教育校企合作促进条例》《宁波市人民政府关于加快发展现代职业教育的实施意见》等文件，为宁波市高等职业教育稳步发展提供了政策保障。二是宁波高职院校注重

---

① 胡微，石伟平. 从高适应到高质量：新时代职业教育改革的定位、挑战与路径[J]. 教育发展研究，2022，42（09）：30-37.
② 中共宁波市委关于制定宁波市国民经济和社会发展第十四个五年规划和二〇三五年远景目标的建议[N]. 宁波日报，2020-12-21（001）.

内部制度建设，通过建立健全学校章程，落实自主依法办学，章程建设规范了学校内部管理行为，使得学校内部各组织机构的设置与岗位职责得以明确，为学校内涵发展奠定了制度基础。

（4）面向国际的发展新策略

宁波市高职院校通过中外合作办学、援外培训、开展国际标准认证、实施海外办学等多种方式积极开展国际化探索，实现了宁波高等职业教育"走出去"，向世界讲好中国职教故事。一是先后与国外大学开展联合办学项目和中外合作办学专业。如浙江纺织服装职业技术学院与英国、日本、韩国等高校合作开设时尚类专业，引入国际先进理念和资源，推进国际化与本土化结合，打造国内高职时尚设计专业品牌，助力宁波时尚名城建设。二是积极参与《悉尼协议》认证，引入英国机械工程职业资格认证、德国IHK（德国工商会）职业认证体系等国际标准认证体系，提高本校国际化水平。如浙江工商职业技术学院模具设计与制造、应用电子技术专业通过《悉尼协议》认证，促使学校国际化专业建设及技术教育人才培养质量取得重大突破。三是开展涉外培训，积极响应"一带一路"倡议。2018年，宁波市提出打造"一带一路"职业教育共同体，并在全省率先发布了"一带一路"职业教育三年行动计划，为"一带一路"倡议提供人力支撑，积累人才培养经验。如宁波职业技术学院先后建立了"中国职业技术教育援外培训基地""发展中国家职业教育研究院""中非（贝宁）职业技术教育学院""中斯丝路学院"等援外培训机构。

第四章 推进高等职业教育高质量发展的战略思路之一：深化产教融合

产教融合是高职教育实现高质量发展的重要途径。2021年5月10日印发的《"十四五"时期教育强国推进工程实施方案》提出："职业院校……面向经济社会发展需求，加强产教融合实训基地建设，创新培养模式，优化培养结构，提升学生创新精神、实践水平和就业创业能力，打造一批精品职业院校。"[①] 强调产教融合、校企合作是推动经济社会统筹发展的重大措施，是搞好职业教育、培育高层次技术技能人才的根本途径。可见，深化产教融合，以职业教育高质量发展服务经济高质量发展，是新时代高职教育高质量发展的必然要求，也是"十四五"期间发展的重要方向。

一、主要内容

2019年1月，国务院印发《国家职业教育改革实施方案》（国发〔2019〕4号），提出："深化产教融合、校企合作，育训结合，健全多元化办学格局，推动企业深度参与协同育人。"[②] 高等职业教育（以下简称高职教育）作为高等教育场域的特定教育类型，是我国技术技能人才的主要来源、人力资源开发的重要组成部分，对推动经济社会高质量发展具有重要作用。当前，我国高职教育仍存在人才培养与企业需求脱节，企业参与办学动力不足，产教融合、校企合作流于形式等问题，这就要求高职教育改革人才培养模式，落实产教融合机制，发挥协同育人效益。建设高职产教融合协同育人共同体，能促使学校、企业、政府、社会形成合力，推动产教融合、校企合作落地落细落实，实现学校、企业双向赋能，为我国产业升级和经济建设提供生力军。

（一）高职产教融合协同育人共同体的内涵阐释

厘清高职产教融合协同育人共同体的科学内涵，可以从以下几个方面把握。一是产教融合、协同育人的基本概念，二是共同体的概念流变及核心特征，三是从宏观、中观、

[①] "十四五"时期教育强国推进工程实施方案_国家发展和改革委员会 [EB/OL].（2019-02-13）[2023-10-26]. https://www.ndrc.gov.cn/fzggw/jgsj/zys/sjdt/202105/t20210525_1280688.html.

[②] 国务院关于印发国家职业教育改革实施方案的通知_教育_中国政府网 [EB/OL].（2019-02-13）[2023-10-26]. https://www.gov.cn/zhengce/content/2019-02/13/content_5365341.htm.

微观三个层面阐释高职产教融合协同育人共同体的科学内涵。

1. 高职产教融合协同育人共同体的概念界定

（1）产教融合的概念界定

一是"产""教"的界定。"产"是产业的简称，即由不同分工且密切关联的企业或生产服务单位所组成的相对稳定、相对独立的国民经济部门或行业。"教"是教育的简称，国家统计局印发的《三次产业划分规定》指出，教育也是一种产业，其主要功能是为其他产业提供人力资源这一生产力要素；教育与其他产业都是社会再生产链条中不可或缺的部门，各自承担不同的社会职责和功能，又相互协作，共同推动社会再生产协调有序发展。

二是产教融合的概念界定。杨善江指出："产教融合是教育部门（主要是院校）与产业部门（行业、企业）在社会范围内，充分依托各自的优势资源和优势，以互信和合约为基础，以服务经济转型和满足需求为出发点，以协同育人为核心，以合作共赢为动力，以校企合作为主线，以项目合作、技术转移以及共同开发为载体，以文化共融为支撑的产业、教育内部及之间各要素的优化组合和高度融合，各参与主体相互配合的一种经济教育活动方式。"[1] 孔宝根提出，产教融合是指在育人过程中生产与教学的相互融合，具体包括两方面："一是教育教学过程与生产工作过程的融合，是育人方式上的融合；二是教育教学内容与生产技术技能的融合，是育人内容上的融合。"[2]

综上，本书指的产教融合是教育教学活动和生产活动的融合，聚焦于学校和企业、行业等组织协同育人问题，其核心问题为如何发挥各育人主体的"合力"以培养高技术技能人才。

（2）协同育人的概念界定

徐平利将协同育人定义为各个育人主体以人才培养和使用为目的，在系统内共享资源、积蓄能量的有效互动。[3] 唐华、王本灵认为，协同育人是两个及以上的组织通过优势互补、资源共享与高效利用的方式达成培养复合型人才的目标。[4] 笔者认为徐平利的定义更加契合本书研究内容，故选用此定义，即各个育人主体以人才培养和使用为目的，在系统内共享资源、积蓄能量的有效互动。

产教融合协同育人的内在联系是：基础平台是产业、教育，核心是育人，关键是融合，根本在于协调，四者是统一的整体。

（3）共同体的概念界定

一般认为，滕尼斯（Ferdinand Tönnies）在其所著的《共同体与社会》中首次提出"共

---

[1] 杨善江. 产教融合：产业深度转型下现代职业教育发展的必由之路[J]. 教育与职业，2014（33）：8.
[2] 孔宝根. 企业科技指导员制度：深化职业教育产教融合的新路径[J]. 教育发展研究，2015，35（03）：59.
[3] 徐平利. 试论高职教育"协同育人"的价值理念[J]. 职教论坛，2013（01）：21-23.
[4] 唐华，王本灵. 协同育人视域下的高校知识创新模式研究[J]. 黑龙江高教研究，2019，37（12）：71-74.

同体"这一概念。滕尼斯认为人类意志分为本质意志和选择意志,共同体则是以本质意志为基础建构起的社会类型。他认为,共同体的本质是一种"现实的和有机的生命",即"关系本身即结合,或者被理解为现实的和有机的生命"①。具体分为血缘共同体,地缘共同体和精神共同体。这三类共同体的基本特征是以情感和习惯为纽带,成员之间不存在利益关系,因拥有共同的生活方式、兴趣爱好和行为习惯等,而建立起的有机联系。伴随时代的发展,"共同体"一词逐渐"渗透"其他领域,学者们从政治、社会、教育等多角度赋予"共同体"新的内涵,丰富了共同体的表现形式和性质。

最早出现于教育领域的共同体思想为杜威的"学校即社会"观点以及其相关的教学实践活动。尽管杜威并未将"学习"和"共同体"联系论述,但其将学校组织成一个"雏形的民主共同体",即"学校本身当作一个合作的社会对待"②。实质上,这一"民主共同体"就是学习共同体。在此共同体中,儿童在学校中依照"共同体生活"规则进行学习,教师通过教学活动对学生进行培养,家长针对学校情况提出建议配合学校计划。也就是说,学习共同体的各主体都能参与学校教育,履行自身的权利和义务,促进共同体的发展。

而真正在教育领域掀起"共同体"浪潮始于20世纪80年代末90年代初,其标志为实践共同体、学习共同体等相关概念的提出及理论与实践研究的开展。此后,许多研究都针对教育场域中的共同体,做了直接的或间接的论述。翟楠认为,教育共同体是在教育的公共生活中建构起来的公共空间,是教育中的人获得身份认同的基本来源。③他从国家、学校和班级构建了个体在制度化教育中生存的基本空间出发,认为个体的发展离不开教育共同体。除了直接对"教育共同体"进行界定和研究,国内学者大多聚焦于教育场域中的"学习共同体"。纪河等将当前学习共同体领域分为四类,即中小学课程改革、教师专业发展、社区教育以及网络学习共同体,认为学习共同体是包含认知、情感、行为、意志四大层面内容的学习生态系统。④随着教育领域中共同体研究的深入,共同体思想渗透到教育的各个方面,衍生出了学术共同体、学科共同体、教师共同体等概念。随着社会经济的进步与发展、教育领域中共同体理论研究的不断深入,共同体在教育领域中实现了多元发展,这为当前教育教学变革和发展提供了思想理路和方法引导,使得不同教育主体能够针对自身现状,建设适合自身发展的共同体。

(4) 高职产教融合协同育人共同体的概念界定

当前,我国关于高职产教融合协同育人与共同体的结合研究尚处于起步阶段,学界也没有明确的定义。贺书霞等认为,产教融合共同体的落脚点是技能人才的培养,基础

---

① 斐迪南·滕尼斯. 共同体与社会:纯粹社会学的基本概念 [M]. 张巍卓,译. 北京:商务印书馆,2020:52.
② 约翰·杜威. 人的问题 [M]. 傅统先,邱椿,译. 上海:上海人民出版社,2014:53, 59.
③ 翟楠. 教育共同体的类型及其道德意蕴 [J]. 教育理论与实践,2012,32(31):53-56.
④ 纪河,朱燕菲. 继承与创新:由共同体走向学习共同体 [J]. 中国远程教育,2019(10):74-79.

是资源共建共享，突破口是产教深度融合。[①] 曹照洁认为政、校、企三位一体协同育人是以职业院校为主体，政府、企业和学校按照各自的职能以平等协商的约定组成育人共同体，共同致力于职业学校的人才培养活动。[②]

笔者认为产教融合协同育人共同体是指产教融合协同育人的各方主体，以互利共赢为价值导向，以搭建相互信任的合作平台为主要形式，以资源优势互补、利益共享、风险共担等制度设计为保障，旨在培养满足社会经济发展的高素质高技能型人才。

2. 高职产教融合协同育人共同体的科学内涵

高职产教融合协同育人共同体可以从宏观、中观、微观三个层面进行分析。在宏观层次上，高职产教融合协同育人共同体表征为在大职业教育观视野下的社会本身即为共同体的形态，是产业系统和教育系统的有机融合。它在不同历史阶段有不同的表征形态，不同时代的政治经济状态影响其内涵特征，是一种具有历史性的概念。也就是说，高职产教融合协同育人共同体表征为国家这一组织依据经济建设以及社会发展的实际需求，利用宏观调控的手段推动高职教育结构的变革，充分发挥教育的社会效益，实现产业的经济效益表现。在这一层面，共同体各主体之间的联结依据外部社会环境的变化进行相关调整，依据社会规则进行互动活动。在中观层次上，高职产教融合协同育人共同体的主体为两大核心主体，即学校和企业的融合。有学者指出，产教融合是一种产、学、研三位一体的融合模式，不仅具备教育和企业的多种功能，还具备随时应变产业结构调整和参与市场竞争的能力，是在学校、企业、行业以及社会相关部门的不同程度参与下形成的一种新的社会组织形式。[③] 也就是说，中观层面的共同体侧重于行政和组织层面的合作，如构建校企双方的合力机制，合作育人的教育管理体制以及合理有效的校企互动交往体制等，基于此，有学者认为，产教融合属于宏观层次，校企合作属于中观层次，工学结合属于微观层次。[④] 在微观层面，高职产教融合协同育人共同体落点于生产和教学的融合，即各主体直接参与到人才培养的各个环节，共同制订针对受训者的培养计划，确认人才培养目标，开发设计课程教材等。

高职产教融合协同育人共同体在微观、中观、宏观三个层面存在一定的内涵差异，各自的侧重点也不尽相同，但是三个层面是相互联系、互相补充的有机整体，三者的有机结合才能构建合适的产教融合协同育人共同体。

（二）高职产教融合协同育人共同体的主要特征

高职产教融合协同育人共同体旨在培养高素质技术技能人才以满足社会经济发展的

---

① 贺书霞，冀涛. 基于共享发展理念的职业教育产教融合共同体建构[J]. 职业技术教育，2021，42（04）：35-41.
② 曹照洁. 政校企"三位一体"协同育人模式现状与建构研究[J]. 四川理工学院学报（社会科学版），2019，34（02）：73-84.
③ 罗汝珍. 市场经济背景下高等职业教育产教融合机制研究[J]. 教育与职业，2014（21）：8-11.
④ 葛道凯. 中国职业教育二十年政策走向[J]. 课程·教材·教法，2015，35（12）：3-13，81

需要,其本质特征可以从以下几个方面理解和把握。

1. 身份认同:有共同体成员的认知基础

共同体主体的身份认同是高职产教融合协同育人共同体构建的认知基础。各主体的身份认同表现为对所在组织团体的认同感和归属感,且不是先赋的,是各主体在交互作用和活动参与中获得的。詹华山认为,职业院校与企业之间"融而不合""合而不深"的问题之所以一直无法得到有效解决,重要原因就是产教两端的身份认同处于供需分离的状态。[1] 高职教育领域和产业系统的耦合成效取决于各主体对其自身身份的认知情况,学校和企业囿于自身本质定位,忽视其他职能,产教两端各行其是、各自为战,难以达到产教融合协同育人的预期效果。产教融合协同育人共同体的基本特征之一为各主体有较强的身份认同,各主体以信任为基础,以互动为渠道,以信念为指导促进其对共同体的认同感和归属感。

职业教育产教融合的主体间存在着彼此相互了解并建立初步信任的关系,而这种信任关系就是对产教融合带来成功的预期。[2] 高职产教融合协同育人共同体各主体之间的合作实质上为一种交易关系,而交易能够持续运行的基础为信任。主体间的交互作用含有自我论的色彩,表征为主体的个体性,主体间性通过主体间的共识和主体间的互识促进群体意识的生成,学校和企业等主体的合作化个体意识为群体意识。主体间的互识,即交往过程中两个或两个以上主体间的相互认识、相互理解;主体间的共识,即交往过程中两个或两个以上主体间对同一事物达成的相同理解,即主体间的相同性和共同性。[3] 高职产教融合协同育人共同体以信任为基础,促进主体间的互识和主体间的共识顺利生成。产教融合协同育人初期,各主体以其基本信息如行业声誉、发展经历等为内容尺度构建信息交流渠道,促进彼此之间的认识和理解。在此过程中,各主体间的信任十分重要,影响信息交流的成效和主体间互识的建立。在主体间互识建立后,各主体已经加深了对彼此之间的了解,形成了一定的信任基础。而后,各主体通过构建信任机制使得个人信任向制度信任转化,而这一过程实际上促进了主体间的共识的生成。此时,影响信任机制稳定的主要因素转变为各合作主体的行为方式。

产教融合协同育人共同体各主体对行为方式达成统一共识,并理解和接受共同体运行规则的指导。一方面,高职院校内部协调学生履行相关义务,企业内部诚信保障学生权利;另一方面,通过规则加强外部约束,如政府监管企业和学校是否有违约行为等。

各主体在进行共同体活动中通过自我认知的改变以及其他成员的认同获得共同体的成员身份,也就是说,个体身份的获得与集体的认知、情感和价值联系在一起。产教融合协同育人共同体的各主体在信任的基础上,需要在共同体活动中积极履行自身的权利

---

[1] 詹华山. 新时期职业教育产教融合共同体的构建[J]. 教育与职业, 2020(05): 5-12.
[2] 刘春艳, 聂劲松. 职业教育产教融合中的企业权益及其影响机理[J]. 职教论坛, 2017(13): 36-40.
[3] 尹艳秋, 叶绪江. 主体间性教育对个人主体性教育的超越[J]. 教育研究, 2003(02): 75-78.

和义务，才能提升自身对共同体的情感认知，获得其他主体的认同。柳燕等认为，企业承担的职业教育责任主要包括招生和学生管理、专业设置和课程设计、教学实施与考核评价、参与现代学徒制标准和人才培养方案制定等。[1] 企业方通过提供各种资源途径参与高职人才培养过程，履行相应的育人责任，在这过程中，企业获得了其他主体的认同。学生通过积极参与企业发展、接受学校教育，在自我提升的过程中履行责任，加深身份认同的认知。在产教融合协同育人共同体过程中，学校应当积极履行其培养人才的义务，在课程体系建设、专业设置、人才培养模式等方面与其他主体展开合作，根据国家政策以及合作规则处理好与其他主体的关系，维护好学生的基本权益，搭建合适的产教融合平台。

2. 共同愿景：有长远发展的共同目标

共同愿景是产教融合协同育人共同体行动者的共同价值追求和目标导向，是共同体联结的纽带。产教融合协同育人是产业系统和教育系统的对接，在两大系统内部，存在着不同的运行机制、发展策略、行动准则、改革方式以及主体构成。[2] 基于两大系统的差异，各参与主体表征为不同的利益诉求及行为取向，在产教融合协同育人过程中表现为利益相关者的合作博弈。

在产教融合协同育人的应然状态下，各利益主体拥有共同的价值追求，认可责任共担、利益共享的育人理念，形成了产教融合协同育人的"帕累托最优"现象。就实然状态而言，依据理性经济人假设，各利益主体均以最佳效益作为合作的目标旨归，在此目标指导下，合作主体的行动策略聚焦于合作过程中短期利益的得失，忽视了产教融合协同育人带来的真正权益，从而形成了"一头热"现象、"搭便车"现象和"囚徒困境"。这些现象生成的原因之一在于多元利益主体目标追求的离散性，缺乏促进加深合作的共同愿景。依据权力-利益矩阵（如图4-1所示），不同区域内的主体权力、自身利益与组织的相关性影响着各利益主体的行为选择。

	利益水平 低	利益水平 高
权力 低	A 最小的努力	B 保持信息沟通
权力 高	C 保持满意	D 主要参与者

图4-1 权利-利益矩阵

在高职产教融合协同育人的过程中，企业、学校管理者以及政府隶属于D区域，教师、学生隶属于B区域，中介、行业等组织属于C区域，家长隶属于A区域。如，企业作为主要的利益相关者之一，其行为选择基于自身利润的追求，希望学校能够培养出为企

---

[1] 柳燕，李汉学. 现代学徒制下企业职业教育责任探析[J]. 职业技术教育，2015，36（31）：31-35.
[2] 庄西真. 产教融合的内在矛盾与解决策略[J]. 中国高教研究，2018（09）：81-86.

业创造最大化的经济利益的人才,然而,因高职教育的准公共产品属性,企业作为理性经济人,通过"搭便车"行为亦能够获得共同收益,在这一过程中,企业作为主要权利者为了获得利益,减少成本,对人才培养的社会责任进行规避,实质上是目标追求的异化。如位于 B 区域的主体学生,其自身利益的获得依赖于其他主体义务的履行情况,在自身权利较小的条件下,树立与其他主体相同的愿景,有利于自身价值追求的实现。实际上,就利益相关者的管理而言,管理者必须发展关系,激发他们的利益相关者,并且创造一种所有的人都能够尽最大努力向公司传递最好价值的共同体。[①] 在产教融合协同育人过程中,学校、行业企业、学生以及家长均是利益相关者,因此,需要根据地方经济、行业企业的当下和长远发展要求以及职业教育事业利益相关者的诉求来办学,体现相关利益方的需求。[②] 愿景作为一种核心理念和未来追求,对利益相关者的诉求进行了关注,在产教融合协同育人共同体中,共同愿景体现了对利益相关者诉求的重视与满足,对激发各主体对组织的认同具有正向影响。

产教融合协同育人共同体的共同愿景通过对各利益主体的诉求关注增强了各主体间的心理契约程度。心理契约最早是用来描述员工和企业双方不成文的、内隐的契约或相互期望,后来把它界定为员工和企业双方对相互责任的信念,具体体现为双方对相互责任义务的主观约定。[③] 在产教融合协同育人过程中,心理契约表现为各主体对于其他主体应尽义务的期望以及对自身责任的理解,是一种以非书面形式表现在物质、关系和情感上的主观约定。如企业参与产教融合协同育人的重要原因之一是其将此举视为投资行为,企业希望其他主体履行自身的责任以便合理地控制成本,帮助企业提升效益。就自身责任而言,我国《公司法》(2005 年修订)首次以法律条文的形式规定了企业的社会责任,而教育责任是企业社会责任的组成部分。[④] 共同愿景能够提高企业对自身责任的清晰认知,以加强心理契约关系来促进企业育人责任履行。

3. 协同机制:有多元融合协同的共赢机制

产教融合协同育人是教育系统和产业系统跨界融合,就实施现状而言,还存在融合不深、路径不新等现实困难。当前,教育系统和产业系统的合作尚处于浅层次的初级阶段,离全方位的深度合作还有一定距离。其中,缺乏长效的合作共赢机制是其协同育人现状不佳的重要原因之一。尽管国家已经出台了相应的政策文件,但在实际运行中,对责、权、利的划分比较模糊,出现了政策失效危机,缺乏各主体合作的成本分担和补偿机制,也就是说,保障产教融合协同育人运行的良性长效机制还有待完善。

[①] 爱德华·弗里曼,等. 利益相关者理论:现状与展望 [M]. 盛亚,等译. 北京:知识产权出版社,2013:51.

[②] 李名梁,谢勇旗. 职业教育利益相关者:利益诉求及其管理策略 [J]. 职教通讯,2011(21):5-9.

[③] 陈加州,凌文辁,方俐洛. 企业员工心理契约的结构维度 [J]. 心理学报,2003(03):404-410.

[④] 马永红,陈丹. 企业参与校企合作教育动力机制研究——基于经济利益与社会责任视角 [J]. 高教探索,2018(03):5-13.

产教融合协同育人共同体是利益共享、资源共建以及成本补偿等多元机制的协同。一是利益共享的协同机制。产教融合协同育人本质上是实现各主体的利益诉求，其参与程度大多受利益预期的影响。产教融合协同育人共同体的利益机制以互惠互利为搭建原则，能够合理规避合作风险，保障各主体的既得利益。二是资源共建的协同机制。共同体能够协调各主体的育人资源，推进主体间的资源互补、共建以及共享，推动产教融合协同育人的深度合作。三是成本补偿的协同机制。企业作为营利性组织，交易成本是影响其参与产教融合协同育人程度的重要影响因素之一。因此，产教融合协同育人共同体的基本特征之一应是有相对完善的成本补偿机制，维护企业参与的成本利益，为其提供一定的利益保障，具体表现为政府补偿机制、行业补偿机制、院校补偿机制建设。政府通过建设完善的法律法规体系，财政税收政策等保护企业的合理权益，降低企业合作的风险成本；充分发挥行业作用，以行业为桥梁建设产教融合协同育人协调机制，促进共同体内部信息流动，协调校企间交流合作，明确行业内部人才培养标准，降低企业合作成本；在共同体内，学校制定协同管理机制促进降低企业管理成本，建立协同转化机制降低企业交易成本，培养学生合约意识降低企业的风险成本。

（三）高职产教融合协同育人共同体的基本架构

对高职产教融合协同育人共同体的科学内涵和基本特征的阐释分析，大体勾勒出其基本面貌，在此基础上，明确高职产教融合协同育人共同体的构成要素、建设原则、生成机理，以探讨其基本架构。

1. 高职产教融合协同育人共同体的构成要素

高职产教融合协同育人共同体是统一协调的组织整体，内部的要素优化组合是其基本特征之一，主要包括主体要素、目标要素、环境要素和资源要素四个部分，具体表现为以下几个方面。

（1）主体要素是高职产教融合协同育人共同体建设的根本动力

对于一个共同体来说，其成员是集体中的任务执行者、目标实现者和协作交互的体现者，因此，主体要素是高职产教融合协同育人共同体建设的根本动力。职业教育产教融合的利益相关者分为核心利益相关者、间接利益相关者、边缘利益相关者，[1] 因此，依据利益相关者理论，结合前文研究，高职产教融合协同育人共同体包括3个层面的主体：核心主体、间接主体、边缘主体。

核心主体处于高职产教融合协同育人共同体的核心地位，主要包括职业学校及其教师、企业和学生。首先，职业院校参与产教融合协同育人以质量本位为价值取向。职业院校是我国实施职业教育人才培养的核心载体，尽管党和国家对其办学的支持力度不断增强，但依然存在资源短缺等问题，因此，职业院校希望通过与政府、企业协同育人，共享育人资源，合力提升高职人才培养的质量，提高办学水平。其次，职业院校的教师

---

[1] 邵坚钢. 基于利益相关者理论的职业教育产教融合路径探析 [J]. 教育与职业，2017（02）：43-47.

群体在产教融合协同育人过程中产生重要影响。教师的职责是教书育人，参与产教融合的职业院校对教师提出了新的要求，主要包括以下四个方面：更新教学内容、改革教学方法、参加校外培训和侧重应用研究。教师需要依据新的教学要求不断提升教学能力，履行教师本职，增强教学能力，实现自我发展。再次，企业以利益本位为价值导向，其参与产教融合协同育人旨在获得高质量的人才以支撑企业的可持续发展。因此，企业通过提供实训场地、优化课程资源，参与人才培养成为高职产教融合协同育人的核心主体。最后，学生作为职业教育的接受者也是高职产教融合协同育人的另一核心主体。学生以自我发展为价值取向，接受学校、企业的主体的教学以更好地提升自身理论知识和实践技能。

间接主体是核心主体和边缘主体沟通的桥梁，能够传递各主体间的价值诉求，引导各主体间的利益追求趋向耦合，主要包括政府和行会。一方面，政府是推动国家职业教育体系建设发展的重要主体，可以通过政策制定、财政投入、管理治理等手段助推高职产教融合协同育人共同体的建设。另一方面，政府能够创设良好的舆论环境，回应社会公众和家长的相关诉求，搭建合适的沟通平台，以宏观调控为手段协调核心主体和边缘主体的利益冲突。就行会而言，其可以通过制定职业标准、考核体系等方式牵头推进企业和学校在人才培养、专业建设等方面的合作，推动高职产教融合协同育人共同体的建设。

边缘主体位于高职产教融合协同育人共同体的边缘地位，主要包括家长和社会公众。家长在共同体中的边缘主体地位表现为：一方面，家长的选择和支持直接影响学生是否参与；另一方面，家长在共同体中的利益诉求聚焦于学生的基本权益如安全、受教育权等，学生的个人发展如技能提升、就业前景等。社会公众则是通过创设有利的舆论环境影响各主体的参与动力，即通过形成职业教育和普通教育同样重要的社会共识，提升职业教育的地位，吸引各方主体积极参与。

（2）目标要素是高职产教融合协同育人共同体建设的关键导向

共同目标是高职产教融合协同育人共同体的建设和不断发展的关键导向。值得注意的是，共同目标不是要求各参与主体秉持相同的意志，而是参与主体目标耦合基础上形成的总体目标。一方面，在共同体建设初期，共同目标能够将各参与主体聚集起来。前文指出，高职产教融合协同育人共同体的建设需要多元主体的共同参与，但是，其不是盲目聚集在一起的，各参与主体在共同目标的指引下，为实现各自的利益诉求，组织、聚集起来以促进共同体的形成。另一方面，在高职产教融合协同育人共同体的运行与发展时期，共同目标逐渐发展为各参与主体的共同承诺和价值共识。各参与主体经过一段时间的协同合作后，逐渐加深对共同体价值的认识，在这个阶段，共同目标助推了共同体内部规则的制定与完善，各参与主体依据规则开展活动，同时，共同目标最终内化为各参与主体的价值共识，在思想价值层面影响各参与主体的行为选择，更具稳定性和效用性。

（3）环境要素是高职产教融合协同育人共同体建设的基础条件

环境要素是影响高职产教融合协同育人共同体建设样态的基础条件，没有环境因素的支持，高职产教融合协同育人共同体就是无源之水、无本之木。

一是高职产教融合协同育人共同体的内部环境要素，具体表现为管理机制、教学系统、保障机制。合适的管理机制对共同体的建设和运行非常重要，其能约束各主体的参与行为、完善各主体的沟通渠道、推动组织的有序运作。共同体建设的最终旨归在于人才培养，因此，适切的教学系统是共同体的重要组成部分，主要包括培养方案的制定、专业课程体系的建设、实训平台的搭建等。共同体的长久运行和发展离不开完善的保障机制，纵观国内外产教融合协同育人的发展经验，笔者发现，产教融合协同育人的顺利运行和发展需要有完善的内部制度保障机制、充足的资金保障机制、有效的监督评价机制。

二是高职产教融合协同育人共同体的外部环境要素，具体表现为经济环境、政策环境、社会环境。良好的经济环境能够提升企业参与共同体的动力，提高共同体建设的概率，如在后福特主义产业形态的国家，若想满足高端制造业的发展需求，需要政府、院校、企业、行会的多方参与，协同培养技能型人才，同时，在这种经济环境下，技能型人才的薪资待遇、社会地位等都相对较高，能够激发学生积极参与和自我提升的动力。政策环境主要侧重于共同体外部，是与共同体适配的国家法律法规和相关政策制度体系。社会环境主要包括社会公众的认识、家长的观念以及企业参与育人的文化传统，良好的社会环境能够潜移默化地影响各主体的参与意愿，提升共同体建设的效率。

（4）资源要素是高职产教融合协同育人共同体建设的基本保障

在高职产教融合协同育人共同体中，资源要素是支撑共同体运行的基本保障，是主体要素和环境要素部分功能的具象表现。在高职产教融合协同育人的过程中，院校需要投入教师资源、技术资源等，企业需要投入人力资源、资金资源等，政府需要投入财政资源、税收资源等，各主体的资源投入组合互补共同推动共同体的建设和发展。同时，资源要素推动了共同体各主体的联结和参与动力——学校需要借助企业的实训场地、师傅资源等满足人才培养的需要，企业借助学校相关资源完成自身的人才储备和技术研发，政府提供相关资源以推动二者的合作，实现人才培养和技术创新，从而满足地方经济建设的需要。资源要素也是高职产教融合协同育人共同体的内外部环境的重要组成部分，如教学系统的建设需要相应的人才资源、设备资源和场地资源，保障机制的完善需要相应的资金资源等。

通过对高职产教融合协同育人共同体中各个要素的分析，可以看出高职产教融合协同育人共同体的各构成要素之间是相互联系、密不可分的，其中，主体要素是根本、目标要素是导向、环境要素是条件、资源要素是保障。这四项要素相互作用、相互影响，推动了共同体的建设与发展。

2. 高职产教融合协同育人共同体的建设原则

一是高职产教融合协同育人共同体模型是可行的。一方面，高职产教融合协同育人共同体模型的构建要充分考虑各参与主体的现实条件。共同体的建设需要充足的资金保障、场地设施和师资力量等，为保障各参与主体的资源形成优势互补，在共同体的实际建设中，要充分考虑各主体的资源现状，明晰各自的优劣所在，在现实基础上构建合适的高职产教融合协同育人共同体模型。另一方面，高职产教融合协同育人共同体模型的构建要充分切合专业特点。为了培养出高质量的人岗相适的技能型人才，学校在选择合作企业时要充分考虑到专业需要和企业特色，切实打造行之有效的共同体模型。

二是各主体参与高职产教融合协同育人共同体建设是自愿的。高职产教融合协同育人共同体的建设是为了深化产教融合，进行人才培养，促进高职教育高质量发展，优化产业结构，助推经济建设而动员学校、学生、企业等主体共同参与的育人模式。各参与主体作为独立个体，有选择是否参与合作的选择权，因此，高职产教融合协同育人共同体模型的构建要充分尊重各参与主体的自主选择权，激发内在参与动力，从而推动其积极履行承担自身的义务和责任。

三是高职产教融合协同育人共同体模式是动态发展的。高职产教融合协同育人共同体模式应是动态的、适用的、发展的，不是一成不变的。一方面，外部环境的不断变化推动其动态发展。政策制定情况、经济发展需要、社会舆论环境等众多外在环境因素直接影响各参与主体的行为选择和参与动力；另一方面，学校教学目标和内容的转变、企业需要的转变也会影响各主体决定是否继续合作。因此，在大量不确定因素的影响下，只有构建能够动态发展的共同体模型，才能应对共同体不同时期的矛盾冲突，从而推动共同体的长远发展。

3. 高职产教融合协同育人共同体的生成机理

高职产教融合协同育人共同体的建设是由浅到深、不断发展的，依据前文分析的高职产教融合协同育人共同体的基本特征、构成要素、构建原则等内容，可以建构出高职产教融合协同育人共同体的基本架构。

高职产教融合协同育人共同体建设是以学校和企业前期的浅层合作开始的。在共同体建设的前期阶段，学校和企业通过共同参与行业技能大赛等合作方式，推动彼此的交流与合作，加深彼此的了解，评估是否具备合作的资源和条件，初步判定是否进行下一步的合作，建立初步关系。学校和企业达成初步合作意愿后，通过宣讲等方式与学生建立联系，进行双向互选。在这一过程中，三个核心主体明晰各自的利益诉求，建立共同愿景，并且彼此间进行身份互认，建立共同信任，形成初步的理念共同体，如图4-2所示。

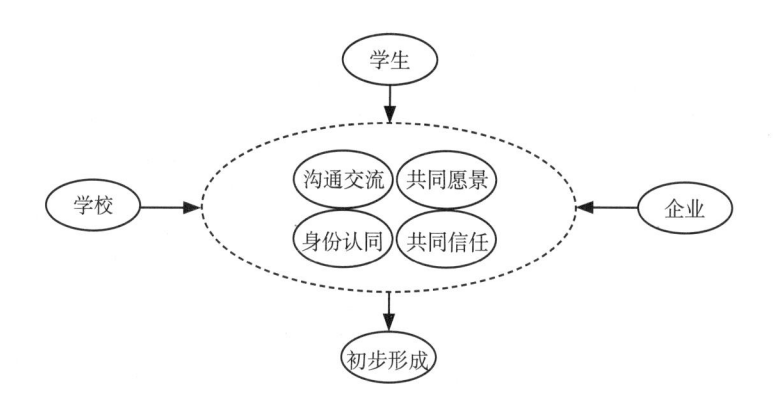

图4-2 理念共同体初步形成图

为实现共同体的建设目标,需要将理念共同体进行实践,形成实践共同体。核心主体通过优化顶层设计、整合资源建设、确立管理机制、教育教学设计等方式推动共同体的运行,如图4-3所示。

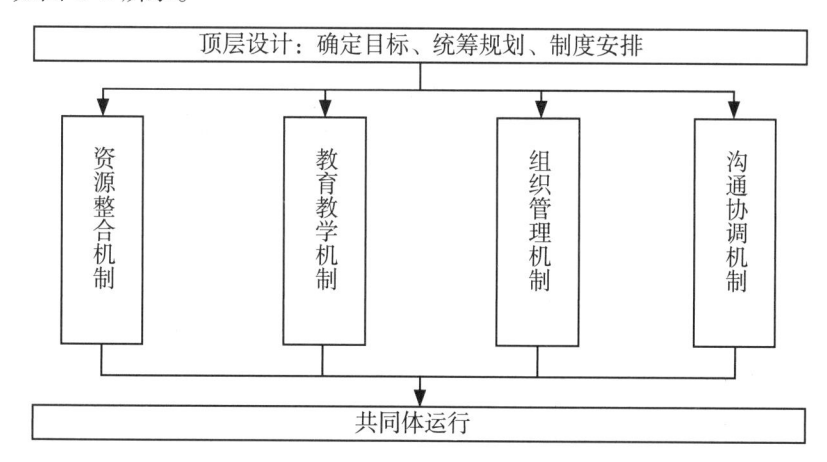

图4-3 实践共同体运行机制图

在高职产教融合协同育人共同体的建设和运行过程中,学校、企业等核心主体为实现各自的利益诉求自发组织相应合作,因学校和企业组织本质、价值取向、市场环境等多因素的影响,学校和企业易产生行动冲突,此时的合作是不稳定的,易破裂的。为了降低产教融合协同育人失败的风险,政府、行会等间接主体积极发挥各自的作用,稳定合作环境,制定政策体系,完善保障机制和驱动机制来促进高职产教融合协同育人共同体的建设与发展,其基本架构如图4-4所示。

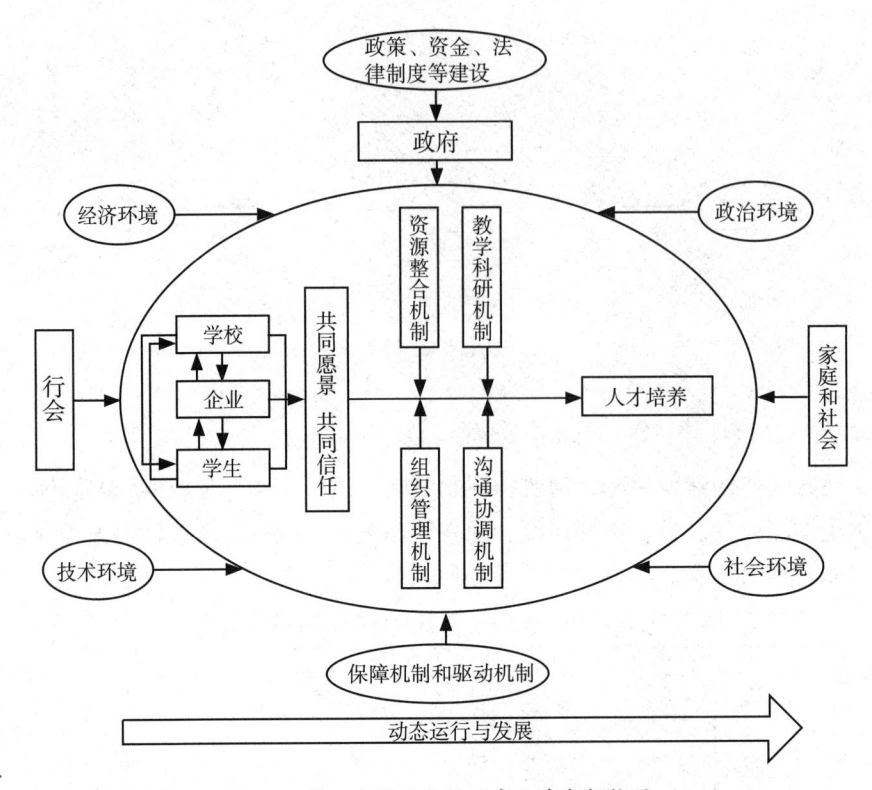

图4-4 高职产教融合协同育人基本架构图

二、实践路径

高职产教融合协同育人共同体的建设需涉及多方主体，统合多元要素。目前，推动高职产教融合协同育人共同体建设的关键在于：完善顶层设计，完善保障共同体良好运行的利益驱动和保障体系；加强主体建设，转变主体的观念和行为，催生主体的内驱动力，提升主体的相关能力；健全运行机制，构建共同体的长效运行机制，推动共同体的长效发展（如图4-5所示）。

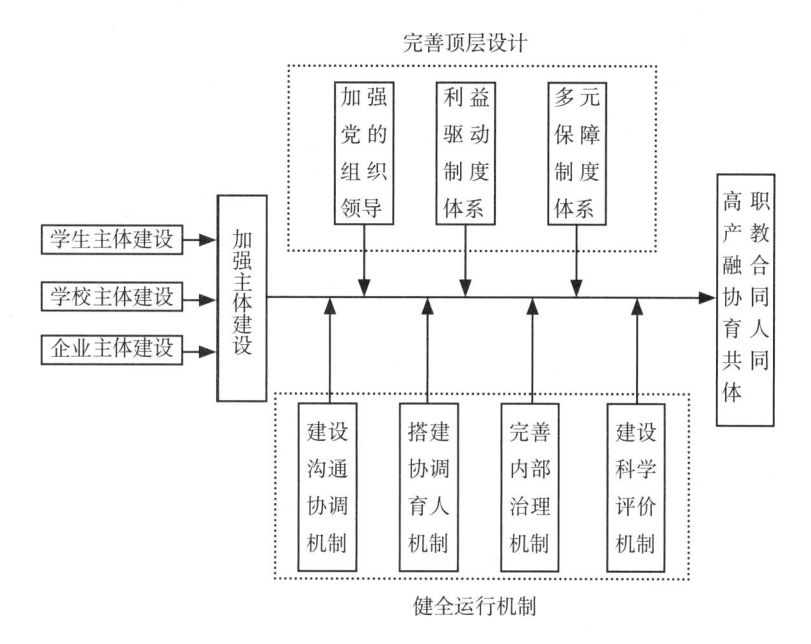

图4-5 高职产教融合协同育人共同体实践路径图

(一)完善顶层设计是基本保障

高职产教融合协同育人共同体的建设与发展离不开顶层设计的支持,完善顶层设计是高职产教融合协同育人共同体建设的基本保障。"党政军民学,东西南北中,党是领导一切的。"[①] 完善顶层设计的首要问题就是坚持党的组织领导,充分发挥党组织的作用和力量,同时,要逐步完善利益驱动制度体系、建设多元制度保障体系,保障高职产教融合协同育人共同体的顺利建设和运行。

1. 加强党的组织领导,坚定高职教育方向

加强党的组织领导是坚持高职产教融合协同育人共同体建设正确方向,推动政府履行高职教育发展责任和增进高职产教融合协同育人实效的基本保障和内在要求。笔者认为,应该从以下几个方面加强党的组织领导,落实党在职业教育领域中的决策部署,从而引导共同体建设的正确方向。

一是明确共同体建设的人才培养目标,落实立德树人根本任务。高职产教融合协同育人共同体建设的首要问题就是"培养什么人",坚持党的领导,全面贯彻党的十九大和二十大精神,紧扣人才培养的核心问题,才能紧跟高职教育建设的内在要求。一方面,坚持党的领导,明确共同体建设的最终指向,耦合各主体的参与目标,形成共同愿景。《国家职业教育改革实施方案》指出,要将高职教育作为培养大国工匠的重要方式,高

---

① 习近平. 习近平谈治国理政(第二卷)[M]. 北京:外文出版社,2017:21.

职院校要培养服务区域发展的高技能人才。① 在此引领下，高职产教融合协同育人共同体的建设目标整合了各主体的参与需要，如企业高技能人才的需要、区域经济发展的需要等，最终形成了引导共同体运行的共同愿景。另一方面，坚持党的领导，树立正确的人才观，落实立德树人的根本任务。在党的指导下，将立德树人融入贯穿到高职产教融合协同育人共同体建设的全方位全过程，深入落实社会主义核心价值观教育，培育具备工匠精神的技能型人才。

二是发挥基层党组织在共同体建设中的战斗堡垒作用。一方面，以党组织作为连接高校、企业以及学生等主体的纽带，在高职产教融合协同育人共同体建设过程中发挥桥梁作用。学校党组织、学生党支部、企业等社会基层党组织可以积极构建联络系统，协商共建高职产教融合协同育人的实践平台，发挥党员在共同体建设中的先锋模范作用，引领共同体成员的价值追求和行为选择。另一方面，充分发挥党组织的治理效能。有学者研究指出，党组织能够改善企业的治理水平，规范员工的行为习惯，发挥企业的社会效能。② 在党的思想引领和价值引领下，各主体党组织中的成员是由共同目标和愿景引领的利益整体，因此，在共同体建设中能够更加容易形成目标耦合，从而通过"以党带群"等方式促进共同体所有成员的目标耦合。同时，党组织能够推动企业贯彻落实党的教育方针，激发企业的参与动力，督促企业履行社会责任，从而推动共同体的建设。

三是完善党在高职产教融合协同育人共同体建设中的领导运行机制。要想切实落实党的领导作用，发挥党的治理效能，需要构建在共同体建设中行之有效的党的领导运行机制。一方面，落实学校党委的主体责任。为保障共同体建设和运行中，始终坚持以学生为本，突出服务区域发展的重要作用，需要学校党委在共同体建设过程中积极传达落实上级精神，率先垂范履行自身责任，满足和保障企业等主体的合理需要。另一方面，完善党委管理监督机制，将党的领导落到实处。通过相关机制的建设，可以保障党对高职产教融合协同育人共同体建设的全面领导，依照实际情况，充分发挥党的领导作用和治理效能，实现高职产教融合协同育人共同体的长远发展。

2. 完善利益驱动制度，激发主体参与动力

高职产教融合协同育人共同体的有效运行以及持续发展需要相应的驱动体系支持，政府通过制定法律法规，完善现有的支持体系，激发各主体的参与动力，具体表现为利益均衡制度体系、政策激励制度体系、科研资源制度体系。

一是政府搭建利益均衡制度体系以实现利益合理分配。利益的获得直接影响各主体的参与动力，因此，需要搭建利益均衡制度体系以保障各主体的相关利益从而驱动其自愿参与共同体。利益均衡制度体系建设的关键和前提是明确各主体的利益需求，找到各

---

① 国务院关于印发国家职业教育改革实施方案的通知_教育_中国政府网 [EB/OL]. (2019-02-13) [2023-10-26]. https://www.gov.cn/zhengce/content/2019/02/13/content_5365341.htm.
② 张弛. 国有企业党组织与现代企业制度冲突吗？[J]. 当代经济研究, 2019 (12): 42-51.

主体的利益结合点以实现各主体的利益耦合。在此基础上，应对共同体运行过程中产生的利益进行合理分配。为保障利益分配的有效性和适用性，共同体可以先构建相应的利益分配制度，并遵循相应的利益分配原则，如平等性原则、互惠性原则、公平性原则、合理性原则等。

二是完善政策激励体系，激发共同体各主体的参与动力。一方面，政府通过建立经费投入制度激发各主体特别是企业的参与动力。政府的经费投入一般分为直接财政拨款、间接税收优惠，政府一般将二者结合以"组合拳"的形式为共同体的建设提供支持。前文指出，参与成本是影响企业参与共同体建设的重要影响因素，因此，政府的经费投入需聚焦企业的成本负担，建立成本补偿制度。政府可以设立专项资金对企业进行直接财政拨款弥补成本开支，也可以通过优惠的税收政策等间接政策支持企业参与，实践证明，此举能推动共同体的建设与发展。另一方面，政府通过完善法律法规体系进行行政支持。我国政府实际上已经构建了一定的制度环境，出台了相应的政策进行宏观调控和科学引导，但是，我国目前的政策存在鼓励性大于操作性的问题，即缺乏可操作性的具体细则，这使得企业等盈利性主体在参与合作时会存在顾虑，如担心政策难以落实以及合作无法可依等问题。因此，完善产教融合的相关法律法规，形成完备的可操作的政策体系，十分必要。中央政府协调各相关部门共同制定促进共同体发展的具体细则，地方政府在此基础上，依据自身实际情况制定相应的政策细则。

三是充分建设和利用高职院校的科研资源。前文指出，学校的科研实力是影响企业参与的重要因素之一。部分企业希望通过参与合作以获得学校的科研支持，减轻自身的研发成本，因此，高职院校需要提升自身的技术研发水平，吸引企业参与合作。在此基础上，搭建相应的政策制度体系以促进技术研发合作和科研资源利用。基于此，可以从以下两个方面建设科研资源制度体系。一方面，完善科研成果转化机制。建设科研成果转化机制的核心问题是厘清产权归属问题，因此，政府应该据此建立相应的法律制度体系缓解因产权问题造成的合作冲突，实现产权分明，如英国研究委员会设计了大量的"模板协议"以解决相应问题。另一方面，政府可以在"课题立项"中，精准对接企业实际需求，科研合作以企业需求为重点。在高职产教融合协同育人共同体建设的过程中，科学研究的相关主题可以参考企业需求，紧跟实际业务需要，以此提高企业的参与动力。

3. 建设多元保障体系，引领主体共同发展

高职产教融合协同育人共同体的保障体系是指政府通过制定相应法律法规以保障共同体顺利运行和质量的稳步上升的制度体系，具体表现为风险保障制度体系、学生质量保障制度体系、高技能人才保障制度体系。

一是建设风险保障制度体系，推动企业"无忧"参与。前文指出，企业在参与共同体时，担心出现"搭便车"等现象，因此，政府需要建立风险保障制度体系减轻企业参与顾虑。一方面，加强相关制度建设，完善政策保障体系，不仅可以给参与企业提供财

政补贴和税收优惠,而且可以建立相关专项资金筹集制度,让未参与企业缴纳相应的资金,由政府统一协调分配。另一方面,积极探索推行产教融合协同育人的负面清单制度,由政府画出合作过程中的红线,明确合作过程中的禁止和限制的行为,消除企业参与的合作隐患和隐性壁垒,为其提供自由的发展空间。在此基础上,建立产教融合协同育人容错机制,鼓励学校和企业大胆合作、大胆尝试。

二是建立学生质量保障制度体系。前文指出,学生的质量是影响学校和企业是否能长久合作的重要影响因素之一,因此,需要搭建合适的制度以保障人才培养的质量。一方面,提升相应的考核标准。依据高职产教融合协同育人的成功经验,提升考核标准是促进人才培养质量提高的重要手段之一,表现为提升毕业前的教学考核和毕业的标准要求。学校不仅在学期教学中提高考核学生的标准,督促学生认真完成每一学期的教学任务,而且可以通过提高毕业标准,完善就业准入制度、为学生认真学习提供外部动力。另一方面,通过设立职业技能证书及其标准确定科学公认的质量评价标准体系。政府、学校以及行业企业协同开发质量评价体系,确定与行业企业适配的职业技能标准,形成对应的等级证书制度体系,做好"1+X"证书实施工作。

三是通过建设高技能人才的保障制度体系,提高学生提升技能的驱动力。一方面,提升高技能人才的工资福利待遇水平。通过市场运行和宏观调控等方法提高高技能人才的工资和福利待遇,从而提高技能人才的社会地位,构建良好的社会氛围,吸引优秀生源选择职业教育,形成良性循环。另一方面,健全相应的法律法规,督促工资待遇的落实。政府通过发挥监管职能,规范监管程序,建立反馈渠道,对未能提供合理待遇的企业给予相应的处罚,以维护高技能人才的合理权益,促进高技能人才队伍建设。

(二)加强主体建设是根本动力

前文指出,高职产教融合协同育人共同体核心主体的个性特征是影响共同体建设的重要因素之一,因此,加强主体建设,对于提升高职产教融合协同育人共同体建设质量具有重要意义。

1. 提升高职学生主体意识,激发高职学生内生动力

学生是高职产教融合协同育人共同体建设的最终指向,深化学生工匠精神的培养,自身素质的提高,良好品质的塑造对共同体建设具有重要意义。一是在思想上和实践上认识和践行工匠精神,实现自我价值的体认和超越。一方面,正确认知工匠精神的内涵和意义,认识到其对于国家建设和自我发展的重要意义。学生通过加深对工匠精神的认识,能够引导推动其由机械制造到创新创造的转变。另一方面,在实习实训的过程中,积极践行工匠精神,将相关认识转化为具体行为实践。学生通过具体实践加深对工匠精神的体认,能够更加直观准确地学习和养成工匠精神。工匠精神的学习和养成需要发生在一定的情景之中,因此,学生在习得工匠精神的过程中,不仅能够正确认识高职产教融合协同育人共同体的内涵,而且能够激发参与的内在动力,优化共同体建设的行为表

现。二是着重提升自身素质，提高自己的核心竞争力。打铁还需自身硬，学生自身的能力素质水平是企业选择是否参与合作的重要考量之一，因此，学生需要努力提升知识水平和专业技能：一方面，认真完成校内学习任务，提升理论知识水平，形成完整的知识体系，为参与实习实训奠定理论基础；另一方面，学生在参与实习实训过程中，服从校企联合管理，明晰自身的学徒身份，承认企业的育人主体地位，树立正确的价值追求和参与目标。除了学生难以管理、能力不高等因素外，学生的不稳定性、违约行为也是制约企业参与的重要影响因素，因此，学生应当培养自己的合约精神，提升自己的道德品质，合理维护自身权益，积极履行自身责任。

2. 提升高职院校合作能力，促进高职院校内涵发展

高职院校是人才培养的核心主体，是共同体建设的积极参与者，也是共同体运行的核心推动者，因此，高职院校进行相应的转变和改革对产教融合协同育人共同体建设十分重要。

一是转变育人观念，提高育人实效。一方面，转变合作观念，提升服务意识，积极与企业对接。前文指出，尽管部分学校已经认识到建设高职产教融合协同育人共同体的重要性，但是其缺乏主动性，对市场的前沿需求认识不够清晰，属于"关起门来搞建设"。因此，高职院校要厘清地区经济环境和产业结构优势，因地制宜地积极主动与企业行业对接寻求合作，革新"等、靠、要"等陈旧观念。另一方面，建立弹性的现代教育理念。职业教育的市场性、终身性以及区域性等特性，要求高职院校要立足区域办学，以市场需求为导向，遵循职业教育的基本规律。因此，高职院校可以建立弹性教学体制，提升教学的自由度，以灵活配合市场需要，解决学校教学和企业育人的"时间差"。

二是优化管理体制，完善绩效分配制度。前文指出，一些涉及多院合作的项目，可能会出现难以管理、薪资分配不清等问题，因此，学校可以设计相应的管理制度体系，完善相应的绩效分配制度，维护教师的基本权益，并以此促进教师的参与动力，推动共同体的运行。因此，学校可以从以下两个方面建立相应机制。其一，学校内部可以开发柔性管理系统，运用现代化管理手段，简化院系管理程序，授权二级管理单位，搭建院系合作平台，激发院系合作动力，提升院系合作效率。其二，设计科学的薪酬分配体系，打造多元教师考核评价体系。一方面，学校可以加强师德师风建设，转变教师观念，激发教师的使命感和奉献精神。另一方面，依据参与教师的实际劳动，给予相应的薪资补偿，或将其纳入教师绩效考核体系，使其作为职称评定的重要参考条件。

三是建设相应的师资队伍体系。一方面，加强行政管理教师队伍建设。共同体的建设和运行涉及管理、教学、资金等多方元素，较为复杂，且当前高职院校的教师教学行政两肩挑，工作任务繁重，使得其难以充沛的精力积极与企业对接合作。因此，学校不仅需要吸纳专任或兼职教师专门负责此类工作事务，而且需要定期进行相关业务培训，以组建专业素养较高的管理团队。另一方面，加快"双师型"教师队伍建设。积极推动

学校教师与企业交流合作，到企业挂职工作，督促教师紧跟市场，理解市场，懂得企业的实际需求，不断完善自身专业知识和专业技能。

3. 推动合作企业深度参与融入，协同培育后备人才

推动企业深入参与高职教育，助推高职产教融合协同育人共同体建设，提升自身育人实力，发挥内驱动力，具体表现为：树立人才培养意识、保障学徒合理权益、提高教学培训能力。

一是明确自身的育人主体地位，了解人才培养对于企业发展的战略意义，积极主动地参与相关合作。企业既是一个经济实体，企业追求经济利益是其行动逻辑；企业也是一个伦理主体，其终极目标在于促进社会发展，奉献社会。[1] 企业积极履行社会责任，参与高职人才培养，不仅能够提升自身的企业形象，而且可以吸引大量的高职院校参与合作，大量的学徒参与实习实训，由此可以提高企业的人才储备，保障企业的长效发展。因此，企业需要明晰合作的重要意义、积极履行社会责任、提升自身参与的内驱动力，积极与学校对接，共同培养与市场需求适配的技术技能型人才。

二是保障学生实习实训过程的合理权益。前文指出，学生不想参与共同体的原因之一为企业提供的待遇难以维持日常生活保障且难以习得较高技能。一方面，正视学生的劳动，提供与学生劳动适配的薪资待遇，保障学生获得合理报酬等合法权益。企业可以通过与学校、学生协商制定适切的实训合同明确学生的相应待遇，也可以制定专门的宣传培训制度，使得学生在实训前、实训中和实训后能够充分接触了解自身的权利和义务，避免因待遇诉求冲突而产生的不履约、不合作行为。另一方面，摒弃"廉价劳动力"的合作认识，设置合适的实习实训岗位，提供合适的培训内容，才能更好地获得企业所需的高技能人才。企业在接收学生实习实训的过程中，积极履行其人才培养的基本任务，通过提供经验丰富的企业师傅、自由灵活的轮岗制度等方式保障学生习得高技能内容的基本权益，提高企业吸引力，缓解中小型企业"企业热、学校冷"等难题。

三是提升自身教学能力，厘清学生和高职院校的实际诉求。前文指出，部分企业在寻求与院校合作时会出现学校不愿合作、学生不愿参加、学生员工流失等方加强基本教学规律学习，提升自身的教学能力，增强学生学习实训的获得感，从而吸引学生，留住学生。另外，企业方需要懂学校的真正诉求、懂学校的基本组织结构、懂学校的工作运行体系，这样才能更好地与学校达成合作。因此，企业可以从以下几个方面提升教学能力。首先，企业和学校达成合作，在保障企业师傅基本利益的基础上，进行传统意义上的教学技能培训，奠定教学基础。其次，建设以工作任务为核心的课程实训体系。通过将工作内容的各要素融入企业的课程教学中，不仅可以帮助学生在真实情景中习得知识和创造知识，而且可以完成企业的工作任务，实现教学育人和企业盈利的协同发展。最

---

[1] 刘耀东. 产教融合过程中企业逻辑和学校逻辑的冲突与调适 [J]. 国家教育行政学院学报，2019（10）：45-50，95.

后，完善企业教学的外部环境。企业可以通过主动创设适合学生实习实训的外部环境来吸引学生，提高教学能力。如德国《职业教育法》指出，企业应当履行为学生提供学习用具、实习岗位、学习场地等义务，由此来保障企业的基本教学能力。

（三）健全运行机制是重要抓手

高职产教融合协同育人共同体的运行机制指共同体的各主体、各要素在协同育人过程中所发生的相互作用的关系，具体表现为沟通协调机制、协同育人机制、管理治理机制、科学评价机制。前文指出，共同体的内部机制是影响共同体运行效果的重要因素之一，因此，需建设适切的运行机制以促进共同体的建设发展。

1. 建设沟通协调机制，促进融合交流合作

共同体的有效运行离不开各主体之间的交流沟通与利益协调，沟通协调机制的搭建直接影响着共同体建设的质量和成效。因共同体内部要素的多元性和复杂性，其沟通协调机制分为不同层级。

一是在高职院校内部搭建有序的沟通协调机制。高职院校的沟通协调机制主要表现为各部门之间的协同配合、教师和学生之间交流理解。前文指出，不同院系之间的协调配合影响共同体的建设和运行，因此，高职院校立足学校内部系统建立有利于院系交流合作的沟通协调机制是非常必要的。一方面，校级部门之间可以制定相应政策以打破制度"壁垒"，拓宽合作渠道，从而推动各部门之间的沟通协调。另一方面，建设校级部门和院级部门之间沟通协调机制以促进上级政策的顺利实施和下级部门的及时反馈。就教师和学生而言，加强教师之间沟通交流可以共同推进共同体的建设，使教师在共同体中相互帮助，共同成长；教师和学生之间的沟通协调机制的建设有利于学生更好地认识产教融合协同育人对自身发展成长的意义，也有利于学生将这一过程中的不解、困难甚至自身权益受到损害等问题及时反馈给教师以获得及时的帮助。

二是高职院校和企业之间建设合适的沟通协调机制。高职院校和企业的沟通协调效果直接影响共同体的实施效果，具体表现为，共同愿景的建立、合作方式的协调。共同体的各参与主体的价值追求各不相同，甚至出现相互对立的现象，因此，需要加强沟通交流，明晰不同主体的参与目标，协调各主体的价值追求，推动各主体参与目标的耦合，形成指导共同体运行的共同愿景。在此基础上，搭建合适的交流平台，制定相应的规章制度，以深化学校和企业的交流与合作。实践证明，交流平台的建设能够为各主体的合作沟通，协调利益提供组织载体，并以此推动各主体的流畅沟通，如德国的"联邦职业教育机构"、英国的"学徒制网络服务平台"等交流平台都在促进各主体的协调沟通方面发挥着重要作用。共同体沟通协调制度的建立需建立以各方充分沟通的为前提，且要能保障各主体的合理权益，由此形成科学合理的规章制度，才能推动共同体更加流畅地运行。

三是政府发挥相应职能，搭建适切的沟通协调机制。政府作为推动职业教育发展的

重要主体之一，发挥政府文化协调等职能，对沟通协调机制的建设具有重要意义，具体表现为政府内部的沟通协调机制和面向外部的沟通协调机制。其一，政府可以建设内部沟通机制以保障中央政府和地方政府的交流合作。立足于高职产教融合协同育人共同体建设的宏观视角，中央政府和地方政府协同合作，共建沟通协调机制以实现中央政府政策的顺利实施和地方执行政策的及时反馈。其二，政府可以搭建服务性的沟通协调平台来推动企业和学校的交流合作。一方面，建设产业人才需求数据平台，以此引导高职院校的专业设置，促进需求企业和高职院校的沟通对接。另一方面，建设相关政策宣讲平台。通过对相关财政税收政策的宣讲，厚植企业参与的政策环境，使得企业能够更好地理解政策内涵，更放心地参与合作；通过对社会公众的宣传引导，促使社会公众和学生家长能够更好地理解职业教育的价值和意义，构建良好的社会氛围。

2. 搭建协同育人体制，提升产教育人实效

共同体建设和发展的最终旨归是培养出高技能型人才，协同育人机制的建设成效直接影响着人才培养的质量，因此，协同育人机制的建设至关重要，具体表现为协同制定人才培养方案、协同建设师资队伍、协同设计开发课程体系。

一是政校企协同制定人才培养方案，及时更新教学标准和教学内容。一方面，教育具有滞后性，单由高职院校制定人才培养方案，可能造成人才培养与市场需要脱节的问题。因此，高职院校可以在协同合作的基础上，及时了解国家的方针政策，并在国家政策的宏观引导下，积极与企业对接，掌握企业发展的实际需要，共同制定人才培养目标，从而适切地培养人才。另一方面，高职院校和企业协同合作共同搭建教学系统。高职院校和企业共享教学资源，形成优势互补，共同进行教学设计，积极探索新型教学模式。

二是政校企共同推进"双师型"师资队伍建设。前文指出，学校要加强"双师型"队伍建设，但是仅凭高职院校一方努力，难以达成目标，通过加强政校企间协同合作，形成合力，可以推进"双师型"师资队伍建设。一方面，政府可以出台相应政策，搭建校企合作平台，通过政府的牵线搭桥，有利于推动企业参与的积极性，保障合作的稳定性。同时，政府进一步强化企业在高职教育中的育人主体地位，设立合适的企业师资准入制度，推动企业师傅、单位专家、优秀的技术人员入校教学。另一方面，重塑企业合作观念，积极与学校对接，邀请学校教师参与企业项目，让学校教师在实践中更新知识、提升技能。企业也可以派遣公司员工进校讲座向教师和学生宣讲紧跟市场的实践内容，同时，企业员工也可以学习先进的理论知识，丰富自身的知识储备，实现教学相长。

三是构建政校企协同课程开发机制。前文指出，学校课程设置需要符合一定的教学规律，其课程体系缺乏灵活性，因此，学校和企业在协同育人时易出现时间空间矛盾的现象。纵观国外先进经验，可以发现课程的开发和建设是影响共同体育人效果的核心环节，如德国的学习领域课程的开发目标旨在提高学徒的职业能力和关键能力。理论上讲，高职课程的开发和设计由学校、企业行业、政府等多主体共同协商确定，这样的课程体

系更加科学完备,如瑞士的职业教育课程体系包含职业学校课程、培训企业课程和行业课程,分别由职业学校、相关企业和行业协会依据一定规则制定,且取得了一定成效。由此可知,我国高职产教融合协同育人共同体的课程设置可以借鉴相关经验,对课程进行模块化建设,形成互补的课程体系。在此基础上,由国家牵头,学校、企业和行业参与共同制定课程开发标准,建设课程开发制度,协调课程运行时间,甄选课程教学内容,以此保障课程开发和建设的科学性和可行性。

3. 完善内部治理机制,保障合作有效运行

共同体建立后组织运行需要遵循一定的管理制度,科学的管理治理机制有利于塑造共同体成员的行为规范,保障共同体的有序运行。因此,共同体需要建设适切的管理监督机制,具体表现为健全管理机构、完善执行程序、侧重学徒管理。

一是建立健全共同体的组织管理机构。一方面,政府可以组建统筹管理机构。高职产教融合共同体的运行涉及教育、经济等多个方面,学校和企业在协同育人的过程中出现的需求和问题也需要政府的不同部门协同管理解决,因此,政府通过建立专门的组织管理机构,协调政府各部门履行职责,提高服务效率,为学校和企业协同育人减轻行政负担。另一方面,建立专门的校企合作管理部门。前文指出,学校和企业在共同管理学生时会出现不协同的问题,这会降低共同体育人实效,因此,学校和企业可以共同组建管理部门负责协调管理相应事务,比如共同制定管理办法、明确各自管理职责、政府支持经费使用、学生的实习实训管理等内容。

二是制定管理标准,确定执行程序。管理标准是共同体管理治理机制的重要组成部分,共同体的管理实务都要依据标准实行。管理标准作为学校和企业协同育人的具体依据,必须是二者的共识,因此,在制定标准时组织学校和企业共同参与管理标准的制定过程,内容的选择也需充分听取、采纳二者的意见,由此形成的管理标准才能合理有效。在此基础上,搭建相应的执行机制以推动管理标准的顺利执行,而且执行机制的好坏直接影响管理制度的实施效果。管理制度的顺利实施需要一定的程序来协调各主体的参与行为,需要一定的资源来维持管理制度的顺利运转,因此,科学合理地制定程序,建设执行机制,并且积极进行人力、物力的支持,才能保障管理制度的顺利执行。

三是加强对学生的相关管理。前文指出,学校和企业方都认为高职学生管理较为困难,而且这也是企业不愿参与合作的重要因素之一。因此,加强对学生的管理尤为重要。一方面,学校可以在校内教学中树立学生的自律意识。学校通过日常教学管理过程中约束学生行为,提高相应意识,形成良好习惯,比如学校可以利用班规班纪规范学生行为,或者利用思政课等德育手段提高学生的思想认识。另一方面,在学生实习实训时,学校和企业共同对学生进行管理。学校和企业应该加强沟通和信息交流,学校在合作初期可以传达学生的基本情况,使得企业对学生有初步的认知,为其管理奠定基础;在合作过程中,企业也要及时地向学校反馈学生的表现和问题,然后由学校和企业一起出面,协

同解决相关问题。

4. 建设科学评价机制，推动长远良性发展

建立科学的评价机制能够推动高职产教融合协同育人共同体的良性运转，利于共同体问题的及时发现与解决，高职产教融合协同育人共同体的评价机制具体表现为多层次质量评价、科学的评价指标体系、第三方评价。

一是围绕共同体建设多层次质量评价体系。对高职产教融合协同育人共同体的运行进行科学评价，既要关注整体运行现状与建设成果，又要分类、分层次进行具体的过程性评价。首先，立足高职产教融合协同育人共同体的运行整体，进行育人质量评价。对共同体运行的全过程进行科学的监测与评价，及时发现、反馈运行、管理、沟通、利益分配中出现的问题和矛盾，以此优化共同体体制机制建设，推动共同体的良性运转。其次，聚焦高职产教融合协同育人共同体的具体环节，实施效果评价。依据共同体建设和运行的各个要素，对协同育人过程中的教学质量、课程安排、权利获得与义务履行情况等各个环节进行定期科学评价，保障各个环节的顺利运行。最后，针对高职产教融合协同育人共同体的多元主体，进行个性化评价。对于学生，进行德技并重的结果性评价和过程性评价；对于企业，进行企业育人资源建设评价和育人口碑评价等；对于学校，进行教学质量、专业建设、等方面的评价；对于政府，进行政策建设、资源分配、支持效果等方面进行评价。

二是依据共同体实际情况建设科学有效的评价指标体系。为了保障评价的科学性和有效性，建设科学合理的评价指标体系对高职产教融合协同育人共同体的运行情况进行客观、公正的评价十分重要。一方面，指标体系的建设要符合科学的建设原则，具体表现为个性化原则、定量和定性相结合原则。共同体的建设和运行受所在地区的经济环境、社会环境等方面的影响，指标体系的建设应当依据地域特色进行个性化设计。为了保障指标体系的准确性和公平性，需要对评价体系进行量化设计，同时，针对难以量化的项目内容进行定性评价补充。另一方面，确立评价指标体系的框架和内容。首先，依据共同体的基本要素设计评价指标。共同体包括课程开发、实习实训、技术研发、成果转化等多元要素，依据以上要素，细化指标体系，有利于指标体系的准确性和针对性。其次，依据共同体的组织保障设计科学的指标体系。共同体的建设和运行依赖于资源、政策、平台的支持，设计科学的组织保障评价指标体系有利于及时对共同体的外部环境进行反馈评价。最后，依据共同体的社会服务设计评价指标体系。高职产教融合协同育人共同体不仅承担人才培养的重要任务，而且对地区经济建设具有重要推进作用，依据共同体对于经济建设的服务功能设计科学的指标体系，有利于落实共同体的社会服务功能，促进共同体建设与社会发展良性循环。

三是建设第三方评价机制。引入第三方评价机制，能够保障评价结果的专业性和公信力，推动高职产教融合协同育人共同体的高质量发展。一方面，选择合适的第三方评

价机构。为了保障第三方评价的准确性和公信力，第三方评价机构要具备独立性、专业性等特性。第三方机构的独立性是指其独立于共同体的利益主体之外，不被共同体的参与主体利益左右，有独立评价能力的评价机构；专业性是指其具备科学的评价体系、完备评价方法，评价流程科学有序、评价结果准确有效等。另一方面，设计第三方机构的参与路径。在确认第三方机构参与的基础上，设计合适多元的参与路径，能够推动其全方位参与，发挥最大效力的评价作用。

第五章 推进高等职业教育高质量发展的战略思路之二：加强师资队伍建设

目前我国正处于深化改革期，推动结构性改革，调整优化产业结构，保持经济的中高速增长，人才是关键。但现状是我国技术工人严重不足，特别是高素质的复合型、创新型技术人才缺乏。高级技术工人的严重缺乏困扰着中国制造业的升级换代，已然成为中国制造业更上一层楼的重大阻碍。职业教育是技术人才培养的摇篮，产业结构的转型升级需要依托职业教育的质量提升，而决定职业教育高质量发展的关键在于加强师资队伍建设，在于"双师型"教师的培养。《国家中长期人才发展规划纲要（2010—2020年）》明确指出："双师型教师的培养问题是我国职业教育的一个关键问题，对于推进人才培养模式改革，培养技能型应用人才，建设人力资源强国具有重要意义。"[①] 我国自20世纪90年代开始推进"双师型"教师队伍建设，但至今如何建立一支高质量的"双师型"教师队伍这一关键问题依然困扰着职业教育界。重数量轻质量、结构不合理、认证标准不统一、来源渠道单一、评价体系不完善、系统培训缺失、建设经费不足等诸多问题，致使"双师型"教师队伍整体素质偏低，与市场企业的需求脱节。因此，深化职业教育改革，提升教师队伍的"双师"素质，成为摆在职业教育高质量发展和人力资源强国建设面前的首要课题。

一、主要内容

高职教育不同于高等教育和中等职业教育的特殊性决定了高职院校"双师型"教师应该具有"双师型"的专业素质。

（一）概念界定

1. 教师专业素质

教师专业素质是指教师拥有和带往教学情境的知识、能力和信念的集合，它是教师

[①] 国家中长期人才发展规划纲要（2010—2020年）发布[EB/OL].（2010-06-06）[2023-11-05]. https://www.gov.cn/jrzg/2010-06/06/content_1621777.htm.

在具有优良的先天特性的基础上经过正确而严格的教师教育所获得的,[①]它不但包括教师所具有的专业知识、专业能力和专业情意,还包括教师教育理念方面的素质。

2. "双师型"教师

"双师型"教师的概念于20世纪90年代初被提出。1995年,国家教育委员会印发《关于开展建设示范性职业大学工作的原则意见》,提出建设专兼结合、结构合理、素质较高的师资队伍。专业课教师和实习指导教师具有一定的专业实践能力,其中有三分之一以上的"双师型"教师。随后,"双师型"教师一直成为职业教育研究的热点。综合相关研究文献可知,研究者对"双师型"教师定义丰富多样,大致可以分为两类。第一类为"一体化教师"视域下的"双师型"教师培育研究。比较有代表性的观点大致分为以下几种:①"双证书说",即学历证书和技能等级证书。②"双职称说",即教师系列职称和技术系列职称。"双证书说"和"双职称说"突出了"双师型"教师的外部特征,但事实上,无论是"双证书"还是"双职称",都不代表教师就具备了相应的职业素质和专业实践能力。③"双能力/双素质说"。这一观点虽然从能力和素质两方面对"双师型"教师作出了要求,但具体的能力与素质要求并未明确。④"双融合"。这一说法将"双证+双能"叠加,认为"双师型"教师要具备资格和能力的"双"认可。第二类为"现代学徒制"视域下的"双师型"教师培育研究。研究者根据现代学徒制实施分工的需要,将"双师型"教师划分为职业院校专任"双师型"教师和企业兼职"双师型"教师两大类。职业院校专任"双师型"教师主要承担校内教学任务,以理论教学和基本技能训练为主,实践教学为辅,但因职业教育的类型特征,也需要掌握生产技术,熟悉生产过程。企业兼职"双师型"教师主要承担实践教学,指导学生"做中学",在工作中有针对性地传授必要的技术理论知识。这一定义符合了现代学徒的实际需要,借鉴了德国职业教师培养经验,可破解一直以来"双师型"教师求全责备、流于形式的尴尬。本书研究的师资队伍建设中"双师型"教师的培养问题,是针对职业院校专任"双师型"教师而言。

3. 高职院校"双师型"教师专业素质

高职院校"双师型"教师专业素质是指在高职院校教授专业类课程的教师,在先天禀赋的基础上,通过环境和教育的影响所形成和发展起来的,拥有教学情境的知识、能力和信念的集合,是高职教师胜任教学所必备的素养和品质。本书进而将高职院校"双师型"教师专业素质分为五个方面:专业道德、教育理念、专业知识、专业能力、专业服务。

(二)高职院校"双师型"教师专业素质结构

从理论上来说,只有当教师的所有专业素质和谐统一于正在操作的教育教学行为时,才能成功地进行高职教育教学的实践。第一,他们应具备行业或职业岗位的基础理论、

---

① 郑艳萍. 教育的功能与效能 [M]. 香港:广角镜出版公司,1991:122-123.

基本知识。第二，应具备较强的顶岗工作的能力，即从事相关行业或职业岗位实践的能力。如模具专业教师，在学校是教师，到工厂在较短期内可以成为工程师。财会专业老师，在学校是教师，在会计行业同样能在短期内很好转换为会计师的角色。第三，应具备顺利地将理论知识、实践能力教授给学生的能力。从这个层面上来讲，高职"双师型"教师应该是"一师"，而不是"双师"，但是对于我国长期以来的高职"双师型"教师基础专业素质来说，还相当于初级水平，对他们的培养要循序渐进，要有一定的可操作性。

高职院校"双师型"教师专业素质结构是指教师专业素质的组成部分及其相互之间的关系。学界对它的理解是多元的，笔者倾向于将其划分为下几方面的内容。

1. 高尚的专业道德

它是一种信念，表现为教师克服各种阻力提高学习者的学习能力，也包含情意成分——其博大的爱心、强烈的责任感，关注每一个学生成长，不让一个人掉队；与同事和谐共处，共同发展。[1]德国要求高等职业教育教师应具有一定的人品和专业资质，通过执行两次国家考试（包括实际操作考试和理论考试）来确保高职教师具备高尚的专业道德。[2]

高等职业教育的对象是以形象思维为主要智力特点的青少年。在我国大的教育环境及人才选拔背景下，高等职业教育接收的学生往往是传统教育"失利"的一批人，因此社会上存在一种比较势利或者偏颇的看法，认为高职院校学生不如普通高等学校的学生，学习质量不如他们，聪明程度不如他们，理解能力不如他们，甚至情商都不如他们。这是拿传统教育的考核标准去评价，这是不公平、也是不科学的。因为高职院校的培养对象与普通高等院校的培养对象相比，在智能结构与智能类型方面存在着本质的区别。他们不善于逻辑思维，善于形象思维，比如不懂日语却能津津有味地欣赏日本漫画。高职院校的学生乐于在具象情境或氛围中通过"行动"来学习。因此，使用一个标准、一把尺子去考核、衡量所有同龄学生，就是从根本上忽略思维类型的差异，既不公平也不科学。正确的做法是针对具有不同智能结构与类型的学生用不同的标准去考核、衡量。

2. 先进的教育理念

教育理念是教育主体在教学实践及教育思维活动中形成的对"教育应然"的理性认识和主观要求。[3]它是一种观念，包括高职院校"双师型"教师对高等职业教育现象及其规律的认识，对高等职业教育理念的敏感和领悟。

众所周知，高职院校人才培养目标不同于普通高等教育，高职院校特殊的人才培养目标对高职教师提出了苛刻条件：不仅要有扎实的理论基础，宽厚的科学知识，取得相应的教师资格证书，而且必须有丰富的实践经验和较强的岗位技能，取得相应的专业职

---

[1] 陈永明. 教师教育学[M]. 北京：北京大学出版社，2012：2-5.

[2] 陈祝林，徐朔，王建初. 职教师资培养的国际比较[M]. 上海：同济大学出版社，2004：38.

[3] 瞿葆奎. 教育学文集·教育与教育学卷[M]. 北京：人民教育出版社，1991：31.

称证书或职业资格证书。换言之,高职"双师型"教师既要能站在高职的讲台上讲授理论及专业知识,又具备直接的在岗实践经历、经验。

与中职教育相比,高职教育的培养目标是培养工作在第一线、基层的高技能人才。技能有两种,一种是心智性的,即动脑的;一种是操作性的,即动手的。高职教育的培养目标是定位在心智性的技能培养上,中职教育的培养目标是定位在操作性的技能培养上。所谓心智性技能就是人们顺利认识特定事物、解决具体问题所运用的智力活动方式,即要求学生具备现场性、情境性、操作性等素质特征。以数控专业为例,中职学校是要求操作数控机床,高职院校除了要求会操作数控机床外,更多的是要求学会编程技术。因此高职院校"双师型"教师的专业素质要求,既不同于普通高校教师,也不同于中等职业技术学校教师,这是由高职教育的人才培养目标、教育对象特点、教育教学特点、课程内涵等众多因素所决定的。

课堂教学过程中,任课教师应紧紧抓住高职教育理念,不仅通过课下留作业、课堂小组汇报形式发挥学生学习积极性,而且在教授知识点的时候,应及时引用例子、形象的比喻,让学生容易理解抽象的知识,还要注意学生的综合素质培养。

3. 丰富的专业知识

它是教师的看家本领,不仅包括教师所学专业的知识,也包括教育专业知识,以及教育教学实践过程中形成的实践知识,是高职院校"双师型"教师成为"经师"的最佳途径。

科学研究和教育实践都证明,具有不同智能类型和不同智能结构的人,对上述两类知识的掌握也具有不同的指向性。具体来说,形象思维强的人能较快地获取过程性知识,即经验性和策略性的知识,而对陈述性的理论知识却充耳不闻,视而不见,相对排斥。这也是高职院校学生的优势领域所在。教师应该对职业院校学生的智能类型准确定位,深刻认识高等职业教育的特点。唯有如此才能增强学生成才的信心,加强教师培养人才的决心。

高职院校的教学是一项很复杂的行为,它关系到理论水平和动手能力较强的教师、反映一线需求的教学内容、基于人才规格的课程设置、类似工作现场的实训条件、适合学生的教学方法与媒介、适合高等职业教育的评估手段,等等。其中最为关键的是适合学生的教学方法与媒介。

行动导向的教学是高等职业教育教学的一种新范式。作为学习的行动主体,学生要以职业情境中的行动能力、执行力为学习目标,以基于工作场所的职业情境中的学习情境的行动过程为学习手段,以强调学习过程中学生自我构建行动过程为学习过程,以自我调节的行动为学习方法(自我调节的行动即独立地计划、独立地实施与独立地评估),然后以师生及生生之间互动的合作行为为学习方式,以专业能力、方法能力、社会能力及思想能力整合后形成的行动能力为评价的指标。

高等职业教育中的行动导向教学的基本意义在于：在教学中教师与学生互动——教学过程中教师是学习过程的组织者与协调人，学生是学习过程的中心，师生遵循信息—计划—决策—实施—检查—评估这一完整的行动过程体系，让学生通过独立地获取资讯、独立地制订并实施计划、独立地评估计划、独立地实施复盘，在自己的动手实践中掌握职业技能，习得专业知识，熟悉工作方法，体会社会关系，从而构建属于自己的经验和知识体系。教师在整个教学行动过程中，扮演的角色是提供咨询与帮助的组织者、协调人、设计者、塑造者。信息社会中好的教师就应该是学习舞台的"导演"。

4. 娴熟的专业能力

它不仅包括专业实践能力，也包括教育教学能力。专业实践能力能使学习者学到先进的技术，适应社会需求；教育教学能力则能够使"双师型"教师有效教学、学生有效学习，取得事半功倍的效果。丹麦、日本都对高等职业教育专业课教师的录用制定了严格的准入标准，原则上需要在有相关实践岗位上工作 3～5 年的专业技术经验的人员中录用，保证高职院校"双师型"教师具备高超的专业实践能力。[①]

5. 高质量的专业服务

专业服务能力是高职院校"双师型"教师专业水平与综合素质的体现。开展社会服务既有助于加强学校与企业行业的联合与合作，也为"双师型"教师专业发展提供了参与生产实践和继续提高的机会，为"双师型"教师专业提供了广阔的平台。

总之，新时代高职"双师型"教师的专业素质应由高职教育理念、高尚的专业道德、丰富的专业知识、较强的专业能力和专业服务等子系统构成，每个子系统又由若干因素构成。其中高职教育理念是主线、是核心、是灵魂，其作用类似于人类的心脏、机器的发动机，决定和支配着其他系统的工作状态和工作质量；知识、能力等专业素质是教师胜任高职教育教学工作的基本条件，它们更多以外显的形式而存在，表现为教师日常的教育教学行为和教育教学质量；专业道德是"双师型"教师从事高职教育教学工作的内在动力和保障，它是教师不断谋求自我更新、促进自我成长和发展、构建完整专业素质结构、走向专业成熟、追求大师级教学水平的内在驱动力；专业服务是保障高职教育与社会、社区经济紧密结合、相得益彰地健康发展的必要途径。各子系统相互作用、相互耦合、相得益彰，构成了完整的高职"双师型"教师专业素质结构。

（三）高职院校师资队伍建设的必要性

"双高计划"下，完善德艺双修、工学融合的人才培养体制被提高到新的历史高度，这对高职师资队伍的发展提出了新的要求。[②]"双高计划"下高职师资队伍建设的必要

[①] 菲利普·葛洛曼，菲利克斯·劳耐尔. 国际视野下的职业教育师资培养 [M]. 石伟平，译. 北京：外语教学与研究出版社，2011：78-83.

[②] 王彩霞. 试论"双高"建设背景下的高职院校师资队伍建设 [J]. 吉林省教育学院学报，2020，36（09）：87-90.

性如下。

1. 师资队伍薄弱现状的使然

随着高职"百万扩招"项目的实施，高职学生的数量迅速增加，高职院校的办学规模也得到了迅速扩大。与此同时，高职院校的师资建设也有了更高的要求，既要在数量上增加，也要在质上提高内涵。在高职教育的发展过程中，教师队伍建设中的一些问题也日益凸显，这些问题反映了当前高职院校的教师队伍建设还不够完善，教师队伍建设的问题会影响高职院校的教学质量和可持续性发展，因此要加强师资队伍建设，这是我国高职教师队伍建设亟待提高的现实状况。

2. "双高计划"建设的要求

通过"双高计划"的总体目标，可以发现其建设性质有点类似"双一流"普通高校的标杆项目，其建设意图在于：先以个体院校的师资队伍建设带动整体高职院校的师资队伍发展，即部分师资建设超前，由优秀的部分师资建设带动其余院校师资建设。"双高计划"建设任务中指明了对师资的培养要求，因而，高职师资队伍建设是"双高计划"的基本建设要求。

3. 职业教育机制现代化的需求

职业教育机制与高职院校、社会的适配性高度融合，说明职业教育机制紧跟时代的需要，未拘泥于传统，形成了现代化的教育机制。职业教育机制的现代化与职教师资队伍建设关系紧密，优秀的教师队伍是基础的基础、制高点的制高点、根本的根本，深刻指出了教师工作的重要性。优秀的教师队伍是教育机制的舵手，因而在职业教育机制追求现代化的过程中，师资队伍建设的加强极为重要。

4. 人才成长通道构建的诉求

大国工匠的培养，需要通过优秀的师资建立更为顺畅的成长通道。提升职业技术人才的素质，其人才培养的主力军——职教师资队伍也应该按照工匠精神的题中之义进行建设。尤其是"双高计划"项目的开展，其聚焦于新时代的人才需求，满足社会对人才的要求规格，立德树人更是对教师最普遍的要求。满足社会需求、国际化的高素质人才，需要有能力、有德行、高水平的教师队伍来推动构建。

职业教育培养高素质劳动者和技术技能人才的职责使命决定了加快发展现代职业教育不仅关系中国特色职业教育体系的建设，更关乎着"两个一百年"奋斗目标和中华民族伟大复兴的中国梦的实现。要使高职院校培养的应用型人才更加符合市场企业的需要，是否有一支优秀的"双师型"教师队伍是关键。然而高质量、高水平的"双师型"教师队伍不是朝夕就能达成，但追求的脚步却不能因此而停止。破解"双师"素质难题，既需要政策制度的激励、体制机制的完善，也需要职业教师自主的追求。在资金、政策制度不断推进的同时，振奋精神亦十分重要。以工匠精神与"双师型"师资建设融会贯通，可以实现匠心与师道的统一。将工匠精神融入双师型教师队伍培育，可以培养高职院校双师型教师精益求精的教学态度、一丝不苟的治学精神、爱岗奉献的敬业精神和开拓创新的进取精神。

（四）高职院校师资队伍建设的目标

"双高计划"明确提出了强化党建，打造高水平的双师团队，提高校企合作服务水平的建设目标。高水平"双师"队伍建设的任务如下：首先，"以'四有'标准打造数量充足、专兼结合、结构合理的高水平双师队伍。"[1]这里的"四有"是指为培养社会主义事业的建设者和接班人作贡献的好老师。教师数量充足是指学校的教师和学生的数量达到教育部规定的比例，最好是能够优于教育部规定的比例，向世界顶尖学府的生师比4:1的优秀比例靠拢。结构上体现为科学合理的年龄分布、职称分布、学历分布、"双师"比例。高水平教师对专业知识的掌握越多，各方面的综合能力也越强，为人师表的榜样力量越强大。"双师"结构合理，教师兼顾理论知识和技术技能，培养的人才才能满足社会、国家的人才培养要求。水平高超是指教师具有高素质的技术技能，教育教学的方法和手段都能紧跟时代潮流，符合时代的发展，教学质量高。

其次，专业群建设、带头人、骨干教师和技术技能大师的建设。这里明确了师资队伍建设的类型，"双高计划"下的师资培养是培优的过程，目标是培养具有高教性与职教性特点、专业能力与实践动手能力俱佳的教师，集学校与社会的人才资源于院校，建设优秀的师资队伍。然后，聘请行业企业领军人才、大师名匠兼职任教。兼职教师的管理体现为从行业企业的路径进行人才招聘。

再次，创新教师评价激励机制，构建以绩效管理和目标考评为重点的教职员绩效工资动态调整机制，以促进教职员工的多劳多得、优绩优酬。这一目标强调的是对教师的评价，通过创新教师的评价方式和模式，以能力、绩效为导向，优化教师的评价方式。使得教师的评价机制更加合理，高效。

最后，建立健全教师职前培养、入职培训和在职研修体系。这里强调的是关于教师的专业发展，既要从职前培养开始，又要在入职时和入职后进行培养。学校要建立教师发展中心，根据学校的特色和现实情况，对教师展开培训，在教师中心展开校本培训。

二、实践路径

（一）高职"双师"型教师队伍建设的整体流程设计

1. "双师型"教师建设的整体流程设计思路

管理学理论研究表明，良好的流程管理是组织目标实现的保障。为高效促进高职"双师型"教师队伍建设，高质量的流程设计和管理是必不可少的重要环节。管理学中把"流

---

[1] 教育部 财政部关于实施中国特色高水平高职学校和专业建设计划的意见[J]. 教育科学论坛，2019（15）：7.

第五章 推进高等职业教育高质量发展的战略思路之二：加强师资队伍建设

程"界定为为达致目标而进行的系列相关活动，这些活动通过节点组合安排使得相关管理要素为最终目标实现高效服务。"双师型"教师建设是职业教育高质量发展的重要目标，为实现这一目标，结合前文提到的高职院校"双师型"教师专业素质结构，需要从"双师型"教师建设标准确立、建设路径优化、建设考核机制和建设激励完善等方面构建科学明晰的流程。

2. "双师型"教师建设的整体流程设计

借鉴质量管理思想，笔者设计了"双师型"教师建设流程图（如图5-1所示）。该流程以"双师型"教师建设的质量为明确导向，将目标细分为专业技能、教师技能和实践技能等三个方面，根据三个方面的不同特征分别从建设标准、建设路径、技能考核与有效激励等四个方面构建闭环系统，围绕"双师型"教师能力的持续提升形成循环反馈闭环，以保证"双师型"教师建设质量的持续提升。

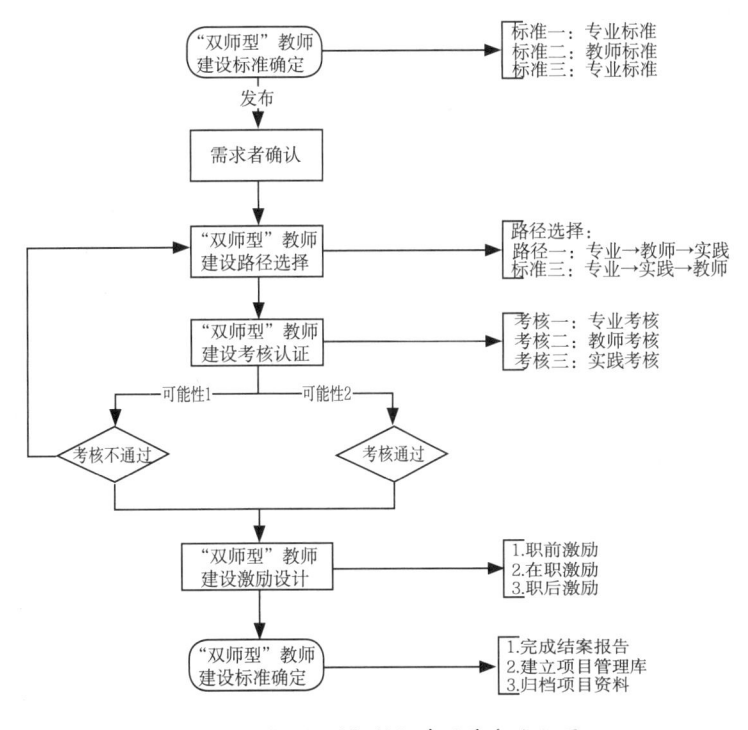

图5-1 "双师型"教师建设基本流程图

（二）高职"双师型"教师建设的整体流程设计解析

1. 完善"双师型"教师建设标准

没有严格统一的"双师型"教师建设标准，是制约我国职教师资质量提升的主要难题。造成这一困难的根本原因是职教领域对"双师型"教师建设的内涵认识经过了长期的摸索，学界对"双师型"教师概念基于不同的维度有不同的理解：基于教学能力分类的"双师"指的是既能传授理论、又能指导实践的教师；基于资格证书分类的"双师"

指的是既有教师资格证、又有职业资格证的教师;基于知识结构分类的"双师"指的是既精通专业技术、又掌握师范技能的教师。内涵不清则标准不明,标准不明则合理的"双师型"教师建设制度就无法形成,因此构建以高职"双师型"教师建设流程必须首先明确建设标准。《国家职业教育改革实施方案》明确指出职业教育是与普通教育同等重要的类型教育,同时也对"双师型"教师的内涵进行了明确:同时具备理论教学和实践教学能力的教师[1]。按照这一内涵要求笔者认为"双师型"教师建设标准应包括三个部分内容:专业标准、教师标准和实践能力标准,基本框架如图5-2所示。

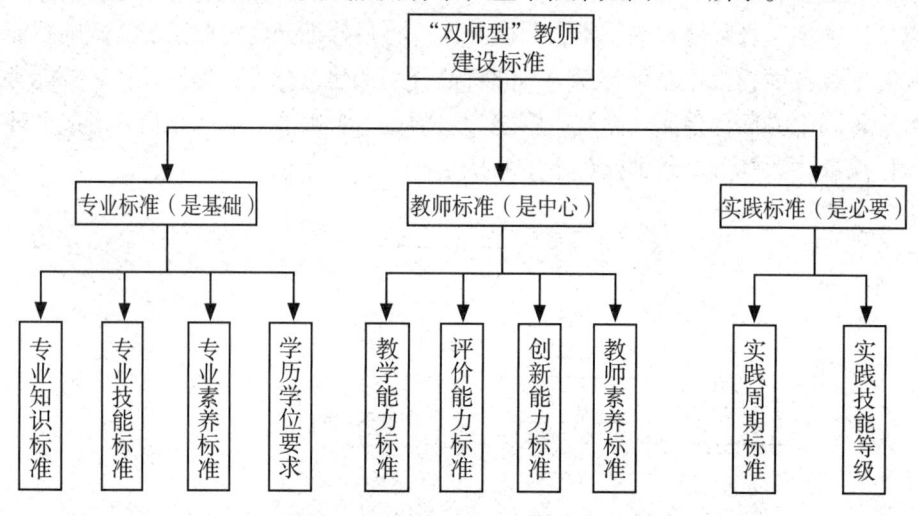

图5-2 "双师型"教师建设标准构成

(1) "双师型"教师建设专业标准

专业标准是指教师所传授的内容是"双师型"教师建设标准中的基础标准,决定从事职业教育的教师输出什么?输出多少?

专业标准的制定应该遵循职业导向、开放和适当原则。这一原则要求教师传授的专业内容应该根据区域经济和社会的职业需求进行确定;制定标准的主体应该多方参与,要涵盖政府、行业、企业、学校和家庭的多方诉求;专业水准高低的确定要在专家鉴定和行业企业调查的基础上进行综合权衡。依据这一原则,由教育主管部门制定出对教师专业知识、专业技能和专业素养明确清晰的各专业标准。依据明晰的专业标准需求与潜在职教从业者的学历要求进行匹配,确立专业底线。

(2) "双师型"教师建设教师标准

教师标准是指从教师传授知识技能的行为本身而言,是对教师"教"的行为能力要求,决定从事职业教育教师怎么教?教学效果如何?教师标准是"双师型"教师建设标准中的中心,专业标准与实践标准都离不开服务这个中心。

---

[1] 国务院关于印发国家职业教育改革实施方案的通知_教育_中国政府网[EB/OL].(2019-02-13)[2023-10-26]. https://www.gov.cn/zhengce/content/2019-02/13/content_5365341.htm.

教育部教师工作司在《职业技术师范教育专业认证标准》中，对中等职教师范教育专业从践行师德、学会教学、学会育人、学会发展[①]四个方面对职教师资标准进行了明确界定，而高等职教专业师资标准尚未出台。参考国外职教发达国家的经验，并结合已经出台的中职教师标准，笔者认为高职"双师型"教师标准应该在师德、知识、技能和创新方面有更高的具体要求，要把质量、服务、责任、创新意识和爱岗敬业、诚实守信、精益求精的工匠精神融入教师教学标准。标准要反映新时代中国职业教育高质量发展的新要求。明确高职教师标准是"双师型"教师建设流程设计的核心环节。

（3）"双师型"教师建设实践标准

实践教育是职业教育作为类型教育的重要特征之一，职业教育的类型特征要求职业教育的主体（教师）和接受教育的客体（学生）具有双重实践特征，这也正是"双师型"教师建设的特有内涵。因此实践标准是"双师型"教师建设的必要一环，决定了职业教育过程中实践什么？以及如何实践？

职教师资实践标准具有行业和专业的不同特性要求。不同行业专业的实践经验积累和实践能力提升有很大的差异性，这种差异性在职业教育的工科领域和社会服务领域尤其明显。例如模具加工制造行业中，一个经过较好校内实训的学员可以很快适应企业现实的生产环境，但是一个在校内进行了良好训练的家政服务学员在走向真实工作岗位时，却需要更长的适应周期。这种行业专业的实践差异特性要求职教师资的实践标准要根据专业行业特征进行科学严格的论证，并需要通过真实企业生产环境的检验。

教育部职成司2011年出台的《教育部关于进一步完善职业教育教师培养培训制度的意见》中，对职业教育师范生提出了"在校期间至少应有半年时间到企业实践和职业学校实习"[②]的明确规定，但这一规定没有考虑专业实践的差异特性。此外，职教师资实践标准应该既有实践周期要求，还应该包含实践能力提升的等级要求，这是保障师资实践质量的可视化要件。

2. 明确"双师型"教师成长路径

标准的实现需要明确的路径选择。在明确标准的条件下，完善的"双师型"教师建设流程还需要设置清晰的成长路径。成长路径是潜在职教师资岗位从业者的自然成长路径，"双师型"教师标准的独特内涵决定了其成长路径的独特性。我国职教师资的传统生成路径主要是通过接受普通教育并取得相应学历和学位后就可以直接从事职业教育。这一传统路径明显缺乏教学和实践训练的必要环节，与"双师型"教师的标准要求相去甚远。围绕"双师型"教师建设内涵，笔者从专业、教学和实践等三个方面并结合我国

---

① 教育部教师工作司关于印发《职业技术师范教育专业认证标准》和《特殊教育专业认证标准》的通知_中华人民共和国教育部政府门户网站 [EB/OL].（2019-10-30）[2023-11-16]. http: //www. moe. gov. cn/s78/A10/tongzhi/201910/t20191030_405965.html.

② 教育部关于进一步完善职业教育教师培养培训制度的意见_中华人民共和国教育部政府门户网站 [EB/OL].（2011-12-24）[2023-11-16]. http://www. moe. gov. cn/srcsite/A07/s7055/201112/t20111224_129037.html.

职教师资的实际形成过程，概括了如图5-3所示的"双师型"教师成长路径。

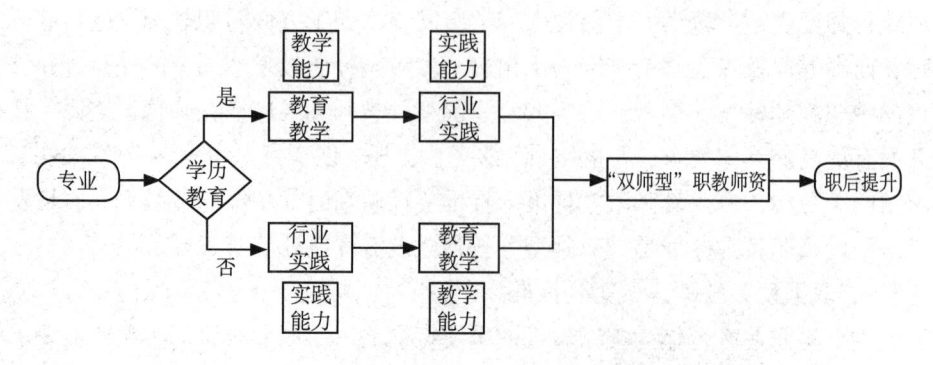

图5-3 "双师型"教师形成路径

（1）"双师型"教师培养的传统路径

国家教委在1995年印发的《普通高等学校本科专业目录〈职业技术师范教育类〉（试行）》中，明确了普通高校师范本科中设立"职业技术师范教育类"专业，标志着我国职教师资的培养路径逐渐形成，在此之前职业教育（中职）师资多套用现有普通高等教育专业目录，难以按职业技术师范教育要求的培养规格培养师资。职教师资的形成路径是：经过专业学习和教育教学两个环节之后直接从事职业教育，这种传统路径忽略了职业教育的中特别重要的实践环节，严重制约了职教师资的质量。

职业教育师范类专业目录设立后，相应的培养规格同时确立，这在一定程度上对我国职教师资整体水平有所改善，但是相较于我国社会市场经济的发展对职业门类的需求高速增长，有限的师范类职业教育设置根本无法保证我国职业教育发展需求，因此职业教育师资培养亟须开辟新路径。

（2）"双师型"教师培养的现代路径

新型职教师资的形成路径应该从职业教育的类型特征出发，重视职业特性要求，强调实践能力的重要性，即在专业性基础上突出实践能力和教学能力，而对这些核心能力的形成顺序却没有明确的要求，这就为行业专家和接受过普通教育的人员从事职业教育打开了大门。其中校企合作是最具代表性的"双师型"教师培养途径，通过校企科研项目合作、培养课程开发、跟岗学习交流等主要方式，充分发挥企业专家的实践经验与职业院校教师的理论知识，实现产教深度融合。企业专家与院校教师取长补短，既能提升教师的实践能力，又能提高"双师型"教师的整体素质。如图5-3所示，无论是通过哪种途径在取得职教师资资格时都需要经过专业、教学和实践三个环节的学习并通过相应考核。在取得职教资格后，职教师资的后续成长仍将围绕专业—实践—教学的完整闭环进行持续提升。

3. 严格"双师型"教师任职考核

标准明确和路径清晰在"双师型"教师建设流程中是必要的环节，但这些环节是静态的，仅有这些还不能保证"双师型"教师的高质量形成。严格科学的"双师型"教师任职考核是这一流程中的动态因素，是推动"双师型"教师建设及其高质量发展的重要外部动力。"双师型"教师任职考核的重心是三种核心能力（即职业能力、教学能力、实践能力）考核，通过把新时代的工匠精神内涵与相应的考核标准融合，把考核的各个方面和各个环节都根植在工匠精神的基础之上，使得通过考核的职教从业者都是新时代大国工匠精神的践行者。表5-1列出了三种核心能力考核与工匠精神的契合点，这为整个流程中的考核环节提供了参考。

表5-1 工匠精神为引领的"双师型"教师考核契合点

考核方向 \ 工匠精神	执着专注	精益求精	追求卓越	勇于创新
职业能力	专业水平、等级	专业深度、广度	专业精度	专业认知
教学能力	教学态度	教学实施	教学目标	教学方法
实践能力	实践周期	实践等级	实践过程	实践认知

参考上表所示工匠精神与职教师资三种核心能力的契合要点，制定明晰、可量化的考核办法和细则是职教师资"双师型"建设的质量保障。高等职业教育的办学主体是这一质量工程的第一责任人，各高等职业院校对本单位的职教师资队伍的"双师型"素养承担主体责任。

4. 强化"双师型"教师持续激励

持续激励是激发行为主体内在动力源泉的保证，优良的激励机制设计是"双师型"教师建设流程实施的推进剂。以"双师型"教师队伍建设为导向的激励机制进一步完善，需要重视"双师型"教师的形成过程激励，采取分段激励、能力协同认可激励方式，改革现有不当的激励方式，如资格认证、职位评聘、职称晋升等。

（1）分段激励与能力协同认可激励

以工匠精神为引领的"双师型"教师建设不是一蹴而就的，"双师型"教师的核心能力和素养生成需要经过不同阶段的长期培养。这就决定了"双师型"教师的成长激励设计必须根据其能力形成过程采取分段激励的方法，即在不同的能力获取阶段均应得到适当的激励。比如在专业能力上，可以通过把潜在职教师资从业者在专业学习阶段的等级评定和成绩考核的结果存入个人"学分银行"，如果其将来获取了职教资格，用人单位可以根据其学分银行的"学分档案"给予一定的薪酬激励，这一激励设计的特征在于分段记录、协同实施，属于"谁受益、谁买单"的市场化激励原则。同样的激励设计思路也适用于教学能力和实践能力的生成阶段。并且，这种激励设计不影响潜在职教师资从业者的路径选择，同时"双师型"教师的持续学习也能提供有效激励参考。

（2）改革现有的不当激励

制定标准建立双师资格认证制度。职业院校要在政府总的标准和自己制定的具体标准之下，建立起相关的资格认证制度，这关乎到职业院校"双师型"教师的培养。但目前的状况是，诸多职业院校制定的关于"双师型"素质教师的标准都不统一，整个职业教育界也尚未形成统一的评定标准。所以说国家应尽快协同职业院校、政府部门、行业企业制定出相关政策，确定职业院校"双师型"教师应该具备什么样的资格与能力，以此促进我国职业教育的发展，并且保证其能够适应经济转型的新形势。

实行职业院校教师职称独有的评审制度。职业院校应该从自身实际出发，依据特有的职业教育特色，采用与本身相符合的职称评审制度，从而彰显出学术性与实践性，通过恰当的方式来衡量"双师型"教师应具有的基本能力和素质。院校职称评审过程中应注重校企合作。教师到企业挂职锻炼，企业专家进校讲学，注重校企合作机制，职称评审的时候将企业挂职锻炼经历也作为职称评审的支撑材料，同时企业专家也可参照学校职称评审标准进行评职，以此壮大"双师型"素质教师团队。

（三）以工匠精神为引领促进高职"双师型"教师建设的保障措施

2020年12月，习近平总书记强调"各级党委和政府要高度重视技能人才工作，大力弘扬劳模精神、劳动精神、工匠精神"[①]，国务院《关于印发国家职业教育改革实施方案的通知》（国发〔2019〕4号）（以下简称"职教二十条"）提出"到2022年，'双师型'教师占专业课教师总数超过一半"[②]。因此，以工匠精神为引领，发挥政府、社会和学校职责，做好"双师型"教师队伍建设，为高质量职业教育保驾护航。

1. 政府的角色与职责

以工匠精神为引领，打造新时代高职院校"双师型"教师队伍建设，政府是其中重要一环，应发挥其优势，尽其职责，做好以下几个方面工作。

（1）健全制度政策的指导作用

在我国各项事业发展中，制度政策一直扮演着重要的指导作用，如党的指导思想和五年规划就是其典型代表。在职业教育领域，近年来，教育部等相关部门印发了一系列关于高职院校"双师型"教师队伍建设的政策文件，例如"教育部等四部门关于印发《深化新时代职业教育"双师型"教师队伍建设改革实施方案》的通知"等文件，是指导新时期高职院校"双师型"教师队伍建设的纲领性文件。但是，笔者在仔细研究这些文件内容后发现，很少涉及以工匠精神为引领的高职院校"双师型"教师队伍建设，这与习近平总书记倡导的大力弘扬工匠精神不相符，和"职教二十条""双师型"教师

---

① 习近平. 习近平书信选集（第一卷）[M]. 北京：中央文献出版社，2022：317.
② 国务院关于印发国家职业教育改革实施方案的通知_教育_中国政府网[EB/OL].（2019-02-13）[2023-11-08]. https://www.gov.cn/zhengce/content/2019-02/13/content_5365341.htm.

队伍建设要求也存在巨大差距和不足。因此，在新时代，以工匠精神为指导，依据"职教二十条"具体内容，在国家和政策层面出台高职院校"双师型"队伍建设的制度政策文件中融入工匠精神内容是非常必要的，在健全制度政策基础上，指导各地方教育部门根据地方高职院校实际情况，出台更加具体的高职院校"双师型"教师队伍建设方案，以指导各地区高职院校"双师型"教师队伍建设。

（2）做好舆论宣传的引领作用

国家政策要真正地落到实处，必须切实深入人民的心田，发挥其潜移默化作用，因此，做好舆论宣传的引领工作极其重要，社会实践一再证明了这一点。在各级政府出台了融合了工匠精神的高职院校"双师型"教师队伍建设的制度与政策后，要真正起到指导作用，必须借助媒体舆论，使其深入高职院校师生和社会各界心灵深处，引领其思想和行动，这是重要一环。因此，各级政府部门，尤其是分管高职院校的教育部门首先在思想上要意识到做好舆论宣传的重要性；其次各级政府要有意识地借助电视、报纸和网络等媒体在社会各个层面做好舆论宣传，尽量使更多人知晓；最后，各级政府在做好舆论宣传工作同时，还要求各高职院校在校园内开展工匠精神的"双师型"教师队伍建设宣传，尤其是强调以工匠精神为指导，打造"双师型"教师队伍的重要性、具体内容和激励举措等。

（3）发挥资金扶持的激励作用

在我国社会主义现代化建设中始终强调发展是硬道理，要抓好经济建设，这是中国人民幸福和中华民族伟大复兴的根本保障。在以工匠精神引领的高职院校"双师型"教师队伍建设中，发挥政府资金扶持具有不可替代的重要作用，各级政府要尽职发挥这方面职责。一般而言，各级政府要做好以下几个方面工作。一是设立工匠精神教师队伍建设专项资金，以扶持高职院校"双师型"教师队伍建设，作为建设项目，供高职院校申请，从集体层面激励高职院校抓好"双师型"队伍建设；二是对于在高职院校"双师型"教师队伍建设中取得突出成绩的学生、教师和企业工匠大师给予适当的资金奖励，从个体层面激励成为"工匠型"人物，推动相关个人成为工匠精神师资。总之，政府掌握着"钱袋"，在工匠精神引领的高职院校"双师型"教师队伍建设中，发挥其资金激励作用，是非常重要的。

（4）搭建校企平台的协调作用

在以工匠精神引领的高职院校"双师型"教师队伍建设中，需要引进企业工匠人才走进学校，开展技术教学，同时需要高职院校专业教师走进企业开展技术实习，发挥两者优势互补，才能促进高职院校"双师型"教师队伍建设。据此，搭建校企合作平台，发挥各级政府在其中的协同作用至关重要，这同样是政府应尽的职责。一般而言，政府要做好以下几个方面工作。一是政府要主动发挥主导优势，和各类企事业单位联系，鼓励企事业单位领导人和相关技术人员在做好本职工作同时，积极承担社会责任，乐于与高职院校合作，工匠大师走进高职院校，为师生授课。二是政府积极回应和支持高职院校"双师型"队伍建设，例如积极为高职院校工匠人才的引进提供优惠政策，确保高职院校能引进工匠人才和留得住工匠人才，积极出面为高职院校专业教师赴不熟悉企业实习提供协调和沟通，确保实习教师能真正学习新知识和新技术。总之，政府搭建校企平台，发挥协调作用，是非常重要的。

（5）完善评估机制的监督作用

在以工匠精神引领的高职院校"双师型"教师队伍建设中，要了解企事业单位和高职院校是否在日常教育教学中贯彻和落实其制度与政策，政府支持的资金是否真正专项专用，只有经过评估和监督才能清楚，因此，完善各级政府评估机制，发挥其监督作用非常重要。一般而言，各级政府要做好以下工作。一是评估监督企事业单位工匠人才进校园情况，确保企事业单位在思想和行动上真正把工匠人才进校园落实到位。二是评估监督高职院校以工匠精神引领的"双师型"教师队伍建设情况，对于成绩突出的学校给予适当奖励，对落实不到位的学校给予适当惩戒；三是评价监督专项资金使用，确保专款专用，保证专项资金真正地落实到位。

2. 社会的角色与职责

在以工匠精神引领的高职院校"双师型"教师队伍建设中，社会各界在其中的角色与职责也非常重要，集中表现在以下方面。

（1）输送工匠人才是重要基础

在高职院校，打造以工匠精神为引领的"双师型"教师队伍，其首要的基础是要有工匠人才，而这种人才隐藏在社会各行各业中，从事各自岗位工作，是本单位的中坚人才，待遇和地位都很不错。这些工匠人才很难进入高职院校从事教师工作，在这种情况下，就需要社会企事业领导和技术大师要有社会奉献精神，从社会教育大局着想，在自身许可范围内，为高职院校的师资队伍建设贡献力量。一般而言，应做好以下几个方面工作。一是转变观念。传统上社会企事业组织，尤其是企业等认为，企业是营利性社会组织，在社会经济活动中遵纪守法，做好企业经营工作，为员工谋福利就行了，这种观念比较狭隘。社会企事业组织还要有社会担当意识，参与社会其他事业建设。二是企业经营和学校人才培养是紧密联系的，是相得益彰的，在某种程度是双赢的。具体来讲，就是学校培养更高素质人才进入企业，这对企业经营与发展是非常有利的，更能保证企业在市场竞争中取得更大优势地位。因此，社会企事业组织积极向学校输送工匠人才，在促进"双师型"教师队伍建设的同时，对高职院校培养更高素质技能人才是非常有帮助的，于人于己都是好事。

（2）提供物质和精神支持是重要保障

在我国社会各项事业发展中，赢得社会大众物质和精神支持是非常重要保障，往往是事业成功的重要保障。在以工匠精神引领的高职院校"双师型"教师队伍建设中，如果能赢得社会大众物质和精神支持,其"双师"队伍建设必将能取得成功。所谓物质支持,就是社会大众在其能力范围内,积极为高职院捐助资金和物资等,同时鼓励高中毕业生积极走进具有工匠精神的高职院校学习,这对促进高职院校教师队伍建设具有积极的作用。一所高职院校要健康高质量地发展下去,生源是最重要的基础,如果高中毕业生喜欢走进拥有工匠的高职院校学习,必将迫使高职院校积极做好工匠型教师队伍建设。所谓精神支持,就是社会大众对具有工匠精神的教师的认可和宣传。社会各界尊敬具有工匠精神的高职院校教师,在日常社会活动中,社会大众对工匠精神表现出应有的尊敬,这必将激发高职院校专业教师尽早成为工匠型教师的动力,从而主动以工匠教师为楷模,努力成为工匠教师。总之,如果社会各界从物质和精神层面支持高职院校"双师"队伍的建设,其成效是非常大的。

(3)欢迎师生进企业是关键

在以工匠精神引领的高职院校"双师型"教师队伍建设中,专业教师走进企业开展专业技术实习是重要的一环。其实,这项工作已经在高职院校开始实施了,但是效果不是很理想,原因之一在于高职院校教师深入企业实习不是一件容易事情,需要企业积极配合和支持,需要企业尽以下这些职责。一是真心欢迎高职院校教师到企业实习,高职院校教师由于年龄等原因,许多企业一般都不愿意让他们来企业实习,认为不好管理与安排,因此,真心欢迎非常重要。二是高职院校教师来企业实习锻炼,往往被安排在一些无关紧要岗位上,技术含量不高,可能是一些企业担心,技术关键岗位往往涉及企业机密,实习教师离开后企业机密可能外泄,导致企业机密被对手所用,这种情况可能存在,说到底是对高职院校实习教师不信任。对实习教师来讲,如果面临这种困境,其在企业实习就没有多大价值,因此,通过某种切实可行的方式,让实习教师能真正走上关键技术岗位,是非常重要的,企业是可以做到的。三是高职院校教师在企业实习,和什么人在一起实习也是非常重要的,既然要培养具有工匠精神的教师,那么,最好和企业的工匠人才在一起生活学习是非常重要,企业为实习教师提供大师级技术工匠进行辅导是非常重要的。总之,关键是企业要努力做到真心欢迎实习教师。

第六章 推进高等职业教育高质量发展的战略思路之三：优化专业设置和人才培养方案

高等职业教育自新中国成立以来就是我国教育事业的重要组成部分之一，尤其是改革开放 40 余年来，其发展取得了长足的进步与显著的成果。高职院校一直以来致力于就业导向的人才培养模式建设，通过学习借鉴先进国家的职业教育模式，洋为中用，走出了一条具有中国特色的校企合作、产学结合、工学交替的人才培养之路，为国家的产业进步和经济发展培养了大批技术技能人才。然而，随着国家经济实力的不断增强，产业结构深化调整，新兴行业不断涌现，高职教育长期以来引以为傲的人才技能培养越来越无法满足新时代、新职业、新企业、新岗位对人才能力的需求，这些能力更多地指向一种社会能力和方法能力，诸如人际交流、团队协作、沟通表达，等等。因此，在这新时代的关键节点上，如何抓住时代契机，适应时代对人才需求的变化，从产教融合的视角打造高水平专业群，提高人才培养的适应性和针对性，深化人才培养模式创新与变革，培养兼具专业技能和职业关键能力的复合型技术技能人才，成为高职院校深化职业教育内涵建设、高质量发展的必然趋势。

一、构建高水平专业群

（一）基于产教融合专业群建设的必要性

1. 产教融合——职业教育的本质要求

产教融合是以育人为核心，以产业需求与产业技术为导向，强调以多方参与人才培养的方式，实现人才培养的供给侧与区域产业需求侧相匹配，从而促进产业优化升级与区域经济发展。[①]

在党的十九大报告中，习近平为我国高职院校的内涵发展指出改革方向，即通过加强校企合作、深化产教融合，不断完善职业教育的教学体系，以实现中国特色职业教育，为世界职业教育提供有益经验。为了落实十九大报告中对高职院校内涵发展提出的要求，国务院办公厅为此专门印发了《关于深化产教融合的若干意见》，进一步强调国家职业

[①] 施泽波. 围绕产业链构建专业群的实践与思考[J]. 中国成人教育，2010（12）：95-96.

教育改革与人才培养的基本理念与制度导向正是产教融合。这一文件充分体现了产教融合的指导思想对职业院校发展有着不可替代的重要作用。此外，面对科技不断发展与产业转型升级的新趋势，产业发展与高职教育逐渐实现相互融合，是当前培养高素质技术技能型人才的新要求。[1]

从我国高等职业教育40多年的发展历程来看，坚持产教融合的方向不仅是其逐渐发展壮大的关键，同时也是从实践探索中获取的宝贵经验。运用产教融合的视角审视专业群建设，有利于职业教育满足适应产业升级与人才培养改革的需求。

2. 深化产教融合——专业群建设的重要举措

高职院校的"专业群"概念是在产业集群理论与实践发展的影响下提出的，换言之，专业群是产业集群理论在高职教育这一领域的拓展与应用。专业群是由服务面向同一产业、课程基础相近并且优势互补、资源共享的不同专业或专业方向组成的集合。高职院校专业群服务产业这一特点决定了其可跨学科、跨大类专业进行集群建设，既可以是强强联合，也可以强弱互补；既要考虑自身的资源条件，也要规划建设的方法与路径。作为高职院校教学单位的专业群，以区域行业产业大类为发展背景，将职业岗位能力需求共通、共享、共融的不同专业整合，既发挥着培养学生技能技术的功能，又肩负着教学科研与社会服务的职能，形成专业群行政空间上的统筹规划管理，群内教学资源共建共享、共通共融。

专业群建设是一项长期持续的工程，这是由高职院校专业群与区域产业发展之间的紧密联系所决定的，因为在建设过程中要加强对区域产业发展状况的关注，紧跟区域经济社会与产业发展步伐。随着在企业生产、服务过程中新技术、新工艺不断深化与应用，专业群所面向职业岗位群的内部关联与需求情况都将随之变化，甚至出现某些岗位群被新技术应用淘汰的现象，专业群同区域产业发展之间的联动效应，就决定了唯有实现与深化产教融合才能够确保专业群建设得以长久、稳定的发展。[2]高职院校专业群深化产教融合的重点是将产业先进技术、产业优秀文化、产业发展需求融入其建设过程中，实现技术技能人才培养的有效供给。

（二）产教融合对专业群建设的要求

1. 以需求为导向

实践经验表明，不论何种产业的发展，都离不开生产要素的支撑，包括资本、技术、劳动力、土地等，其中劳动力是产业发展与创新的重要动力。如果现代产业想要与时俱进，就必须拥有技术熟练且规模庞大的劳动力。职业教育正是产业发展所需劳动力的重要供给者，而适应产业发展是产教融合的基本诉求，职业教育想要实现产教融合，就必须承担起提高人才培养质量，为产业发展提供劳动力的使命。产教融合视域下的专业群

---

[1] 马树超，郭文富. 高职教育深化产教融合的经验、问题与对策[J]. 中国高教研究，2018（04）：58-61.
[2] 罗三桂. 高职院校特色专业群建设路径选择[J]. 中国职业技术教育，2018（28）：71-75.

建设既需要满足产业的需求，又要考虑学生的发展，而满足产业需求需要建立在实现学生发展的基础之上。换句话说，如果专业群建设无法提高人才培养质量，就不能服务区域产业发展，产教融合就失去了其最重要的本质。因此，基于产教融合的专业群建设要坚持以需求为导向，以学生为中心，在提高学生技术技能水平与全面发展前提下，更好地满足社会与经济对人才的需求。

2. 校企协同育人

校企协同育人不仅是实现产教融合的重要方法，而且是产教融合的基本目标，基于此，产教融合视域下的专业群建设也应实现校企协同育人。校企协同育人是指职业院校与企业根据各自的需求，以资源整合的方式共同开展专业群建设，以实现共同制定的人才培养目标。所以基于产教融合的专业群建设的基本内涵如下：第一，专业群建设的主体应为校企双元。由于职业院校与企业双方各自的需求不相同，职业院校主要是想通过校企合作实现教育教学水平与人才培养质量的提高，而企业主要是为了实现自身发展获得亟需的技术人才。从经济学的角度出发，当能获得自身所需的技术技能型人才时，企业参与校企合作的热情与动力增强；反之，企业参与校企合作的热情与动力不足。这就决定了在专业群建设的过程中，职业院校与企业需要不断协调双方的利益矛盾，以达到校企双元共生共赢的效果。第二，资源整合是专业群建设的关键所在。在专业群建设过程中，职业院校与企业双方具有各自不同的资源。一般而言，职业院校在公共文化课程、专业基础理论课程方面具有教学优势，而企业在实训实践课程方面具有设备、师资与教学内容的优势。由于职业教育的特殊性，其人才培养不仅需要公共文化课程与专业基础理论课程，还需要实训实践课程，这就对职业院校与企业的资源整合提出了要求。在专业群建设过程中实现校企协同育人，就必须对职业院校与企业双方的资源进行整合，凸显资源聚集优势，从而实现其人才培养目标。

3. 两链融合

所谓两链融合，是指通过特定的机制将教育链与产业链融为一体，两链融合是产教融合的最终目标。而在当前职业教育中存在着与产业脱节的问题，主要表现为职业院校培养的人才与企业发展需求不相匹配。从职业院校方面来看，其治理方式是行政性治理，没有从根本上扭转面向政府办学的局面，也就没有了解企业需求的动力；从企业方面来看，尽管校企合作是我国职业教育长期以来坚持的教育理念导向，但我国职业教育的校企合作主要依靠感情而不是契约，使得校企合作存在着流于表面的问题，企业也就在参与职业教育人才培养的过程中难以发挥实质性作用。基于上述分析，为了破解职业教育与产业脱节的局面，产教融合视域下专业群建设的两链融合需具有以下两个方面的含义：第一，教育链与产业链要素的整合与对接是两链融合的重点内容。教育链的要素包括专业设置、课程内容、教学过程、毕业证书等，而产业链的要素主要包括产业需求、职业标准、生产过程、职业资格证书等，因此，对教育链与产业链要素进行整合，就要实现专业设置与产业需求对接、课程内容与职业标准对接、教学过程与生产过程对接、毕业证书与职业资格证书对接。第二，机制创新是两链融合的重要实现路径。这里的机制主要指校企合作的机制，确保机制创新强化企业的办学主体地位、深化人才培养模式改革以及促进产教供需双向精准对接，使两链融合落到实处，实现专业群建设与区域产业发展紧密对接、深度融合，为促进经济社会发展与提高国家竞争力提供优质人才资源支撑。

（三）产教融合视域下高职院校专业群建设的实践路径

1. 产教融合视域下高职院校专业群建设的对策

（1）以区域产业结构为基础构建专业群

更好地满足社会与经济发展的需求是专业群建设的出发点与落脚点，不仅人才培养目标与规格要充分考虑学生就业的需要，专业群的规划与组建更应对接区域产业结构。随着社会生产产业集群化程度的不断加深，高职院校人才培养的方向也应顺势而为，在专业群的组建与结构方面主动向区域产业发展方向靠拢，构建契合区域产业发展的优质专业群。

①聚焦服务面向，精准规划专业群

为了能更好地服务区域产业结构的发展，培养满足外部产业发展的高素质、复合型、创新型技术技能人才，聚焦服务方向，精准规划专业群是高职院校专业群建设的前提。在产教融合的背景下，学院应基于充分深入的产业需求分析，实现人才培养标准对接产业需求标准，按照此思路来进行专业群的划分与组建。学院应利用自身作为行业性高职院校的独特优势，依托其行业支持，契合区域产业发展需求，根据自身办学资源条件的实际情况，选择定位清晰的对接产业，确定自身的服务面向，精准规划专业群。同时，应加强对区域周边同类院校专业群布局的了解，选择差异化的发展道路。

此外，在专业群的设置与数量方面，要考虑对接产业的发展规模和其技术含量，以满足未来区域产业发展的需求，为行业企业源源不断地培养与输送复合型技术技能人才。以某职业技术学院为例，作为一所处于省会城市的行业性高职院校，其地域因素决定了社会经济产业发展的空间与规模，享有庞大的资源优势，产业辐射的链条范围保证了需求的数量，在此条件下，专业群的设置及数量主要取决于学院现有专业情况、自身教学资源以及管理因素等方面，将院校专业群设置与地方产业发展深度结合，才有自身强化与未来发展的可能。

②促进合力效应，合理组建专业群

在选择好对接产业、明确服务方向的前提下，高职院校在组建专业群时要充分考虑不同专业在资源要素方面的优势与不足，达到优势互补、强强联合的整体效果。如具有优势的核心专业要充分发挥对群内相关专业的辐射带动作用，核心专业与相关专业取长补短，促进群内各专业之间的合作与共享。另外，由于群内各专业之间不可避免地在课程设置、师资配置、教学资源、培养目标等方面,或多或少地存在着一些共性特征。学院在专业群组建中,要坚持求同存异、差异化专业发展的理念,在梳理专业群内各专业在专业定位、核心课程、就业面向等方面特点的前提下,努力使群内各专业达到均衡发展的同时,实现各专业的特色化发展,形成良性竞争的专业群发展格局,促进专业群的合力效应,从而实现专业群建设水平提升与社会服务能力增强。

③坚持多措并举,持续优化专业群

第一,通过政府宏观政策的引导、产业(行业)发展资讯的引领,以及与企业交流等多种渠道获得区域产业发展的规划信息,包括未来区域发展的产业定位、产业发展规模以及人才需求方向和数量等,为专业群的建设提供可靠合理的发展方向。第二,建立健全产业结构调整驱动专业群发展与改革的长效机制,通过企业人资部门和政府统计机构及第三方评价机构发布的数据信息,把招生计划、招生计划完成率、报到率、就业率、生均经费投入、办学情况评价结果等方面作为优化专业群布局、调整专业群结构的基本依据。[①]第三,邀请跨领域、多行业专家组成专业群指导委员会,对学院专业群的构建以及群内各专业的发展提供具有行业价值的参考意见与指导,保证群内不同专业差异化发展,从而最大化发挥专业群的整体优势,持续优化专业群。

(2)以校企双元为主体探索共建专业群

参考国内外的职业教育发展历程可以看出,保证企业在职业教育办学中的主体作用十分重要。职业教育作为一种跨界教育,跨越了学校与企业,同时也跨越了学习与工作。因此高职院校应深入加强校企合作,积极探索校企双元共同建设专业群的长效机制,以培养适应社会需要的人才。

①搭建校企合作平台是校企共建专业群的基础

高职院校搭建校企合作平台,探索校企双元共建专业群的长效机制,应从以下三个方面入手。第一,联合企业制定科学合理的专业群人才培养方案,将产业的前沿技术融入高职院校教学内容当中,让学生从校园到企业无缝衔接,所学即所用。第二,通过校企联合招生的方式探索现代学徒制,改革创新校企协同育人模式,利用学工交替、多学期或分段式等多元化的教学组织模式逐步带领学生走入企业,让学生对企业不再有陌生感,同时也增加了学生对未来进入企业工作的使命感。第三,共建专业群要求校企双方共同推进教学内容的改革,融入职业资格标准,要及时引进区域产业发展与科技进步的新成果以及对人才培养的新要求,开发优质教学资源,为构建专业群课程体系打下坚实基础。

②内部治理结构创新是校企共建专业群的关键

根据《国务院关于深化产教融合的若干意见》以及《职业学校校企合作促进办法》等相关政策来看,企业参与职业教育办学的主体地位会逐渐落实,从而实现职业教育产

---

① 周绍梅. 产业转型升级视角下职业教育产教融合的症结与破解[J]. 教育与职业, 2018(02): 8-14.

教融合的有效提升。但就目前学院的实际情况来看，受现有体制与组织结构的影响，在专业群建设过程中，企业的参与程度呈现较低水平。因此，要实现校企共同开展专业群建设，必须先要对学院内部治理结构进行改革，通过完善学院董事会与理事会机制，切实发挥校企合作委员会等相关组织的作用，拓宽企业开展专业群建设的渠道，充分保证企业参与专业群人才培养的决策和话语权。一方面，实现行业、企业需求标准向高职院校的有效传递；另一方面，打破学院内原有的专业限制与制度束缚，将学院的教育资源通过专业群建设实现流通进行灵活组合，提升专业群的动态调整能力与资源整合水平，从而实现人才培养标准与产业需求标准相结合，为社会输送符合产业需求标准的复合型人才，有效保障专业群的建设品质以及对社会的服务能力的提升。

③双方文化深度融合是校企共建专业群的保障

学院文化与企业文化的深度融合，是校企双方共同开展专业群建设的重要保障。企业文化即企业精神，是企业发展的核心竞争力，由企业的员工共同实施和推进，是企业员工共同遵守的道德准则与行为规范，代表了企业的对外形象。企业文化是企业战略决策与日常运行的重要支撑，优秀的企业文化会保障企业稳步向好发展。学院文化坚持立德树人的导向，以学生为本，促进学生全面发展。而"企业化"应是专业群建设的标志性所在，校企两方面优秀的文化互相融合又互相补充，在帮助学生树立正确人生观、世界观和价值观的同时，培养学生良好的职业素养与职业道德。学院的教育目的就是为社会培养更适合企业发展需要的复合型人才，所以从学院自身角度出发，要主动调整自身文化结构，向企业文化靠拢，实现校企文化相融相生，逐步为校企共建专业群建立可持续发展的文化根基。

（3）以职业岗位能力为核心重构课程体系

课程体系是推动高职院校专业群建设的基本抓手。在专业群建设的过程中，高职院校应通过整合与建设课程的方式，充分发挥专业群资源聚集的优势，保证群内各专业的人才培养达到共同的质量要求，实现专业群整体建设的发展。柔性、可拓展、面向职业岗位群的课程体系，是搭建在专业群与产业群之间的重要桥梁。

①课程设置灵活化

高职教育肩负着培养产业（行业）所需技术技能人才的重任。在当今经济快速发展、产业结构迅速变化的时代，高职院校培养出来的学生还不能适应迅速升级的产业需求，造成供需差距，具体表现在专业类型、岗位变迁、职业能力等方面。针对这一情况，高职院校应以人才培养对接用人需求为切入点，以"底层共享、中层分立、高层拓展"为指导思想，分为公共基础课程、专业基础课程、专业技能课程、专业拓展课程四个部分来构建专业群课程体系，[①]从而实现学生所学专业理论基础扎实，专业技能适应产业变

---

① 兰金林，田静，石伟平. 我国高职专业群建设的实践与反思——基于2008—2018年CNKI核心期刊文献分析[J]. 中国职业技术教育，2019（30）：74-80.

化，拓展知识提升学习能力。

A. 底层共享

底层共享指的是对专业群内不同专业的所有学生所必备的基础知识和基本技能而设置的平台课程群，其主要作用是为了满足学生的基本文化素养的培养与基本技能的习得，以及实现群内各专业技术的共性发展而设置的，包括公共基础课程和专业基础课程两个部分。公共基础课程部分以教育部的教育大纲为主，包括语文、数学、英语、德育、体育、计算机信息等文化素质课程。专业基础课程部分是指针对群内不同专业的学生而设置的普适性学习内容，包括各专业所对应的岗位群的基本技能与职业能力，是学生走向未来岗位的基本保障。底层共享强调专业群的通用技能与终身学习能力的培养要求，同时帮助学生构建职业整体认知，是学生可持续发展的基础保证。

B. 中层分立

中层分立是专业群根据群内各专业的发展方向而进行的课程分流，主要是指专业技能课程部分。根据学生所学专业的不同，在保证基础知识教育的前提下，将专业课程以职业的方向进行分流培养，根据未来学生所从事岗位的具体工作任务开发课程内容，以满足未来学生走上工作岗位后应对工作场景的基本操作。中层分立所设置的课程应以岗位的职业标准作为参考，以专业技能考核为学习方向，意在培养学生未来从事岗位的核心技术技能。在这方面，专业群应当深入开展校企合作，及时掌握当前产业所需技能的培养方向，有目的地进行专业人才培养。

C. 高层拓展

高层拓展也就是专业拓展课程部分，是指在培养学生牢固掌握专业理论与专业岗位核心技能的前提下，围绕培养群内各专业学生适应现代职场变化的关键能力与核心素养而设置的共享性拓展课程。未来产业发展的变革速度不断加快，学生在校内所学的专业知识与技能会逐渐被新技术更新或取代，这就要求学生在扎实的基础之上具有向上的学习能力，不断提升自我的核心竞争力，才能保证适应未来产业变化而不被淘汰。因此，在专业群中要开设专业的拓展课程，以培养学生的关键能力，如学习能力、适应能力、交流沟通能力等。专业拓展课程应当高度关注区域产业发展动向，跟随产业（行业）需求变化与技术发展进步不断进行动态调整。除了深挖当前的产业动向外，还可以拓展学生的综合实力，例如音乐艺术、书法绘画、口才演讲等，对学生进行个性化培养。

②课程内容定位化

根据培养目标所选定的知识经验即为课程内容，高职院校的课程内容应当贴合未来行业的发展方向，除了基础知识的教育外，更要侧重于专业理论知识、专业技能与职业能力的学习。课程内容直接决定了学院专业群人才培养质量，专业群的相关专业课程内容必须与产业（行业）企业岗位的职业素质要求和专业能力相对接。[1] 专业群是以培养

---

[1] 陈秀珍. 高职院校专业群课程体系构建的研究 [J]. 中国职业技术教育，2015（02）：86-89.

适应产业发展需求的高素质复合型人才为目标，需要扎实的专业理论基础、过硬的专业技能以及岗位互通的职业能力，因此专业群在课程内容的定位方面应当保持多向度扩展，以培养学生的可持续发展能力与岗位迁移能力。坚持书证融通，融合职业资格证书考试的专业内容，将职业资格证书中所体现的产业（行业）企业新技术、新工艺、新规范融入专业群课程内容中，可将证书的内容设置为专业群一两门甚至是四五门核心课程，在保证学生获得学历的同时也取得技能认定，加强学生的就业本领。

③课程体系柔性化

专业群内各专业课程体系以工作过程系统化为理论指导，围绕岗位具体工作任务或典型产品设计进行开发与构建，专业理论知识与专业技能课程大多设置在中层分立层面。一方面，学生所学专业知识要在基础之上向技能型靠拢；另一方面，专业群内拓宽学生学习范围的设计又要求学生广泛涉猎相关专业，因此专业群课程体系的建设中要避免课程重复开设或课程深度不够的问题出现。高职院校专业群在课程体系方面应以共享、分立和拓展为指导原则，协调不同专业的课程学习内容以及不同专业对同一课程内容的学习，做到重中有重、有条不紊，最大程度地发挥专业群课程体系的功能。另外，在专业群课程体系初步形成的基础上，学院还应当对接区域产业的发展需求，对各专业课程标准的共性与差异性深入分析，针对各专业底层共享课程、中层分立课程、高层拓展课程进行分类建设，持续优化专业群课程结构，完善专业群知识体系，从而满足群内不同专业对职业能力的需求。[①]

（4）以整合管理为前提实现实训资源共享

实训基地作为教学资源的重要组成部分，支撑着高职院校专业群建设的发展。以整合实训资源的方式，建设面向专业群的实训基地，有利于高职院校有效对接产业群的现实岗位来实施专门化的技能训练，更好地服务区域经济社会与产业发展。高职院校应当在明确专业群建设目标的基础之上，重构专业群实践教学体系，根据群内不同专业职业技能需求，以资源整合的方式分类组建实训基地，更好地服务于专业群建设与区域经济发展需求。

①规划与管理——系统设计专业群实训体系

为实现学生就业与企业人才需求，注重校企合作共建实训基地，使教学过程与企业的生产过程紧密结合，学校与企业以合力承接工作业务的方式，实现专业群的教学资源与企业生产发展的密切联系，促进满足多方需要达到共赢局面。实训室作为实训基地的实操场所，承担了培训学生操作技能的任务，是实训基地的基本组成单元。首先，除将某些有特定教学要求的实训室设置为单项实训室外，需建立以培养群内各专业所需的基本通用技能为主要目的的基础性实训基地。其次，将专业群各专业原有的实训室进行整合，根据群内各专业面向的服务领域以及岗位技术能力需求进行分类，建立以满足特

---

① 刘晓. 专业群建设：困境与路径 [J]. 职业技术教育，2019, 40（22）: 1.

定职业岗位技能教学的专业性实训基地，实现不同方向、不同层次的技术、技能培养与提升。最后，在综合考虑群内各相关专业实训的教学要求的前提下，对专业群实训基地进行统筹规划与管理，系统设计实训体系。既满足专业群实训教学的共性需求，又能够适应群内不同专业的专门化与个性化需求，从而实现专业群实训基地服务功能的开放性、共享性与多样性。

②整合与共享——构建专业群实训项目资源库

在把专业群实训基地分为基础性与专业性两大类的基础之上，需同步调整实训内容与改革实训结构，构建对应的实训项目库。[①]在系统梳理群内各专业人才培养方案，以及课程体系中的专业基础课程、专业技能课程、专业拓展课程的基础之上，对群内各专业在人才培养实训方面的要求进行深入分析，总结其异同点。一方面，通过整合群内具有相同培养目标的实训项目，将其设计为面向专业群的共享性实训项目；另一方面，针对群内各专业面向职业岗位在实训教学内容方面的差异性，需根据不同专业在具体岗位工作过程中的任务差异及实训内容的难易等级，分类分级别开发适应各专业需求特有的专业性实训项目。通过资源整合的方式，既可以通过共享性实训项目确保专业群人才培养整体规格与全面发展等共性需求的有效满足，又可以通过专业性实训项目来实现群内不同专业技术技能分流培养的落实，使专业群人才培养既求同又存异，实现资源共享，减少资源浪费，避免各个专业的重复性学习，提高了实训室的利用效率。

③改革与创新——探索实训基地运行管理模式

实训基地是高职院校职业技能培养的重要场所，也是实现人才培养的硬件保障，高职院校重构专业群实践训练体系，改革原有实训基地运行管理机制是其重要前提。第一，创新投入机制。改变以往以学院为主的投入机制，加强政府、行业、企业、学校共投共建。在尽可能依托政府财政资助的前提下，通过实现地方政府财政资助经费申请的方式，吸引行业企业共同参与投入，加强校企合作的深入开展，实现专业群实训基地社会服务功能的多元化，使实训基地发展成为企业的人才培养输送基地、产品推广基地以及技术联合开发基地。第二，创新运行机制。对实训基地进行成本核算，在保证实训基地正常运转的同时，降低运行成本，必要时可面向学生、校外共享资源的个体或单位收取适当的费用，同时在学习实训的过程中，将学生的实际操作能力转化为产品输出，可在实训室开展"校园小天地""校园一角"类似于实体商店进行产品推广推送，变消耗性实训基地为具有一定"造血功能"的实训基地。第三，创新管理模式。利用现代化的信息管理技术，将实训基地建设与信息化教育、互联网思维相交融，打造符合专业群实训基地运行管理的实训服务平台。实时收集实训绩效信息，为学院管理层开展有效管理与协调提供信息参考。此外，作为学生的技能培训平台，实训基地的绩效可以有效反映学院专业群的培养成果，为非校方用户了解服务信息提供服务窗口，以先进科技手段实现透明

---

① 方灿林，张启明. 资源库：高水平专业群的建设基础、要求和表征[J]. 现代教育管理，2019（08）：71-75.

化管理，提升专业群实训基地管理水平与运行绩效。

2. 产教融合视域下高职院校专业群建设的路径

（1）明晰组建逻辑，主动适应产业发展

第一，关注专业群与区域产业的对应性。各地区在遵循国家宏观战略布局的前提下，根据自身资源条件形成了独具地方特色的产业结构布局，多样化的产业结构使得各地职业教育在人才培养目标、规格与层次的需求方面又表现出差异性，正是基于职业教育与区域经济社会、产业发展之间紧密联系具有特殊性，高职院校必须紧跟新产业、新领域、新职业与新技术的需求变化。产教融合视域下高职院校专业群建设应在紧密围绕区域经济发展特色、产业发展需求的基础之上，对专业群进行组建与优化，实现自身服务国家战略与区域重点支柱产业的精准定位。不仅如此，准确分析产业升级对高职院校人才培养目标提出的种种具体变化，对专业群内专业设置以及专业方向做出及时、准确的调整优化，实现专业群建设与区域产业转型升级的同步，这有助于高职院校专业群得以长期稳定发展。高职院校立足于自身办学特色与区域产业发展需求相匹配，灵活选用"一对一""一对多"或"多对一"等多种专业群组建模式服务区域产业，以确保组建专业群时有正确的方向。

第二，从两个方面保证专业群内各专业之间的协同性。一方面，高职院校专业群涵盖的各专业之间的关系应当与社会职业分工逻辑关系一一对应。在专业群面向的特定职业岗位群的前提下，群内各专业对应着不同的职业岗位，有着各自的明确任务分工，并且对相关职业岗位之间胜任能力进行综合培养，实现最大程度地满足其对应的岗位群人才需求目标的类型与层次。另一方面，需保证专业群内各专业资源的最优化整合配置。根据群内各专业的教学资源、社会资源以及就业资源，对群内资源进行有效整合与高效利用，形成优势互补、强弱联合的结构，实现群内不同专业差异化发展，凸显专业建设集群效应，更好地为区域产业发展需求服务。

第三，关注专业群的灵活性。随着新一代信息技术在产业中的不断深入，许多产业的边界正在逐渐模糊，这也为未来人才的需求提出了新的方向与要求。在新产业技术快速发展与日益复杂的形势下，基于产教融合的专业群建设应加快适应区域产业发展的趋势，改变以往传统的固化模式，应增强其灵活性，使专业群内专业方向的设置主动地适应区域产业发展的多元化需求，根据市场需求的变化及时调整优化专业群结构，提升专业群与区域产业的良性互动效应，使专业群成为区域产业发展的坚强后盾。

（2）打造校企命运共同体，探索人才培养模式改革

产教融合视域下专业群建设的人才培养模式改革要做到与时俱进。由于高等职业教育的人才培养具有显著的区域性、定向性与实践性等特征，因此高职院校专业群在人才培养模式改革中必须探索符合上述特征的校企共育模式，其目标是共同培养岗位对接、能力对接的技术技能人才。坚持校企共商、共建、共享、共赢的原则，深化校企合作，

进行专业群建设，创新校企合作机制，打造校企命运共同体，全面推进校企合作协同育人。建立"七个共同"与"五个对接"框架下的校企合作运行机制："七个共同"是指共同制定专业群人才培养方案、共同构建课程体系、共同确定教学内容、共同选择教学模式、共同培育师资队伍、共同建设实训基地、共同建立评价体系；"五个对接"是指专业设置与产业需求对接、课程内容与职业标准对接、教学过程与生产过程对接、毕业证书与职业资格证书对接、职业教育与终身学习对接。开发校企共同遵守的产教融合绩效考核评价体系，通过考核激励企业参与的积极性，指导校企双方更好开展"七个共同"与"五个对接"工作。

（3）整合教学资源，形成集成发展优势

产教融合视域下的专业群教学资源的整合主要是指高职院校与企业之间的资源整合共享。由于高职院校是以组建专业群进行资源整合，企业是以商业模式进行资源整合，而高职院校专业群与企业商业模式的匹配度是衡量校企合作深度、时间长度以及资源效度的重要指标，所以，资源细分、整合资源、实现共享是实现专业群与区域产业发展需求有效对接的关键所在。企业可以根据商业模式进行统筹设计，确定岗位胜任力模型，在此基础之上将高职院校的专业及其教学资源进行细分与归纳，并充分考虑如何应用这些资源来促进自身商业模式的发展。而高职院校在明确适应区域产业发展需求的人才培养模式的前提下，对合作企业的实践资源、技术资源以及人力资源等进行细化和分类，经过特定的分析，转化为专业群服务。基于此，一方面，专业群资源整合与共享，实施校企共建共享课程体系、师资队伍以及实训基地等来形成集群优势，以确保专业群发展实力稳步提升。首先，应满足产业发展需求，确定专业群一岗多能、首岗适应、多岗迁移的人才培养目标，按照底层共享、中间分立、高层互选的理念设计组建"平台+模块"的课程体系；其次，划分产业职业岗位能力需求的不同等级，依据不同的等级分层建设相应的专业群校内外实训基地；最后，不断优化专业群师资队伍，提高专业群负责人、专业带头人、骨干教师等队伍组成部分的专业水平和综合素质，三管齐下，既要强化专业群师资的数量优势，也要重视结构优势与"双师"优势。另一方面，企业在专业群技术技能人才培养中形成了定制化的培训方案、培训大纲、培训标准、关键技术、真实生产设备等培训资源，实现教学资源与培训资源的有效整合与高效利用，以达到资源互补、发展共赢的局面，拓展了高职院校与企业的资源范畴和能力边界，形成产教资源的集成发展优势。

二、创新人才培养模式

《中华人民共和国国民经济和社会发展第十四个五年规划和2035年远景目标纲要》明确要求，要增强职业技术教育适应性。[①] 高职教育作为中国劳动力培养和职业教育的主体之一，要肩负起培养更多高素质技术技能人才、能工巧匠、大国工匠的使命。职业教育强调的是学生职业技能的培养，而绝非只是技术的培训，须将职业技能的提升和职业精神的树立并重起来，要使学生不但拥有一技之长，更加具备敬业精神与职业素养。要培养出更多德才兼备的技术技能人才，为实现职业教育高质量发展奠定人才基础；要树立终身教育与学习的理念，做到学以致用、学以养德、学以增智，培养越来越多的高素质复合型技术技能人才，为全面建设社会主义现代化国家、实现中华民族伟大复兴的中国梦提供人才支撑。

宏观层面上，随着社会的转型，对人才需求的变化，在构建新时代职业教育体系、培养高素质的职业人才的进程中，劳动技能迭代朝向创新素质和高阶能力的提高，关键能力培养成为时代和实践的新使命。过去的能力、技能等概念已不再适用于新时代对人才的多元需求，关键能力逐渐成为衡量职业教育人才培养质量的指标。微观层面上，关键能力的培养对高职毕业生来说，不仅局限于就业择业时有更好更多的选择，还在此基础上，对其整个职业生涯的发展提供可持续的竞争力，包括在面对转变工作环境、工作内容，晋升管理层等过程中表现出的知识迁移、迅速适应的一种胜任力。

（一）核心概念界定

1. 关键能力

关键能力强调各行各业普遍应具有跨专业、跨职业、跨领域的社会能力和方法能力，而非某一特定职业、岗位或某一具体学科、专业所具备的理论知识与实践技能。关键能力是个体在职业生涯中持续学习和发展的基础，使其面临就业、晋升、转岗等多样性职业选择时具有更强的竞争力和胜任力，有助于适应社会变化和个人终身发展的一种能力。这种能力具有一定的普适性、可迁移性、持久性、价值性、难以模仿性和整合性。[②]

在本书中，关键能力主要是指高等职业技术学院学生能够适应和胜任职业岗位及其不可预见的变化，从而取得良好职业生涯发展所应具备的与专业技能不直接相关的能力。

综合借鉴现有研究，笔者将关键能力大致可概括为四项能力要素：第一，基础能力，指一般的办公能力和普通技术使用能力；第二，人际交往与团队合作能力，指服务、沟通、小组讨论与合作等能力；第三，理性思考与判断能力，指活动策划与组织、创意创新、信息搜集与分析、问题解决等能力；第四，人格能力，指诚信、爱岗、自信、敬业、

---

① 中华人民共和国国民经济和社会发展第十四个五年规划和2035年远景目标纲要 [EB/OL]. (2021-03-13) [2023-11-26]. https://www.miit.gov.cn/xwdt/szyw/art/2021/art_86371f315d484a36811c5c94298912fa.html.
② 何冬妮. 校企合作模式下高职学生关键能力培养的研究 [D]. 桂林：广西师范大学，2017：9-10.

自我约束等能力。

2. 产业学院

《关于深化产教融合的若干意见》明确指出，企业与高职院校合作建立产业学院的形式将受到支持和鼓励。该文件的出台意在解决我国技术技能人才培养所需的产业企业环境资源问题。[①] 但在我国学术界，早在2006年就开始出现以"产业学院"为主题的研究了，且集中于高职教育与发展领域，[②] 但是学界对产业学院的内涵、类型、职能、组织模式等各方面的研究并未形成统一的观点。

本书所指的产业学院是高职院校与企业直接深度合作组建的产业学院，属于"1+1"的合作模式。该模式强调合作目标以及职能不仅是企业为学生提供实践机会和实习岗位，为专任教师提供培训和企业调研机会，为学校提供实践类课程和师资，还是在此基础上，校企双方建立一种更为紧密的校企共同体。在政策引导鼓励下，企业和学校双方均有意愿和利益，从而激发各方主体的合作积极性。在这样的校企共同体下，能创立新的体制机制，探索新的所有制结构，创新管理模式和治理结构，促进专业课程建设、教学方法创新、师资队伍培养、评价体系改革等，继而改革人才培养方案，革新人才培养模式。产业学院将确保企业方作为办学主体之一，全面日常行政管理，全方位参与教学管理和学生管理，从而深度参与人才培养的全过程。

（二）高职学生关键能力培养的模式创新：产业学院模式

高职学生关键能力培养模式的变革无论在人才培养目标设定、教育理念与方法，还是师资队伍建设、人才质量评价方式等各方面都应更加符合社会经济结构转型升级发展的需求，更好地遵循职业教育发展规律和高职教育发展特征，更进一步助力学生就业和职业生涯可持续发展。判断产业学院模式是否为高职学生关键能力培养模式变革的正确选择，首先应视其人才培养是否达到了"育人"的目标，是否进行了"类型"化的教育教学、建立了"双师型"的师资队伍、采用了"多元化"评价方式。

1. 培养目标：从"制器"走向育人

一个国家和地区的"普职比"与经济社会发展之间存在内在关联，普职比在40%至60%之间相对合理，70%∶30%是个警戒线，一旦职业教育的占比低于30%，劳动力结构、就业就会出现严重问题。

长期以来，我国职业教育培养了成千上万的高素质复合型技术技能人才，为建设人力资源强国做出了贡献。从职业教育发展的历史来看，职业教育的人才培养经历了以下三大阶段：以操作技能为主，以职业能力为主，再到愈发关注关键能力发展。这种在特定历史条件下职业教育人才培养关注点的变化，背后是职业教育从"工具性"向"人本

---

① 邓泽民，李欣. 职业教育产业学院基本内涵及界定要求探究[J]. 职教论坛，2021，37（04）：44-50.
② 周继良. 现代产业学院的组织属性与制度创新[J]. 内蒙古社会科学（汉文版），2021，42（03）：197-204.

性"转变的发展逻辑。但由于高职教育与社会发展和市场需求互动逻辑的限制,导致高职院校的育人目标与社会用人标准相比存在一定的滞后性,影响到学生关键能力的培养。

而随着人工智能时代的到来,对于一直以来接纳高职毕业生就业的制造业、服务业等劳动力市场,结构性与全面性失业的迹象已初见端倪。在我国工业化进程中,凭借规模宏大的制造业体系,容纳了数以亿计的劳动力。但当下,在职业结构上,越来越多的传统行业与岗位在人工智能的冲击下濒临淘汰,传统的单一技能型劳动者面临的失业风险和再就业压力与日俱增,这对高职教育的人才培养提出了全新要求和挑战。由于人工智能与信息技术的加速整合,新型劳动组织形式涌现,人力资源迅速与弹性的需求与供应打破了传统职业岗位的形态、格局与秩序。[1] 在这种新业态下,劳动者根据自身职业发展目标的设定而发出的自我约束力超过了他所身处的企业等组织机构制定的规则对其的约束力,工作任务从明晰逐渐变为模糊,工作成效占据了越来越重要的地位。劳动者往往兼具生产者和管理者的双重身份,因此,良好的自我管理能力和内驱力成为劳动者在新职业、新业态、新岗位的秩序体系中站稳脚跟、稳中求进的关键要素。[2] 上述现实均指向劳动者必须具备面临未知与不确定的情境时跨领域运用知识与技能以解决实际问题的关键能力。

因此,高职教育人才培养提出了终身发展的需求。国家把发展高职教育作为调整和优化高等教育结构和培养大国工匠、能工巧匠的重要方式。高等职业院校在培养高素质复合型的技术技能人才,为区域经济社会发展服务的同时,更要加强社区与终身教育服务。技术变化、社会发展、用人需求三个维度,都对高职教育的育人目标提出重构的要求:由传统的强调单一就业导向,转向培养高素质劳动者和技术技能人才;由传统的技能导向,转向具备通用型要求的关键能力培养;由"制器"的工具化价值取向,转向关注人的终身学习与发展能力。

校企合作的产业学院由于与生俱来具备了企业属性,根据现代行业企业的用人标准,其育人目标一定不仅局限于传统的"制器",而是坚定不移地走向育人。只有既具备专业技能又掌握关键能力的人,才能服务现代企业的需求,因此,产业学院在育人目标方面符合高职学生关键能力培养模式变革的要求。

2. 教育过程:从"层次"转为"类型"

2019年颁布的《国家职业教育改革实施方案》提出,职业教育是有别于普通教育另一种不同类型的教育。一直以来,职业教育为我国经济社会发展提供了有力的人才和智力支撑。随着我国进入全面建设社会主义现代化国家的新发展阶段,经济与产业的结构调整与升级继续提速,高素质复合型技术技能人才的需求变得愈发急迫,而同时职业教育的作用和地位也逐渐显现。为了更好地服务现代化经济体系建设和实现更高质量、

---

[1] 史娜,张茂刚. 人工智能时代高职专业现代化建设[J]. 教育与职业, 2021(08): 52-57.
[2] 周金容,孙诚. 人工智能时代的职业冲击与高职人才培养升级[J]. 职业技术教育, 2019, 40(28): 18-24.

更充分就业的需要，匹配市场需求与趋势，完善人才培养模式，培养符合产业发展需求的高素质复合型技术技能人才已成为职业教育的重要使命。

既然已明确提出职业教育与普通教育不同类型、同等重要的地位，在研究教育、产业和职业人才成长规律时，应着力使职业教育真正成为一种需求广泛、功能特定的教育类型。高职院校作为现代职业教育的中坚力量，应当具备鲜明的职业教育特征，承担阶段性职业教育的任务，让高职教育真正成为学生重要的职业关键能力发展阶段。当前，由于历史原因，高职院校的课程体系大多仍然按照普通高等教育的逻辑，以学科建设和普通高等教育属性和规律为核心去进行课程设置、组织教学实施，高职教育尚未真正实现与普通高等教育的剥离。[1]

当前，中职校与应用型本科的办学定位与分化发展较快，课程体系的职业教育特征相对明显。尤其是中职校，作为职业教育中的基础教育，多由行业或者企业开办，本身属于职业体系中的一个环节，天然与行业挂钩，因此教学体系直接对应职业岗位需求进行设计与组织。而多由教育部门主办的高职院校，则更多遵从高等教育的逻辑，强调课程体系的专业性、科学性等，高职院校现有的课程架构中，公共基础课比例过高、专业课程比例过低；专业基础课程占主体，与职场关键能力相关的心态准备、观念准备、意识准备、能力准备等类型的课程设置不足。学生的认知仍停留在高职教育是普通高等教育低一级的层次的认识上，在自我认同、专业自信、职业自豪感等方面没有做好准备的前提下，专业课的学习动力不足，课程教学往往低效甚至无用。

因此，扎根在校企合作产业学院基础上的高职学生关键能力培养模式中，学校的课程体系建设取向需要变革，比如，增加前置性的课程设计，以面向行业企业的用人标准和学生的终身发展能力培养为导向；带入真实职场情境的教学内容与方法，倡导学生关键能力的培养，让学生清楚认识到高职院校的学生并不比本科生低人一等。高职教育提供的语言表达、沟通交流、协调、抗压甚至领导力等关键能力的储备，将成为学生日后在市场竞争中的比较优势，使其未来的发展具备更大潜力。

学生在产业学院中，可直观体验其与传统高职院校校本教育模式的不同，逐步在其学习过程中能够真切体会并认识到高职教育是一种"类型"，而非普通高等教育的一个"层次"，如此方能使其更好地理解高职教育独特的定位与意义，以提高学习动力、效率和效果。

3. 师资队伍：知识与技能并举

高职教育既是高等教育的一个类型，又是职业教育的一个层次，其高教属性和职业属性决定了教师队伍建设也必须体现此双重属性，即高职教师不但需要具备理论教学能力，还需掌握实践操作技能。《深化新时代职业教育"双师型"教师队伍建设改革实施方案》提出，将建设高素质"双师型"教师队伍作为加快推进职业教育现代化的基础性

---

[1] 徐国庆. 确立职业教育的类型属性是现代职业教育体系建设的根本需要[J]. 华东师范大学学报（教育科学版），2020, 38（01）：1-11.

工作，将教师队伍作为发展职业教育的第一资源，支撑新时代国家职业教育改革的关键力量。[1]

"双师型"教师的概念诞生于 20 世纪末，彼时，我国职业教育技能型教师尚十分匮乏，经过 40 余年的发展，"双师"内涵逐渐发展丰富，从初期"双职称""双证书"的表面内涵发展为理论知识与专业技能并重的"双师"素质。与此同时，"双师"的外延也不断扩大，从要求职业院校教师个人具备"双师"素质，逐步发展为强调"双师型"教师个体培养和成长与包含院校教师和企业教师的"双师型"教师团队构成相结合。[2]"双师型"教师既应具备良好的师德，懂得相关专业的理论知识以及相应的教育教学能力，又应具备相关行业的从业经历，掌握企业岗位的专业技能和关键能力。[3]

产业学院在建设"双师型"教师队伍方面具备一定的天然优势，因为产业学院的师资团队天然地由院校师资和企业师资共同组成，虽然在合作初期，院校师资存在行业经验不足的问题，而企业师资也存在教学能力不够的情况，但通过产业学院为学生构建真实工作场域的学习情境，使得教师与学生在教学与学习中得以教学相长。特别是对学生关键能力的培养，在学习过程中，学生获得合法的"边缘性"参与教师工作的身份，在真实的工作场域中，缄默知识、专业技能和关键能力得以传承，而教师也通过对学生的带教，使得自身理论与能力得以实践，并强化了教育教学的能力，这是现代复杂环境中高质量人才培养的有效途径。

校企合作的产业学院模式在培养学生关键能力方面，对传统职业教育的师生关系和企业的师徒关系是一种双重超越，它不但天然具备"双师"团队的基础，更具备进一步培养教师"双师"素质的条件。

4. 评价体系：学历与能力并重

对高职学生关键能力的培养目标设定、教育过程、师资队伍与质量保障缺一不可。人才培养质量的考核评价环节应随着高职教育变化与发展而转型与优化。

随着职业资格证书逐步退出历史舞台，2019 年国务院颁布的《国家职业教育改革实施方案》提出，在职业教育中启动和实施"1+X"证书制度。[4]"1"指学历证书，"X"指若干职业技能证书，要求各职业学院在人才培养过程中将学历证书和职业技能证书进行融合，倡导学生通过职业技能证书的培训与考取提高自身专业技能和关键能力。

---

[1] 教育部等四部门关于印发《深化新时代职业教育"双师型"教师队伍建设改革实施方案》的通知_中华人民共和国教育部政府门户网站 [EB/OL].（2019-10-16）[2023-11-26]. http://www.moe.gov.cn/srcsite/A10/s7034/201910/t20191016_403867.html.

[2] 孔巧丽. 新时代高职教师队伍建设的成效、问题与出路 [J]. 教育与职业，2021（06）：70-76.

[3] 魏影. 基于双师素质导向的高职院校教师资格准入及培育机制研究 [J]. 职业技术教育，2021，42（26）：37-40.

[4] 国务院关于印发国家职业教育改革实施方案的通知_教育_中国政府网 [EB/OL].（2019-02-13）[2023-11-26]. https://www.gov.cn/zhengce/content/2019-02/13/content_5365341.htm.

在校企合作产业学院下实施"1+X"证书制度恰如其分。"1+X"证书制度作为职业教育人才培养和评价制度，在人才培养质量评价方面综合运用了学校评价和社会化评价相结合的方式。这是高职人才培养模式转型和关键能力培养的内在逻辑要求。作为一种类型教育，高职教育与普通高等教育一样，有顺应其规律和特征的教育教学与考核评价方式，一方面具有正规学历教育的教育功能，另一方面也具有面向市场培养人才的社会服务功能，对其学习成果的考核、评价、证明与检验成为职业教育"1+X"证书制度的逻辑根源。①

学历与职业技能证书并行的教育模式呈现出融合、置换、补充的内在逻辑，并在实践中推动高职教育人才培养和质量评价的变革。首先，培养和评价主体双元化。学校与市场共同担当育人与评价的主体，学生可以在有限的高职教育时间段内通过学习与测评同时获取两张证书，因此可以获得更宽广的职业选择范围，从而取得就业竞争优势。其次，学习与考核的场景交替。在双证体系中，高职教育分为若干组成部分，除了传统的"1"的部分由学校提供外，增加部分由"X"证书标准制定者和开发者来提供，将"X"证书的培训目标与职业岗位任务相对应，从而获得更富实效的培养。最后，考核标准的融通。在新职业、新技术、新要求等出现时，如职业院校暂时没有能力提供测评时，可由合作的企业或其背后的行业组织来承担"X"证书的培训和考评。

产业学院的成立无形中代表"1+X"框架的确立，校企双方在确立各种考核评价标准、形式、工具等问题时，拥有天然的默契优势，在此框架下衍生出的融入行业标准、职业情境的考核评价方式，不仅为专业技能的培养奠定了基础，也为关键能力的培养评价作保障。

5. 高职学生关键能力培养的产业学院模式

如前所述，从人才培养的目标、过程、师资、评价等四个维度综合来看，校企合作共建产业学院确实符合高职学生关键能力培养的要求。首先，在人才培养目标上不再单纯专注于专业技能的培养，转而更重视关键能力的培养，以期赋能学生终身发展；其次，在教育过程中，无论是课程设计还是教学方法都更体现职业教育特征，注重校企合作产教融合，注重与工作过程和职业情境的关联，以培养学生的关键能力，提高职场竞争力；再次，在师资队伍方面，注重教师个体与团队理论与实践的双结合，即教师个体"双师"素质的强化以及师资队伍"双师"结构的构成，从而具备培养学生关键能力的能力和素质；最后，在考核评价体系方面，产业学院天然具备多元评价主体优势，企业不但可以带入更多的情境化考核方式，企业背后的行业组织也可以作为第三方机构，为考核评价带入如行业标准等更丰富多元的元素，使学生关键能力的评价更为客观、全面且富有实效。

在人才培养各维度符合高职学生关键能力培养的情况下，校企之间的"化学反应"

---

① 王雪琴. 职业教育1+X证书制度的缘起、逻辑及其实施[J]. 职教论坛，2019（07）：148-151.

往往成为产业学院这般的校企共同体实践成功与否的关键所在。一个合作共赢的校企共同体，应是在校企双方共同利益的基础上，融合责任、文化、情感等因素所形成的多维度共同体。在利益方面，校企合作过程中双方需做到权利和义务相统一，应兼顾彼此利益取向，为共同利益而奋斗，需更多、更主动地站在对方的角度考虑，努力为对方带来实实在在的利益，彼此信任，携手扩大共同利益；在责任方面，必须建立责任共担的机制，企业承担育人主体之一的责任无疑彰显了其社会责任感，此类公益行为对企业形象和企业软实力积累都将产生正面影响；在文化和情感方面，双方必须是开放包容和情理交融的，企业文化的注入将为高职院校带来生机和活力，同时，学校情感的融合，也将为企业在教书育人方面加深理解和感悟，增加其在育人过程中的自发性和主动性，双方文化和情感碰撞交流和差异转换的过程将为校企合作共同体带来创造性的力量，最终形成校企之间对彼此的文化认同和情感理解。

第七章 推进高等职业教育高质量发展的战略思路之四：多元融资与国际化发展

我国高等职业教育发展面临的困境之一就是投入经费严重不足，院校对政府产生了严重的依赖性。为了打破这样的困境，亟须拓展融资渠道，充分调动社会资本运行的积极性对于政府、院校以及社会资本都具有非常重要的现实意义。对于政府而言，拓展融资渠道有利于减轻政府教育财政负债；对于院校而言，拓展资金来源有助于获取更多的教育资源，提升办学水平，从而吸引优质的师资力量和生源；对于社会资本而言，教育投资方式是一种稳健型投资，既发挥了资本的流动性，又能确保获得稳定的收益。因此，拓展高等职业院校的融资方式对于优化教育资源配置、减轻财政负担等都具有十分重要的意义。

随着全球化发展步伐的不断加快，开放的市场环境使得各行各业都开始寻求国际化发展的道路，教育也不例外。作为与国家、社会和经济发展有着密切关联的职业教育，其国际化发展能够促进高职院校自身在教育方面的优化与升级，满足与国际化教育水平有效匹配的目标，实现高度接轨，输出高质量的职业人才，进而推动国家和社会的发展。我国对职业教育国际化发展的问题非常重视，除了在相关文件和制度中提出明确要求之外，还对国际化发展目标提出明确要求。相关文件要求我国职业教育要"走出去"，走国际化发展的模式，这样才能与我国经济发展的国际化趋势相契合，使职业教育更好地满足经济发展国际化对人才和技术的需求。

一、多元融资

（一）混合所有制高等职业院校融资的基本条件

1. 核心概念界定

（1）混合所有制

所有制体现的是生产过程中人与人之间关于生产资料的多种经济关系，决定人们在生产过程中的作用、职责、地位等，决定产品的分配方式及其性质。所有权是物权中最重要的一种，具有决定性、排他性、永续性，所有制是资产所有人在行使所有权时的社会规范。我国基本经济制度包含有公有制经济以及其他经济形式，如个体经济、私营经济、混合所有制经济等。

混合所有制不仅仅是指单纯的不同所有制资本的混合状态，更多的是混合所有制下不同性质资本之间形成的产权结构与治理结构。所有制性质相同的资本相混合，并不能称为混合所有制，而是股权多元化。

混合所有制的宏观意义在于一个国家的经济所有制结构并非是单一的，微观意义在于国有资本与非公有资本等多种不同性质资本共有的经济制度，以及其中涉及的产权制度、治理机制等。

教育领域混合所有制并不是不同性质资本的简单混合，其目标是深化校企间合作关系，其实质是不同性质资本在产权、治理结构等方面的融合。高等职业教育是"混合品"，其公共品属性造成了高职院校的混合所有制与其他领域混合所有制的不同。政府、院校、企业共同作为混合所有制高职院校的办学主体，存在着不同利益代表间的博弈，需依靠合理的产权交易制度、治理结构以及监督机制进行协调。

2. 融资方式

综合各类大辞典、百科全书[①]中对"融资"的解释，融资可理解为一种货币交易手段，其目的是筹集资金或资本，表现为经济单位间资金与物资的交易流动。

政府是公共部门，代表社会公众的利益。政府融资是为维持经济发展稳定，以政府信用作担保的资金筹集及使用的行为。政府融资的来源是政府财政出资和政府债务融资，主要有土地资源融资、控股企业发行股票或增资扩股进行融资、国内外银行贷款等多种方式。

企业以盈利为目的，以利益最大化为目标，具有独立的经济来源，通过其特有的经济活动，自负盈亏。企业融资是指企业为维持自身的生产经营所进行的资金流动。

高职院校的混合品属性，既区别于纯公共性的政府，也区别于私人性的企业，高职院校融资不同于政府融资与企业融资。高校具备独立法人的资格，是生产资本的"工厂"，拓展资金渠道是维持其正常经营的条件。高职院校融资中的资本并非局限于经济学中的融资，这里的资本包含了有形和无形资产，生产车间、经验技术、人力、实习机会等，融资的范围被扩大了。

方式是说话、做事所采用的方法和形式，但"方式"不同于"方法"，"方式"重在形式，而"方法"重在指办法。融资方式为金融市场上资金融通的途径。因此，融资方式可以解释为经济单位之间资金和物资的流动所采取的形式与方法。高职教育领域的融资方式，指的是为维持高职院校日常的人力资本"生产"所采取的一系列有形资产与无形资产筹集的方法与形式。项目融资是目前我国常用的一种融资方式，是以项目为主体的资金筹措行为，其项目导向、风险分担、利益共享的特点，与高职院校融资的需求

---

① 如《新帕尔格雷夫经济学大辞典》《大不列颠百科全书》等——笔者注.

相匹配。混合所有制作为一种生产资料所有制，通过改革高职院校治理结构，发挥了优化社会资源、扩大资金来源的作用，也成为高职院校不可或缺的融资方式。

2. 混合所有制高等职业院校融资的内在条件

混合所有制高职院校并不是不同性质资本的简单混合，其实质是不同性质资本在产权、治理结构等方面的融合，混合所有制在高职院校中的改革过程也就是院校治理体系趋于完善的过程。

（1）多元化产权结构是企业参与的前提

现有法律法规中并没有对"混合所有制"作出明确解释与规定，这也就意味着我国职业教育领域并未出现真正意义上的混合所有制，但《关于加快发展现代职业教育的决定》（国发〔2014〕19号）提出"鼓励社会资本以多种要素形态加入办学，并赋予其对应的权利"[①]。混合所有制正式进入职业教育领域，各地积极开展了混合所有制职业院校的实践与探索。

教育领域的混合所有制是国有资本、集体资本、个体资本、私营资本、外资等不同性质的资本混合而成。其核心是必须具有两个及以上的资本参与，且至少有一个国有资本，不满足此条件的不能称为混合所有制办学。因此，混合所有制高职院校应具备多种类型的产权主体。不同利益主体相互制约，提升职业院校办学活力。

（2）多主体治理结构是办学质量的保障

传统的高等职业院校治理结构单一，行政化明显，其他主体如教师、学生、企业等参与度不高。混合所有制高职院校拥有多个产权主体，对应着治理结构的多个主体，不同的利益主体相互牵制、相互监督，有利于形成民主、多元、更为有效的治理结构。

企业处于办学主体位置。职业教育在我国经济转型和市场发展中的重要性日益凸显，现代职业教育强调职业教育与人力市场的衔接，单一化的政府主导职业教育难以达到市场经济的需求，鼓励社会资本进入职业教育市场势在必行。《关于加快发展现代职业教育的决定》中明确提出企业应作为办学主体，可见社会各界对于社会资本参与职业教育办学已达成共识。经过一段时间的研究发现，不少企业表现出对于参与职业教育办学的意愿并付诸行动，但校企合作整体仍旧呈现"校热企冷"的状态。究其原因不难发现，企业作为营利性组织以追求利益最大化为目标，但因投资收益无法保障，虽然有合作意向却只能望而却步。因此，只有将企业置于办学主体位置，企业可以掌控院校"经营过程"的整体风险，企业才有动力参与职业教育办学。

政府角色应由参与者向监督者转变。政府干预职业教育办学，必然导致院校的行政化与低效发展。首先，政府是现代职业教育的产品提供者，通过财政拨款保障职业教育的供给。职业教育具有强烈的正外部性，其发展惠及整个社会利益，政府是"公益性"

[①] 国务院关于加快发展现代职业教育的决定_教育_中国政府网 [EB/OL].（2014-06-22）[2023-12-06]. https://www.gov.cn/zhengce/content/2014-06/22/content_8901.htm.

的代表，是职业教育服务价值理念的灵魂支撑。其次，政府是现代职业教育制度的制定者，通过法律、政策、法规等手段形成，具有强制性与不可违背性。政府过多参与职业教育办学，使院校容易形成对政府的强烈依赖性，丧失自主办学能力与活力。最后，政府作为监督者监管院校的运行，给予了企业自主权以充分发挥其优势，增强了院校的市场竞争力，从而提升人才培养质量。

在探索混合所有制背景下职业院校的治理结构时，可以借鉴成熟经验，如董事会制度、二级学院独立法人机制等。董事会是院校与企业之间的枢纽，融合了政府、院校、企业三方的资源，保障院校获得经费、政策、教育等方面的大力支持，是院校建设与发展的决策者与监督者。院校如何构建科学的治理结构，与院校已有结构、办学主体成分、相关政策规定等息息相关，应具体分析自身办学条件，不能盲目跟风。

（3）市场化运行机制是办学活力的源泉

传统的高职院校运行机制是由上而下的行政管理模式，对政府产生了长久的依赖性，缺乏自主办学的活力与动力，在人事、财务、经营决策等方面没有自主管理权，容易出现教育资源配置效率低下等弊病。

混合所有制高职院校引进了多个不同办学主体，为职业学校增添了办学活力，推动了高职院校的市场化，同时削弱了高职院校对政府的依赖程度，高职院校不得不自己谋求发展。职业学校的特殊性，决定了其与市场紧密的联系。只有将社会资本引入高职院校，使学校面对市场竞争，拥有充分的自主管理权，才能使教育资源的配置中实现效率最大化。

3. 混合所有制高等职业院校融资的外部条件

（1）教育服务的产业属性成为社会共识

马克思认为，生产是对生产资料与劳动力的消费，而产品的消费又促进了劳动力的生产。生产过程中发生的消费行为成为生产性消费，而劳动力对产品的消费是为了恢复自身的体力与脑力，成为劳动力再生产。产品的生产与消费过程，具有产业属性。高职教育是劳动力劳动能力提升的过程，受教育者消费教育服务，从而提升自己的人文素养，增加理论知识，提升技能水平，属于劳动力再生产，因而也具有产业属性。职业教育的混合属性以及人力资本投资理论均证明了教育产品在市场中发生了价值交换，符合市场经济规律。

教育服务是知识性的产业。职业教育生产的是知识、科学技术，知识与技术的应用在现代经济发展中发挥了重要作用。高职院校培养掌握一定水平技能的高素质人才，企业雇佣高水平人才提升自身的生产效率与经营效益。事实证明，院校与企业等社会资本的合作，一方面使知识、技术转化为生产力的效率大大提升，另一方面，企业的不断获利会驱使其加大与院校的深入合作，形成校企合作的良性循环。

（2）教育资源稀缺与社会投资需求并存

融资途径单一，财政负债严重。我国教育经费的融资渠道，主要是通过政府财政拨款、学生缴纳学杂费、银行贷款，以及占教育经费比例较小的社会捐赠社会服务等。财政拨款和学杂费是我国高等职业教育办学经费的主要来源，职业教育的社会认可度较普通高等院校低，普通高等院校不断扩大招生范围等都对高等职业院校的发展形成了阻力，生源的逐渐减少直接影响学杂费收入。我国的教育财政拨款处于逐年上涨的趋势，但远没有达到国际水平，显然只依靠财政的力量是无法满足教育经费的基本要求的。拓宽教育融资渠道，积极寻求企业合作，挖掘社会资本投资潜力，是打破我国高等职业教育教育经费严重不足困境的有效途径。

对政府依赖严重，缺乏办学活力。传统的高等职业院校，政府是单一的办学主体与经费来源，政府主导模式造成了院校行政化、官僚化等弊病，体制臃肿且缺乏危机感。在以政府为主体的治理结构下，院校缺乏办学活力，对政府有着严重的依赖性，亟须新鲜力量突破体制束缚。寻求社会资本的合作，一方面保障了办学的经费来源，另一方面，将院校置于市场竞争环境中，"危机感"会迫使院校进行治理结构重塑，获得改革创新之动力。

（3）非公共教育资源投资教育的制度保障

利益是一种物化了的人类需要。[①]一部分人对自身利益的追求并不包含另一部分人的利益，一部分人在追求自身利益的过程中很有可能就会造成另一部分人利益的损失。"理性的私益人"将针对实现自身利益最大化而开展竞争或合作选择。只有在众多利益分歧中树立一个共同的目标，才有可能停止多方利益主体的竞争而实现主体间的利益契合。混合所有制高职院校同样也存在着社会资本、院校等多个利益主体之间的博弈，但混合所有制高职院校的教育性质决定了其以公共利益最大化为目标，同时也要满足非公益性利益的合理需求。出于自利动机的利益协同具有非常的不稳定性，部分主体在面临短期的利益诱惑时很容易选择放弃合作利益，届时各方利益主体间的契约关系将随之破灭。因此，混合所有制高职院校需要特定的社会规范为社会资本与院校的合作关系作保障。

政府在高等职业教育领域具有多重身份，政府是公共服务领域的"代言人"，代表着社会公众利益，以追求社会利益最大化为目标；政府是高等职业院校的"参与者"，以财政拨款、政策引导等方式参与办学；政府是各利益主体行为的"制裁者"，制定社会规范以约束各个主体的行为。法律法规、财政、政策是政府行使权力的主要方式，具有强制性与约束力，个体想挣脱法律法规约束就会受到制裁并付出相应代价。

（二）高等职业教育融资的PPP方式

我国高职院校办学经费来源途径单一，政府公共教育财政无力包揽高职院校办学经费，政府主导的传统高职院校治理模式对政府依赖严重，办学活力不足，要打破我国高

---

① 庄宏献. 交易利益论[M]. 上海：上海三联书店，2006：23.

等职业教育所面临的办学困境，拓宽教育融资渠道、引入社会资本办学是一种有效路径。PPP 为 public private partnership 的首字母缩写，即公私合作。就职业教育而言，政府是公共部门，企业或非公共组织为私人部门，PPP 即政府与社会资本合作提供基础设施及其公共服务的一种治理创新模式，在高等职业院校引入 PPP 模式，是教育领域 PPP 建设的切口。

1. 高职院校 PPP 融资的基本特征

教育领域的 PPP 模式是准公共品领域的公私合作。教育领域的 PPP 模式具有其特殊性，但也必须遵循 PPP 模式的基本属性，是公私部门间的合作。虽然政府部门对 PPP 模式的定义有所不同（此处指政府部门与社会资本的合作关系），其出台的相关政策与规定也不尽相同，在社会型基础设施领域，教育也区别于养老、文化等公共服务，但促进公私合作，合理配置公共资源，从而达到提供更优质、全面的公共服务是所有 PPP 模式共同的目的。教育性是教育领域 PPP 模式区别于其他 PPP 模式的根本特点。高等职业院校不是以盈利为目的而进行的产品生产或是服务提供的企业性质的组织，是以培养高素质高技能型人才为宗旨的教育性组织。交通、道路、桥梁等提供的是"硬性"公共服务，社会型 PPP 模式相较于经济型 PPP 模式向公众提供的是"软性"公共服务，[①]而高等职业教育 PPP 模式的服务不同于上述类型的公共服务，因此，教育领域的 PPP 模式不仅要体现公私合作的基本特点，更要在此基础上充分体现其教育性。

职业性是高等职业教育 PPP 模式相较其他教育类型融资的独有特点，职业性体现在人才培养目标和模式、专业设置、课程安排等方面。PPP 下的高职院校，培养高素质技能型人才是其教育目标，专业设置和课程安排与职业技能、工作情景、岗位任务等高度对接，具有很强的针对性与适用性。

综上所述，高等职业教育 PPP 模式是指高等职业院校与私人部门作为平等合作的主体，发挥各自优势，共同建设高等职业院校，实现高职院校的资源优化配置，提供优质的教育服务。其中，高等职业院校所代表的是学校及其所属的政府部门，而私人部门则依据公共部门的需求偏好与利益诉求体现出差异性与复杂性。私人部门既可以指各种所有制企业，也可以指各种所有制学校；同样，具有融资实力的民办院校、中外合办院校、混合所有制院校等多种所有制的院校也可以与高职院校建立合作关系。[②]因此，PPP 模式的合作对象范围在高职教育领域得到了拓展。

根据高等职业教育 PPP 模式的内涵可以总结出以下三大特征。

（1）融资目的的非盈利性

非盈利性是教育领域 PPP 模式的根本特点。PPP 模式的顺利实施建立在双方实现各自利益诉求的基础上，不以利润最大化为经营目标。高等职业院校是以培养高素质高技

---

① 熊惠平. 高等职业教育 PPP 模式的内涵、特征和产权设计 [J]. 高等教育研究，2016，37（11）：58-63.
② 熊惠平. 高等职业教育 PPP 模式的内涵、特征和产权设计 [J]. 高等教育研究，2016，37（11）：58-63.

能型人才为宗旨的教育公益性组织，私人部门是以盈利为目的而进行的产品生产或是服务提供的企业性质的组织，以实现自身利益最大化为追求。高职院校与私人部门合作，一方面要满足私人部门对盈利的要求，另一方面也要遏制私人部门从中赚取超额利润，防止高等职业院校发展成为商业化院校。若公私双方均以利润最大化为目标，则会直接体现在服务价格上，而这必定会引起社会公众的不满，甚至于更严重的后果。因此，在共同合作的过程中，要协调经济利益与社会责任的关系，各方在获取利益的同时也要担负相等的社会责任。院校不仅是合作方，更要担负起社会监督责任，双方协定收益平衡点以保证私人部门的收益，但又不改变高职院校非盈利性质。私方要保质保量地完成院校建设，自觉遵守合同约定，接受社会监督，这样才能够维持长期高效的合作，获得稳定回报。

（2）教育和经济利益契合

企业需求与人才培养目标契合。在我国经济转型的大背景下，全面提升职业教育人才培养质量成为促进经济发展和加快产业转型升级、提升企业竞争力的关键，因此，加强校企合作是提升人才培养质量的必要路径。企业一方面需要优秀人才来提升自身的市场竞争力及稳固企业的经济发展，另一方面也传达出了市场对于人才培养的实时诉求。高职院校与企业在人才培养目标上是相契合的。

院校资金需求与私方投资需求契合。高职院校是非盈利性的，其办学经费主要源于政府拨款、学杂费等，途径单一且经费不足，亟须开拓新的融资途径。我国经济快速增长，但储蓄率居高不下，资金缺乏流动性。而民间资本实力雄厚，各型各类投资者渴望开拓新的投资领域。公共服务领域的公私合作模式为高职院校与民间资本的合作提供了平台，实现了资金需求与投资需求的契合。

（3）异质主体的合作共赢

项目导向是公共部门与私人部门达成合作的关键所在。以院校、政府为代表的公共部门和私人部门是 PPP 模式的合作主体，在机构性质、经营目的、利益需求等方面均具有差异性，不同性质的主体代表着不同群体的利益，一致的目标是异质性主体合作关系的纽带。PPP 模式是基于项目本身开展的，融资行为的发生以项目为主体进行，由项目本身的风险分析、盈利能力、现有资产等因素决定，该种方式的合作双方具有一致的项目目标——更好地配置职教资源，为学生、老师和社会提供更优质的教育服务、培养契合市场需求的高素质技能型人才。

私人部门追求自身利益，为高职院校引入市场机制，营造公平化的竞争环境，提升办学效率。企业办学主体的确定促进了高职院校的全方位改革，同时也能够为私人部门本身赢得良好的品牌声誉，拓展了其发展领域，并开拓了人才来源，通过公私双方优势资源的结合，促进项目的长效稳定，公共部门也拥有了稳定的资金来源和发展保障。

2. 混合所有制高职院校引入 PPP 融资实践的基本框架

（1）PPP 模式的基本结构

①组织与保障主体

混合所有制高职院校 PPP 模式的结构以明确的产权结构、多元的治理结构为基础。

明确资产范围，建立产权结构。建立产权结构，首先应该明确学校资本的范围，其次应对所有资产进行评估，实现产权的合理分配，最后应建立产权流动机制，实现产权交易的可持续发展。学校资产中的无形资产指学校长期使用不具有物质形态的资产：发明专利、非专利技术、名誉权、著作、土地使用权、课程、教学方法以及有经验的教师、优秀学生、管理人员等人力资源。无形资产的评估最为困难。学校本就是前沿科学与技术的开发地，拥有数量众多的专利发明、高水平技术、课程开发以及人力资源，无法确认专利与技术对社会生产产生的经济提升，无法确认优质的课程资源与优秀的教师对人才培养的巨大作用，更加无法对这些无形资产作出评估。我国对于学校资产的评估缺乏经验，这无疑阻碍了学校资产评估的进程。我国允许以除了资本以外的多种要素参与混合所有制办学，进一步增加了院校资产评估的难度。因此，亟须完善资产评估制度，以促进院校产权保护制度的建立。

规范主体行为，建立治理结构。高效的治理结构是维持高职院校稳定运行的制度保障，是产权中的使用权的制度设计。[①] 鉴于混合所有制高职院校产权多元化的特点，以及各方公益性与盈利性的不同，为避免部分办学主体追求利益最大化而牺牲院校公益性质，又或是院校的非盈利性质阻碍了社会资本参与办学的积极性，由公共部门以及私人部门共同成立董事会和监事会，由董事会负责院校的建设、运营、管理、融资等所有事务，监事会监督、评估院校的整体运营。

公共部门与私人部门构成了委托代理关系，公共部门是委托人，将其部分公共领域的服务委托于私人部门承担，私人部门作为代理人完成接受委托的公共领域基础设施的建设、运营、管理等。投资人与经营者也存在委托代理关系，投资人提供项目资金并要求经营者用尽可能少的资金完成高质量的项目，经营者代理项目建设，希望获得充足的资金以保证项目的顺利进行。以上高职院校建设中，政府、学校、投资人是委托者，董事会是代理机构。政府与学校是公益性的代表，追求教育服务的非盈利性；投资人渴望投资获得巨大回报；代理机构要同时满足所有委托人的意愿，委托人之间、委托人与代理机构之间的利益诉求存在矛盾点。

社会各方参与高职院校办学，合作不局限于其具体行为中，还应包含企业意识形态层面的交流与课程渗透。企业形态文化外显为企业的制度管理、产品设计、创新理念、服务意识、社会责任感等方面，内隐于企业的价值观和人文理念方面。企业形态文化可以通过课程引入和课程开发得以体现，要求企业专业技术人员和管理人员参与课程设计

---

① 姚翔，刘亚荣. 混合所有制高等院校发展的宏观治理结构探索 [J]. 中国高教研究，2016（07）：37-42.

开发、课程教授、技能训练等过程，院校可以实时了解行业动态，迎合产业需求，培养与企业更加契合的高素质人才。[①]

②融资与设施建设

融资是 PPP 模式最主要的功能。学校是有计划、有组织地进行系统的教育活动的组织机构，职业教育既非纯公共品又非纯私人品，职业教育领域的融资区别于政府融资和企业融资。经济学中的融资指的是货币的借贷与资金的有偿筹集活动。职业教育融资的范围则在此基础上被扩大了，除了社会资金的筹集，还有人力资本、管理经验等社会力量的筹集。社会资金包含私人部门投资以及政府财政拨款两部分，私人部门投资是重点引入对象，目的在于减轻教育财政负担。社会力量以企业的管理经验、生产技术，院校的教育教学方法、人才培养、课程开发等为主要内容。公私双方的合作成效最终体现于人才培养质量。

设施建设是 PPP 模式的基本功能。私人部门的准入准出机制是 PPP 模式的重要组成部分。对于高职院校 PPP 模式，需要综合考察私人部门的资金实力、建设资质、管理服务经验、价格、院校治理计划、教育教学模式、人力资源等要素，过程中院校应与私人部门进行充分、深入的协调沟通，竞争性磋商应为首选的伙伴选择方式。项目建设完成后，社会资本退出项目可以通过两条路径：移交与资产证券化。

完整的 PPP 项目包含设计、融资、建设、运营、移交等多个环节，过分重视融资而忽略其他步骤，则难以构建具有可持续性发展的结构框架体系。在发挥 PPP 融资功能时，应将 PPP 模式的实践探索作为切入点，推动高职院校的融资制度体系的建设。

③混合所有制职业院校引入 PPP 模式的整体设计（如图 7-1 所示）及职责说明

董事会是实现混合所有制高职院校治理机制的核心，由政府、院校以及各社会资本方共同成立董事会，董事会成员由全体股东选举产生，其中三分之一的董事应具有五年以上的教育教学经验（见《中华人民共和国民办教育促进法》第三章第二十一条）由董事会负责院校的建设、运营、管理、融资等所有事务。董事会具有聘任和解聘校长的权利，制定学校章程以及规章制度并适时修订；制定发展规划，审核决策院校年度工作计划；建立人事管理制度，决定教职工的编制定额和工资标准；筹集办学经费，审核预算、决算；决定学校的分立、合并、终止；决定其他重大事项等职责。基础设施建设、教育教学、实习就业以及其他业务是董事会的主营业务，同时，董事会需要接受监管部门的监督以及定期的工作绩效评价、审核。

监事会是以政府、院校为中心的监管及评价体系，以法律法规、政策等具有强制性的规章制度为基本原则，约束院校治理行为；建立教育教学评价体系，定期考核教师教学质量，评价课程与实训设置，学生教学反馈等；对院校所有教职工进行科学、全面的工作绩效考核及评价，结合适当的奖惩机制，调动教职工的工作积极性；院校的管理、

---

① 肖凤翔，李亚昕，陈潇. 论现代职业教育治理中企业权利的重构[J]. 职教论坛，2015（24）：5-8.

经营、利益分配、财务状况等均属于监管范围,以防范不良行为;全面落实意识形态教育工作,实时把控院校意识形态动向。

基础设施建设以 PPP 模式为首选方式。项目由董事会直接管理,具体操作由院校社会资本独立建设完成,也可以与外来社会资本合作,或者全权委托给外来社会资本,但院校社会资本要起协助、监督作用。

融资。董事会中的社会资本成员,自身拥有雄厚财力或者有其他资金来源途径,可以通过自身投资或者引入外来社会资本参与投资,担负院校办学经费的筹集。在基础设施建设过程中,通过 PPP 模式引入不同规模的外来社会资本,也是融资的一种有效途径。

教育教学。以深化校企合作为主要目标,探索适合的人才培养模式,如"订单"模式、工学交替模式、校企互动模式等。完善实训基地、生产设备等硬件设施建设,为学生提供良好的实践学习环境;促进院校与企业的人力资源互助,积极培养"双师型"教师,提升教师教学水平;校企双方共同参与院校的专业建设与课程开发,使人才培养更加契合市场需求;鼓励校企双方进行深层次合作,共同参与技术研发、员工培训。

实习就业。校企合作培养出的人才更加适应本行业的人才需求,人才的"内部消化"一方面帮助学生解决就业问题,院校声誉因就业率提升而美化;另一方面,"企业内部化"是稳定校企长期合作关系的重要途径,学生成为企业的准员工,院校与企业之间关系由合作人转变成为组织人,成员关系趋于稳定。

其他业务。与其他院校、企业的业务合作、资产租赁等。其他业务的开拓,也可作为办学经费的来源途径之一。

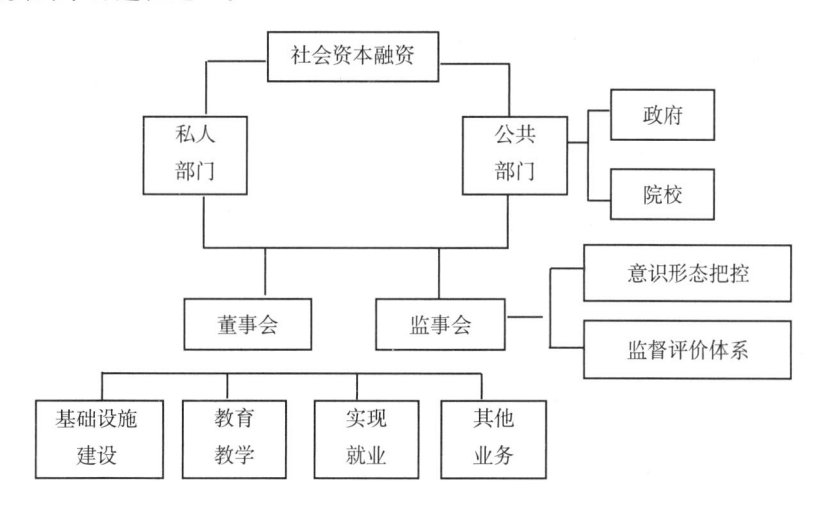

图 7-1 混合所有制高职院校引入 PPP 模式的结构图

（2）PPP 项目建设与管理

PPP 项目合作期间以资金合作与其他资源合作为主，主要内容有通过社会资本为项目融资、利用企业技术建设项目、结合管理经验与人力资源，根据不同时期的合作内容不同、方式不同，将合作阶段分为项目建设阶段与管理运营阶段。

①项目建设基本原则

项目建设期以吸引大规模的投资资金为主要内容。PPP 模式作为新型融资平台，其合作共赢的特点，使项目形成有效的激励约束机制，达到调动社会闲置资本、优化资源配置、为高职院校拓展资金来源渠道、减轻财政负债的目的。例如，北京地铁 16 号线项目是国务院首批示范项目之一，采用了"股权融资＋特许经营"的复合型 PPP 模式，其资金规模巨大，具有长期性与稳定性特点。16 号线项目从资本层面将融资分为两部分，A 部分通过股权融资引入中再资产管理股份有限公司约 120 亿元保险股权投资，B 部分通过特许经营方式引入北京京港地铁有限公司 150 亿元。A 部分投资由京投公司负责，股权投资人不参与项目的运营，投资期不超过 20 年，期间以股权权益让渡对价款或其他名义获取股权投资收益，到期由京投公司原值回购股权投资人所持股份。B 部分由京港地铁有限公司负责投资建设，并在特许经营期内负责项目运营、管理、维护、更新和追加投资，期间通过客运票款、获取授权的非票务经营收入、政府补贴等获取收益，合作期满将项目移交给指定部门。

不同的投资者具有不同的利益诉求与风险偏好，不同特点的融资模式，适合不同性质的社会投资者，复合式的融资模式结合多种融资模式，更具针对性地吸引不同特性的社会资本。北京地铁 16 号线项目中，股权投资人属于风险回避者，偏好于低风险、稳定收益的投资，不愿意参与项目建设与运营等具有风险的环节。京港地铁有限公司偏好具有风险且有高收益的投资，愿意承担项目合作过程中的其他风险，同时对投资回报率要求较高。复合型 PPP 模式，完全遵循了风险和收益相匹配的规则，区分风险程度从而充分调动不同类型社会资本的投资积极性，为大规模融资打好基础。高职院校可根据自身具体情况，借鉴设计科学合理的融资方式。

②项目运营管理宗旨

项目建设完成之后进入管理运营阶段，此时院校不应再以社会资本为重点引入对象，资本的过度引入与渗透将会对高职教育质量产生扭曲性影响，以人才培养、管理经验为主的社会力量应重点引入。[1] 在管理运营阶段，企业主要以其成熟的管理经验、引入市场竞争理念、专业性强的人力资源团队参与项目后建设期。教育领域 PPP 模式中的"私人部门"除了包含非国有企业之外，还包含非国有院校、教育机构等，此部分教育组织拥有先进的教育理念、前沿的教育治理体系、课程开发技巧等丰富教育教学经验。如齐齐哈尔工程学院托管黑龙江省甘南县职教中心等 PPP 实践，社会力量以无形资产的方

---

[1] 熊惠平. 职业教育 PPP（公私合作伙伴关系）运行机制构建探析 [J]. 职教论坛，2015（19）：73-76.

式参与项目管理与运营是 PPP 运行机制中不可缺少的部分。

引入社会资本参与建设，必须考虑社会资本的准入准出机制。对于高职院校 PPP 模式，需要综合考察私人部门的资金实力、建设资质、管理服务经验、价格、院校治理计划、教育教学模式、人力资源等要素，过程中院校应与私人部门进行充分、深入的协调沟通，竞争性磋商应为首选伙伴选择方式。项目建设完成后，社会资本退出项目可以通过两条路径：移交与资产证券化。

移交方式：以移交作为退出机制的 PPP 模式有 BOT（build-operate-transfer，建设—运营—移交）、BOOT（build-own-operate-transfer，建造—拥有—运营—移交）、BT（build-transfer，建造—移交）、ROT（rehabilitate-operate-transfer，重构—运营—移交）、TOT（transfer-operate-transfer，移交—运营—移交）等。不同的方式各有优劣，应结合实际情况与相关制度要求选择。资产移交势必会涉及产权归属问题，做好资产评估与产权分配工作至关重要。

资产证券化方式：此方式需要依托于 SPV（simplified payment verification，即特殊目的的载体）进行，SPV 通过风险隔离机制降低资产证券化交易过程中的风险。具体流程为：私人部门将建设完成的有形资产与无形资产出售给 SPV，由 SPV 将购买的资产以及院校其他可以用来投资的资产汇集成为资产池，通过资产池发行有价证券，过程中产生的现金流被用来偿还有价证券。高职院校 PPP 项目回报周期较长，需要为社会资本设计便捷、快速的准出机制，资产证券化就是一种有效、合法的途径，但其也更为复杂，需要完善的法律法规、金融市场环境、高水平技术团队等相互配合。

项目建设与管理运营是独立运行又相互联系的阶段，项目建设是基础，管理运营是保障，整合运行构成 PPP 模式运行机制。

③项目管理监督职能

混合所有制的建立过程就是高职院校治理结构的重建过程。传统的高等教育治理主体单一、行政主导、教师与学生等群体参与度不高、依赖政府力量等弊端凸显，缺乏内在激励。社会资本的引入改变了单一治理主体的现状，同时转变了政府与院校的角色，在市场作用下实现院校资源的合理配置，破除行政主导的局面。公共部门是社会公众利益的代表，是高职院校公益性的保障。在治理主体多元的情况下，政府和院校需要进行指导与监督，以保证社会利益最大化的目标。

建立以政府、院校为中心的监管及评价体系。政府通过法律、政策等方式约束办学主体的行为，具有强制性。院校是教育教学的领航者，把握院校教书育人的大方向不偏离；将院校的管理、经营、利益分配等纳入监管范围，防范不良行为；建立教育教学评价体系，定期考核教学质量。

高校是我国意识形态形成的重要阵地，大学生群体更是意识形态培养的主要对象。意识形态的培养对于实现中华民族的伟大复兴、坚定走中国特色社会主义道路、捍卫国家安全、民族团结等有着重要意义。在混合所有制高职院校治理结构建设中，意识形态工作是其中非常重要的部分。党委是代表广大人民利益的公共部门，且不参与混合所有制的利益分配，但有责任与义务监督院校意识形态发展。因此，将意识形态工作纳入监管评价机制较为合理。

（3）PPP模式的基本职能

①改善组织机构

传统的高等职业院校治理结构单一，行政化明显，其他主体如教师、学生、企业等参与度不高。混合所有制高职院校拥有多个产权主体，不同的利益主体相互牵制、相互监督，有利于形成民主、多元、更为有效的治理结构。

职业教育在我国经济转型和市场发展中的重要性日益凸显，社会各界对于社会资本参与职业教育办学已达成共识，不少企业表现出对于参与职业教育办学的意愿并作出了行动，但校企合作整体仍旧呈现"校热企冷"的状态。究其原因不难发现，企业作为营利性组织以追求利益最大化为目标，但因投资收益无法保障，虽然有合作意向却只能望而却步。因此，只有将企业置于办学主体位置，企业可以掌控院校"经营过程"的整体风险，企业才有动力参与职业教育办学。

政府角色应由"参与者"向"监督者"转变。政府干预职业教育办学，必然导致院校的行政化与低效发展。首先，政府是现代职业教育的产品提供者，通过财政拨款保障职业教育的供给，是职业教育服务价值理念的灵魂支撑。其次，政府是现代职业教育制度的制定者，具有强制性与不可违背性。政府过多地参与职业教育办学，院校容易形成对政府的强烈依赖性，丧失自主办学能力与活力。最后，政府作为监督者监管院校的运行，给予了企业自主权以充分发挥其优势，增强院校的市场竞争力，从而达到提升人才培养质量的最终目标。

②优化资源配置

混合所有制改革意在促进国有资本与私营资本的合作，盘活存量资产，带动经济增长。政府与民营资本在职业教育领域建立长期合作关系，以实现双方优势互补、资金的有效利用与流动，政府财政负担减轻，同时也满足了其他社会投资者的投资需求，民营资本得以充分利用并开拓了发展领域。

PPP模式实现了社会力量的优化配置。处于市场中的企业具有丰富的管理经验、竞争意识以及先进的生产技术，院校则擅长教育教学、课程研发、教师培养等。这些社会力量的配置通过公私双方的深入合作来实现。企业的需求引导高职院校的人才培养理念，以校企联动的方式实现院校的治理结构改革、专业设置、课程研发、"双师型"教师培养等。公私双方的互动融合，是社会资源的有效利用，也是人才培养质量提升的根本。

二、国际化发展

(一)高等职业教育机构国际化教学内容与目标

1. 高等职业教育国际化

高等职业教育国际化是指一个国家的高等职业教育以国际意识、开放包容观念为指导，通过与国际上其他国家和地区的职业教育在教育各个方面进行融合的过程，这些方面不仅包括教育理论、师资力量，还包括国际范围的技术交流等诸多方面。同时高等职业教育的国际化可以促进国际社会理解、参与国际教育事务、提高国际学术地位，从而促进世界职业教育不断融合发展。

根据上述高等职业教育国际化的概念内涵，可以了解到其国际化的最终目的就在于更好地进行职业教育，培养更具国际适应力与竞争力的高职人才。只有培养出优秀的国际化人才，才能一方面适应国际化的人才需求，另一方面使高职教育适应国际化发展的教育环境。因此，高职教育只有不断地对自身进行革新和提升，通过与其他国家和地区高职教育进行交流、借鉴、学习，不断地向国际化发展转变，才能更好地适应国际化发展的全球环境。

2. 高等职业教育机构国际化教学内容与目标

我国高等职业教育机构的发展源自20世纪80年代，随着市场经济的深化发展，国际范围内的职业教育都形成了各自的发展模式。有的国家在职业教育分管上并不同于我国——隶属国家教育部主管，而是根据职业教育所针对的职业类型，分归不同的部门主管，例如农业类的职业教育就被归在了农业部门的管理范围内。但这种分管模式仍然只属于少部分，大部分国家和地区都将职业教育定位于以培养高素质能力的技能型人才为主要目的，对理论知识教育的要求相对较低，而更注重实践能力与技能的培养。

（1）高等职业教育机构国际化教学内容

国际化的教学内容不仅包括专业课程，还包括师资队伍等方面的国际化，以及国内外学生的交流交换、国际学术会议及研究课题的合作参与等几个方面。其中专业课程、师资队伍的国际化是高职教育国际化发展的必然任务和路径。只有从自身的教育上实现与国际环境的有效对接，才能进一步实现其他的国际化发展目标。因此，我国高等职业教育机构在专业课程、师资队伍两个方面的国际化发展也成为当前最重要的目标。

（2）高等职业教育机构国际化发展目标

高等职业教育机构是技术型、应用型人才培养的中心阵地，所培养的人才是直接服务于社会各行各业的，因此也直接推动着整个社会的发展，所以说高职教育机构不仅与经济发展有关，更与社会各个方面的发展密切相关。其国际化发展，能够使培养的专业技术型人才拥有与国际社会接轨的专业能力，一方面能够更好地促进我国社会和经济的国际化发展，另一方面也能够使我国培养出更多国际化人才，来面对国际社会的工作岗位需求。高等职业教育机构的国际化发展，还应当在国际范围内开展交流学习，吸收并借鉴国内外先进教育教学理念与国际化标准课程体系的经验等，使自身的核心竞争力得到不断提升。

(二)鲁班工坊的教育实践

鲁班工坊成立于 2016 年,由天津率先主导推动和实施,作为我国高等职业教育在国际化发展进程中的首次大规模试点,获得了非常突出的成果。鲁班工坊先后在泰国、印度、印度尼西亚等国家相继设立,并以天津为核心,通过建设核心示范区,为世界各国设立的鲁班工坊提供了优秀的职业教育资源,与世界分享,搭建起天津职业教育与世界沟通的桥梁。

目前全球范围内的鲁班工坊共有 8 家,遍及泰国、英国、吉布提等国家,其在职业教育上的创新,不仅对我国职业教育走出国门有着强有力的推动作用,更将中国工匠精神与智慧正通过鲁班工坊向当代世界传递。

鲁班工坊以工程实践创新项目教学模式(EPIP)为核心,这是对发达国家职业教育的有效借鉴。EPIP 分别代表工程(engineering)、实践(practice)、创新(innovation)、项目(project)。在 EPIP 核心理论的引领下,鲁班工坊已经能够将理论与实践有效融合在一起,使职业教育培养兼具了理论价值与实践价值。

鲁班工坊的三个建设体系包括建设标准体系、运营管理标准体系、机制保障体系。通过在合作院校中输入中国的人才培养方案及教学资源,首先顺利实现中国高等职业教育"走出去",并同时推动我国企业走向国际,以此为前提,通过不断深化与推进产教融合、校企合作,实现与"一带一路"合作伙伴产业发展及高职教育的合作和提升。

1. 建立国际化专业与课程标准

建立国际化专业与课程标准是高等职业教育机构实现国际化人才培养的基础,也是其自身国际化发展的基本前提。从 2012 年起,天津市就先后展开多项试点研究和开发,对多达 40 个重点领域的专业开展国际化教学标准开发。以国际化教学标准开发为基础原则,在调查研究的基础上,确定人才培养规格,确定职业资格证书,然后进行核心课程的开发,并依次完成课程体系的构建、教学进度表的形成等,最后设计顶岗实习方案,确定专业设置基本条件,最终形成国际化专业教学标准。

为了更好地契合国际市场的需求,鲁班工坊以国际指标构建国际化的专业与课程标准,实现与国际标准的有效对位,极大地提升了我国高等职业教育在国际职业教育中的影响力,获得了国际职业教育界更多的认可,因此能够吸引越来越多的国际范围的关注,来我国高职院校学习的海外留学生数量也越来越多,培养的国际化人才在国际范围内所获得的认可度也越来越高。但在双语教材编订方面仍未全面普及,外文教材编订也未全面开展和实施,这给海外学生的学习造成了极大的障碍,因此在建设国际化专业与课程体系上,加大双语教材的编订工作力量,是最为迫切的任务之一。

2. 外籍学生到中国交流学习

以泰国大城技术学院为例。来自泰国大城技术学院的外籍学生赴天津渤海职业技术学院交流共有长期班与短期班两种形式，分别契合不同留学生的个性需求。长期班的时间为三年，短期班的时间为两个月。为了使外籍学生在我国获得更好的交流学习效果，天津渤海职业技术学院建立了"互学一帮一"帮扶机制，采用国内学生与海外留学生一对一语言"帮扶"，通过各种社交沟通方式，迅速提升海外留学生的汉语水平，使他们能够更快地融入汉语教学环境中。短期班外籍留学生在我国交流学习过程中，主要以体验中国特色文化实践活动为主，这些活动包括书法、诗歌、陶艺、画脸谱等。丰富的中国特色文化实践教学活动，使来自海外的留学生在交流学习过程中，受到了中国文化的深刻影响。

3. 积极开展师资研修班

师资队伍质量直接关系着教学水平，鲁班工坊每年组织开展的师资研修班活动，极大地促进了教师之间的深度交流。除了双方院校之间以教师进行互换交流学习之外，还有学生的短期互换培训，这样实现了中外教师的教育资源共享，使外籍师生受益的同时，也使我国更多的师生有机会"走出去"，实现自身国际化水平不断提升的同时，更将我国的师资水平提升到一个新的高度，逐步实现与国际接轨。例如天津渤海职业技术学院特别针对师生交换活动设立了对泰培训领导小组，定期抽调教学经验丰富的一线教师去泰国进行有计划的培训，同时增加丰富的课外活动项目，极大地丰富了学生们的课外生活，更将越来越多的中国文化特色事物传递给泰国学生。又如开设"EPIP师资研修班"，对印度教师开展为期一个月的短期培训，除了基本的知识与技能培养之外，更多地进行了实践培训，参观国内优秀企业、体验中国特色文化等。

目前，鲁班工坊深入推进职业教育国际化进程，积极开展师资研修，不仅安排国内教师"走出去"，更吸收国外教师走进来，最大程度地促进了双方交流学习。虽然师资交流活动不断深化，但从总体上看，师资队伍规模仍远远不足，师资人员数量匮乏，再加上教学任务繁重，使得教师队伍建设需求极为迫切。

4. 利用实训基地进行实时教学

建设各种实训基地是鲁班工坊在职业教育国际化方面做出的又一项有显著成果的措施。鲁班工坊建设的各类实训基础包括工程创新实践、汽车维修与应用智能实训、专业汉语培训等许多项目，极大地提升了实践课的教学效果；且鲁班工坊的实践课所需设备，均由天津企业提供，极大地弥补了国外职业教育院校实训设备缺失的情况。而外国学生通过与中国先进设备和技术的密切接触，也更多地感受到了我国职业技术培育上的优势，更进一步提升了我国高等职业教育的海外吸引力。同时，鲁班工坊配合实训基地建设基础硬件设施，在软件配套上也作出了极大的努力，空中课堂、现场音视频通话、国际微课网站平台等多种形式的实时教学模式使国内外教学实现高度同步，教研活动也更加日常化，极大地增加了交流学习与互动的便捷性和高效性，使教学质量保持在高质量、高水平的稳定状态。

实训教学基地为教学提供了更高效的基础支持，使教学内容与教学方法在高效共享的环境中得到快速的同步更新，同时实践教学环境也能够更好地促进学生在实践环境中进行摸索，提升学生的创新能力。通过中外师生之间不断进行交流和学习，双方国家的文化互相渗透，增进两国友谊，推动中外合作办学的长久发展。

5. 参与工程实践创新相关的技能大赛

技能大赛是提升职业教育专业技能水平与创新水平最重要的途径之一。鲁班工坊对技能大赛的关注度也极高，通过教学设备与工程实践相结合的形式，发挥各国学生所长，组织开展专业技能大赛，极大地提升了设备水平与技术水平。

2018年经天津市教委批准，由EPIP国际教育联盟主办，天津市东丽区职教中心学校携手启诚科技联合承办，首届"启诚杯"EPIP鲁班工坊国际邀请赛在天津鸣金开赛。来自印度尼西亚、巴基斯坦、泰国、蒙古等国家的鲁班工坊师生和天津中职院校东丽职教中心学校、南洋工业学校、北辰职专、经济贸易学校参加了本次国际邀请赛，对于拓展鲁班工坊服务功能，探索"中、高、本、硕"贯通的EPIP国际职教人才培养模式具有深远意义。

2019年5月8日，由天津市教委主办的"启诚杯"第四届中国EPIP Micromouse 国际邀请赛暨2020年第34届APEC电脑鼠国际大赛中国区选拔赛在天津开赛。来自北京、河南、河北等省市区，以及来自泰国、印度、印度尼西亚、巴基斯坦、柬埔寨、葡萄牙等国家鲁班工坊的共计52支参赛队参加比赛。在赛项的设计与开发上，以"八度"原则为基础，开发出八个教学资源包，将各项综合素质融入到竞赛项目中，为综合实训教学的不断完善提供了非常实用的参考。目前鲁班工坊的相关技能大赛已经成为教师和学生展现自我、提升自我的良好机会，越来越多的师生参与进来，共同推进了高等职业教育院校的国际化发展。

6. 助力中国企业深化产教融合

高等职业教育本就与产业发展紧密相关，鲁班工坊在不断深化产教融合的过程中，助力中国企业走出国门。通过与海外大型企业、国（境）外办厂及收购企业进行深化合作，培养各企业所需的专业化人才，完成国际化的人才输出。同时有一大批中国企业也借助鲁班工坊走出国门，迈入国际市场，实现国际化的发展提升，例如启诚伟业、圣纳科技、开发区畅洋、渤海化工、亚龙科技等。天津渤海职业技术学院为了更好地完成与泰国的人才对接，针对泰国经济发展需求，专门增设了"机电现代化国际专业"，为泰国提供了急需的专业技术型人才。印度的鲁班工坊也与我国企业签订了专项培养协议，并聘请中方企业的资深专业负责人为客座教授，对其国内企业生产提供建议意见。

产教融合不仅能够促进高等职业教育机构在实践教学方面的极大提升，更能够有针对性地为企业定向提供急需的专业技术人才，在不断助力中国企业深化产教融合的道路上，鲁班工坊的影响力也不断扩大，吸引了越来越多的中国企业参与合作，使鲁班工坊的影响规模不断扩大,产教融合机制不断完善,不仅推动了企业的产业发展进程,更使自身高等职业教育全球化水平得到不断提升。

(三)高等职业教育国际化发展对策

1. 拓宽语言教育促进语言互通

高等职业教育国际化发展对语言的要求是必然的。由于当前高等职业教育机构多数将教学重点放在专业课程上,因此还有一部分高职教育机构对语言教学的关注度较低。对于高等职业教育机构而言,缺少专业英语课程的配套,就决定了专业教育无法面对国际化环境,仅有单一的汉语教学模式,必然难以满足国际化的人才需求。因此我国高等职业教育机构在未来的国际化发展过程中,关注语言教学,特别是外语教学是必然的选择。

拓宽语言教育,促进语言互通,是指在国际化发展过程中通过展开外语教学,培养学生们的国际化语言能力,这样才能使自身学习到的专业技能在国际上其他国家有发挥的空间,否则即使专业水平与技术再优秀,对于专业人才而言,语言上的障碍也是难以打破的困境,制约专业人才的对外输出。

(1)建立行业外语人才培养模式

对于高等职业教育机构而言,要培养良好的专业语言能力,就需要对学生加强外语培养,根据人才输出对象的需求与特点,制定相应的语言教学方案。对于国外留学生而言,除了加强汉语教学之外,还应当尽可能地编写出适用的双语教材,使外国留学生能够更顺利、更高效地完成专业学习任务;对于国内学生而言,以交流合作对象为依据,制定相应的语言教学方案,并结合专业教学需求,使外语教学与专业课程内容有机结合,从而达到更好的外语教学效果。

(2)建立帮扶机制

以鲁班工坊为例,在对外交流互换生的语言学习上,一对一的"帮扶"机制使得留学生的汉语水平得到迅速提升,这样一对一的"帮扶"模式既有效减轻了教师的教学压力,又使留学生能够切实贴近国内语言环境,从而使语言能力得到快速提升,更好地适应专业学习需要。这种优秀的经验是值得当前我国高等职业教育机构在国际化发展过程中借鉴的。

(3)加强中外学生文化交流

除了语言的直接交流,提升语言学习效果之外,文化交流也是提升语言素养不可或缺的环节。为了使学生拥有更好语言素质,通过中外学生对合作国家的文化了解,能够帮助学生在语言能力上有更进一步的提升,促进学生的语言运用层次加深,同时也利于将来学生更快、更好地融入工作环境。

2. 建立国际化师资队伍并行研修机制

目前我国高等职业教育机构在国际化师资队伍建设方面存在较大的不足,而师资队伍建设是支撑高等职业教育机构实现其国际化民的核心力量，所以在未来国际化发展的进程中，必然加强对国际化师资队伍建设的关注，以完善的教师研修机制，来不断提升教师队伍的国际化专业教育水准。

（1）成立专门的项目工作小组

目前，我国大部分高职院校没有设立专门的对外交流与合作处，来专门处理相应事务，高职院校教师参与国际化的交流合作与研修活动频率较低，这无疑制约了高职院校教师在国际化专业教学能力上的提升。建立专门的项目工作小组，是提高教师对外交流合作与研修工作效率的最有效途径。我国高等职业教育机构可根据自身的对外合作与交流情况，设立专门的工作小组，对教师对外交流学习及研修工作进行专项管理，并根据具体的实行情况进行定期整改，以不断提高合作交流与学习水平，促进师资队伍的国际化建设。

（2）积极引进优秀的双语教师

语言教育在高等职业教育中占据着非常重要的作用，从师资方面看，优秀的双语教师是提升语言教学的关键。为了更好地适应国际化教育环境，高等职业教育机构应当不断引进优秀的双语教师，及时填补语言教育方面的不足，特别是专业外语教学的缺失。只有有了高水平、高素质的双语教师，才能使专业课程教学与外语教学有效结合起来，促进学生专业语言能力全面提升。

（3）增加教师对外合作交流与研修频次

以专门的对外交流合作与研修项目工作小组为前提，通过对高等职业教育机构自身与对外合作交流对象的共同努力，增加教师对外合作交流与研修的频次，使教师能够更快地完成自我提升，更快地适应国际化发展的要求，并且通过实时沟通交流平台的构建，使教师能够及时对更新的专业教学信息进行交流，并应用于教学活动中。这样就能够使教学的国际化水平实现更快提升。

3. 优化调整国际化专业设置

专业设置也是当前高职教育机构在国际化改革中的重要"短板"，因此应当加以重点提升。目前我国高等职业教育机构在专业设置上与国际职业教育的契合度明显不高。以鲁班工坊为例，其专门针对合作对象的专业人才缺失需求而建立相应专业课程，及时且准确地填补了合作国的人才缺口，从而极大地提升了技术人才国际合作的效率。我国高等职业教育机构在专业设置上，也可借鉴鲁班工坊这一经验，通过一对一、有针对性地选择一些需求较为迫切的专业领域，并相应地调整专业设置方案，有针对性地培养出合作方需求的专业人才，并进行定向输出，有效打开国际化人才市场，进一步实现与国外的职业教育合作，推进国际化课程体系的不断完善。

（1）理论与实训课程同步国际化

在理论与实训课程同步国际化方面，需要对原有陈旧的课程体系进行全面的更新，从理论到实训，都应当构建起国际化的新体系。理论课程方面，应及时更新并加入最新的国际理论研究成果，保证理论课程体系的国际化水平；实训课程方面，应实行与国际化课程标准同步的实训课程方案，同时要让学生们对国际前沿的实训课程动态熟悉和掌握，从而在理论与实训课程学习中，更好地达到与国际化教学同步的效果。与理论与实训课程同步配套的还应建立双语课程或全外语课程，作为课程国际化重要的内容，语言的学习与加强也是非常重要的。

（2）发展中外办学项目

在现有中外办学项目基础上，对引进的国外原版教材进行改革，更好地将中外办学项目用于国际化课程的设置中。对于中外办学项目中的国外原版教材而言，直接用于我国学生的教学课程具有较高的难度，因此要对这些原版教材进行改革，通过以国际标准为依据，以我国学生教学实践为引导的方式，使原版教材变为能够为我国学生所接受的教学形式与内容，从而更好地应用于国际化课程教学中。

4. 提升企业的主体参与度

目前，我国高等职业教育机构在与企业深化合作方面存在着较明显的不足，特别是在国际化发展过程中，企业在高职教育机构的国际化发展进程中参与度很低。而鲁班工坊之所以能够取得很大的成功，一个非常重要的原因就是其与企业的合作机制——通过与国内企业建立联合机制，携手走出国门，实现了双方共赢。因此我国高等职业教育机构在国际化发展过程中，就应当借鉴这种优秀经验，通过提升企业在高等职业教育机构国际化发展过程中的主体参与度，而实现双方国际竞争力的同步提升，更顺利地实现国际化发展的不断推进。

（1）加强教师与企业技术人员双向流动

校企合作最重要的一项就是教师与企业技术人员之间的双向交流，为了提升企业在高等职业教育机构国际化发展中的参与度，应当积极安排教师参与企业项目，加强教师参与企业的技能学习和研究；同时邀请企业高水准的专业技术人才来校授课，使学生们与高水平技术人才有更近距离的接触，使专业技术教学水平得到不断的提升，也促进校企双方的交流不断加深，为共同携手向国际化发展奠定基础。

（2）拓展产教融合，深化校企合作

除了基本的人员双向流动之外，产教融合、校企合作也是打开国门，实现国际化发展的重要路径。大量建设技术实训基地，是高职教育国际化教学水平提升上的重要举措。通过数量可观的实训基地建设，校企合作得到深化，产教融合达到良好的效果，且通过教学实践基地形式开展专业技术教学能够使校企双方同时受益，为国际化发展提供了有效的推动力。

（3）定向人才培养，适应企业需求

鲁班工坊的联合机制是多边合作，包含定向合作，即根据某一合作对象的需求，进行针对性的人才培养和输送。这样一方面保证了高等职业教育机构技术人才能够得到准确且高效的职位安排，同时也为企业提供了稳定的技术人才来源，实现双方的共赢。这种定向人才培养机制也是值得我国高等职业教育机构学习和借鉴的：针对合作企业需求，培养定向的专业技术人才，并通过课程体系、培养方案的调整，培养出更适合企业切实需求的技术人才，使职业教育能够拥有更稳定的发展基础，进而与企业共同实现国际化发展。

第八章 推进高等职业教育高质量发展的战略思路之五：构建质量保障体系

进入 21 世纪，高等职业教育得到快速发展，推进了我国高等教育大众化进程。要实现高等职业教育的高质量发展，需要建立质量保障体系。

目前，单纯评估范式下的高职教育质量管理越来越难被业界广泛认同，想仅仅通过外部评估的单一模式促进高职教育内部（高职院校人才培养）不同层次和类别的质量提高，很容易陷入一种用单一思维方法解决多维问题的困境当中，例如高职课程改革如何突出学生"发展性"的问题、师资实训资源如何提高与教育教学匹配度的问题、高职院校水平评估如何聚焦学生学业成果评价的问题，等等。这些高职教育内部质量管理中的现实矛盾始终未能得到系统性解决，也是当下高职教育内部质量管理领域亟待研究和解决的问题。

外部质量保障是政府和高校以外的社会力量，对高等教育的发展走向进行主动干预，控制和保障高校的办学质量，主要体现为质量保障的"有效性"和"适应性"。"有效性"是在高等职业教育发展的不同阶段，外部质量保障已经形成的促进发展和提升质量的作用；"适应性"是针对我国高等职业教育发展的未来需求，对外部质量保障体系自身建设的不断完善和改进，以适应不断发生的变化，促进高等职业教育的可持续发展。

一、内部质量管理

（一）高职内部质量管理的概念界定

有学者提出："管理就是在维持现状方法的基础上，再加上改进现状的方法，而质量管理则是在已有质量的基础上加上与之配套的管理方法。"[1] 还有观点认为，质量管理的任务就是在于确定并拟定出产品或服务的效用并不断对其加以改进以及确保它尽可能无缺陷。[2]

所谓质量管理，依据我国国家标准（GB/T6583—94）《质量管理和质量保证——术

---

[1] 古畑友三. 五项主义：质量管理实践 [M]. 陆从容，译，上海：上海人民出版社，1999：7.
[2] 孙卫东. 高职教学质量之大数据管理模型 [J]. 职教论坛，2016（19）：52 - 57.

语》以及ISO8402—94《质量管理与质量保证术语》，是指确定质量目标、方针和职责，并在质量管理体系中通过例如质量标准策划、质量过程控制、质量效果保证和改进使其推进的所有管理职能的全部活动。从中我们可以看出，质量是评价对象水平高低的尺度，管理是维持和改进对象质量的方法，质量管理代表了人们通过管理提升对象质量的努力；质量管理包含了对管理对象管理和评价的两种行为，即质量管理是由识别活动和管理活动组成的。

那么，对高职教育的质量管理而言，就是把影响高职教育人才培养质量的诸要素进行梳理，抓住主要方面，参与过程的质量管理，依靠科学的质量管理理论、程序和方法，使全过程处于受控状态，从而达到保证服务人才质量的目的。要达到原有设计的质量目标，就必须对质量形成的过程进行控制，所以突出过程管理是实现质量有效管理的重要方法。从高职教育过程来看，"不能直接套用企业质量管理的模式，不能用所谓标准化的模式来扼杀教师和学生的主动性与创造性"[1]，这是高职教育在推进质量管理活动中应重点注意和理性思考的问题。广义上的高职教育质量管理应包括高职教育外部质量管理和高职教育内部质量管理两个层次。

外部质量管理涉及高职院校与政府、市场、社会之间的主体关系，是包括政府、行业企业用人单位、学习者及家长、第三方评价机构在内的多元化高职教育质量评价体系，从而实现对高职教育质量不同层次和多方位的评价与监控，以实现质量有效的外部管理，以"外"促"内"，促使高职院校自觉地担负起教育质量的责任。其中政府关心高职教育质量问题的最根本原因就是希望高职教育经费的使用效率最大化，即以最低的教育经费获得最好的教育质量；而学生、学生家长、学生未来的雇主则更多的是对高职教育结果的关心，即对毕业生的质量和高职教育所提供的服务质量的关心，相对来说，他们对高职教育质量保障的方法、学训质量保障体系及其实践运行是不太关心的。

内部质量管理则是多主体之间相关利益在高职院校中的调整与分配，并相应地统筹带动高职院校内部要素的改革。具体说，就是站在高职院校质量管理的层面，围绕技术技能人才培养质量（人才培养规格）这个核心目标，涉及专业建设及教学方式、课程改革、师资能力、学训资源配置等要素的系统管理，从而形成一个多类别、多层次、多方式的管理模式，具体逻辑关系如图8-1所示。

---

[1] 闵建杰. ISO质量标准不能代替学校自身管理[N]. 中国教育报，2008-01-07（05）.

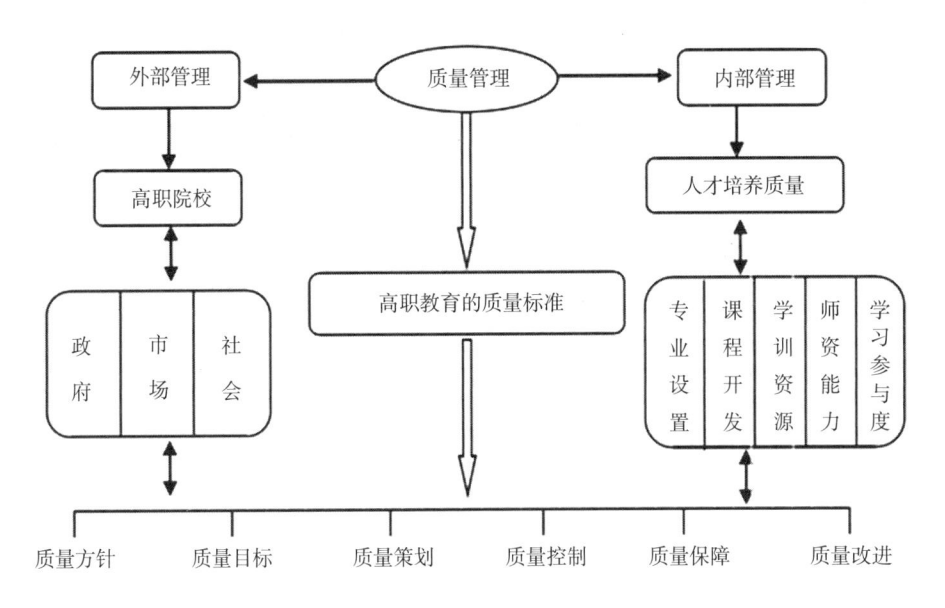

图8-1 高职教育人才质量管理内涵分析

本书主要基于内部管理的范畴展开分析的，即站在高职院校质量管理的层面，围绕技术技能人才培养过程的质量管理来进行的。高职教育技术技能人才培养过程的职业性、应用性和实践性的特征决定了高职教育人才培养的成败，也是高职教育内部质量管理方法的重要依据。

职业性是高职教育人才培养最显著的特点之一，它要求高职教育要符合职业岗位群或岗位的具体要求，根据行业职业岗位能力标准来培养技术技能人才，并把该类人才适应职业岗位需求的程度作为工作重点。学生在校学习期间必须掌握上岗所必需的知识、能力和素质，突出技术技能和职业能力的培养与实践；基础理论学习坚持必需、够用原则，不过分强调系统性、完整性的掌握。目前，高职教育普遍强调实践教学时数不能少于总学时的1/2，实际上就是职业性的体现与反映。

应用性特点是与高职教育的人才培养目标紧密关联的。高职教育培养的主要是高素质技术技能人才，这类人才要掌握必需的理论基础知识，但不过分强调必须具备系统性和完整性的理论知识，而是更加强调技术技能培养与应用。作为高职教育人才培养的规格标准，技术技能人才需要具有把在课堂上学到知识应用到解决实践问题的能力，特别是技术技能操作方面的能力，以更好地应对工作现场的复杂性和职业性。其知识、能力、素质结构必须以"应用"为主旨进行构建，更强调在生产一线或工作现场的直接应用性。

高职教育人才培养模式的第三个重要特点是实践性，它的特点体现在教育教学过程的各个方面。高职教育强调专业实践课以及学时所占比例，体现了对毕业生能否较快适应职业岗位的能力要求，其专业设置、课程开发以及教学计划制订等都要求通过深度校企合作，实现行业企业生产一线与工作现场的专家共同参与。高职院校专业教师则要求既能教动脑，又能教动手，同时作为高等教育的属性，能够为中小企业进行技术开发与技术服务也是师资建设所要求达到的能力。

如何正确区分和把握高职教育外部管理与内部管理之间的界限和内涵要求，如何实现外部管理与内部管理之间对接与互补，是我们推进高职教育内部质量建设中应该关注的问题。外部质量管理强调高职院校的办学效益和成果产出，所以高职院校评估成为外部质量管理的重要手段，也反映出外部利益相关方对高职院校办学成效的评价和问责。"在一定条件下，外部问责对学校绩效有积极的影响，而有时却不会有此影响。"[①]所以，笔者认为，政府作为高职教育外部质量的管理者，应主要评价学校内部建立的质量管理制度和活动机制在多大程度上能够帮助学校实现自定的质量目标，同时应重点通过高职教育内部质量管理，充分发挥内部质量保证机制的作用，以形成常态化和动态化质量保证体系，从而有效地实现外部质量管理与内部质量管理的兼顾和平衡。

（二）高职教育内部质量管理的运行机制

运行机制是"学校制度各要素相互作用的方式和原理，是指一定机体内各构成要素之间相互联系和作用的制约关系及其功能"[②]。运行机制中的各类机构要素和制度要素之间对接程度以及强调目标功能上的差异，则会在机制实施过程和运行特点上体现出不同。对于高等教育中的一种类型教育，高职教育的本质特性就是服务区域经济产业发展、培养各类技术技能人才，至于其他方面的特性也都是以此为基础所衍生出来的，但也都受这一特性的制约。所以，高职院校有关制度存在的目的就是更好地推动高职教育创新发展，通过校内学训和校外顶岗实习等方式，实现对技术技能人才的培养和技术研发与服务的功能，并使内外部关系能够更加高效的协调。相较于普通高校的运行机制，高职院校质量管理的运行机制特征主要表现为结构性、参与性以及文化性等三个方面。

著名研究学者奥利弗·维托里（Oliver Vettori）将高等教育内部质量保障视为一种功能性较强的应用工具或者应用程序，并将其看作是一种基于利益相关者交流的长期性管理关系。[③]高等教育质量保障所发挥的作用并非只单单局限于应用工具之范围，还需要在利益相关方之间打造稳定持续的合作关系，而这亦是高校推行教育质量保障的重要导向。构建高职教育内部质量管理的运行机制，一是要构建相应的组织机构，并使其具有的纽带作用发挥出来，从而对学校管理者、教师、高职学生之间所具有的关系与状态做出反应，并使得这种反应能够更趋合理；二是要健全完善相应的管理制度，其目的就是在人才培养质量过程中确保不同的管理主体实现有效的协调和协作，使高职教育内部质量管理的目标能够达成。

---

① 罗伯特·W.麦克米金. 教育发展的激励理论[M]. 武向荣，译. 北京：北京师范大学出版社，2007：108-109.
② 闵维方. 高等教育运行机制研究[M]. 北京：人民教育出版社，2002：22.
③ 秦琴. 高等教育内部质量保障的焦点问题及新趋势——2016年"高等教育质量与就业：内部质量保障的贡献"国际研讨会综述[J]. 中国高教研究，2016（09）：29-34.

1. 构建各主体有效参与质量管理的治理结构

欧美等发达国家中的部分高校已形成了一套较为完善合理的治理结构，其构成主要包括董事会、校务委员会、学术委员会等，充分彰显了分权和共治的思想。其中董事会享有任命权，需要在综合考虑的基础上，规划学校发展并划拨相关经费等；在校务委员会中，校长发挥着重要的主导作用，其主要责任是开展并管理包括校内行政管理等在内的一系列相关事务；学术委员会需要积极开展并管理一切和学术、教学等联系较为密切的专业事务。前两种组织的内部成员主要包括校内外利益相关方，其构成呈现出明显的多样化特征。焦笑南认为，在治理和管理大学方面，我国高校应适当地参考西方国家高校的治理模式，构建一套董事会发挥主导作用、各利益相关方积极参与的治理体系。[1] 胡子祥认为，高校可创建一套利益相关者委员会治理模式。[2]

只有基于全面质量管理理论，聚焦技术技能人才培养质量，结合高职院校质量管理发展实际，才能构建各主体有效参与质量管理的治理结构。该治理结构的纵轴划分为四部分：一是计划系统，二是执行系统，三是检查系统，四是处理系统，上述四个系统之间共同构成一套完善的质量循环关系。基于质量的决策、实施以及反馈等相关职能可将治理结构的横轴细分为三个权力组织（政治权力组织、行政权力组织、学术权力组织）和一个非权力组织（民主监督组织）。通过该治理结构，实现四个权力组织形成横向分权，各权力组织又按照质量循环关系实现纵向放权，从而形成权责分明的高职院校内部治理结构，其关系结构如图8-2所示。

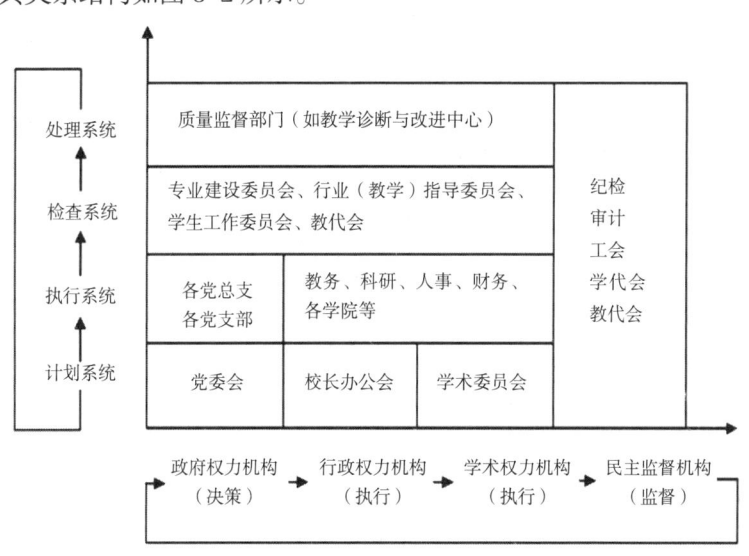

图8-2 高职院校内部治理结构关系图

---

[1] 焦笑南. 美国、英国、澳大利亚的大学治理及对我们的启示[J]. 中国高教研究，2005（01）：51-53.
[2] 胡子祥. 高校利益相关者治理模式初探[J]. 西南交通大学学报（社会科学版），2007（01）：15-19.

(1) 横向分权

通过政治权力、行政权力以及学术权力的分权,一改传统的行政权力独大的局面,使得决策权和执行权相分离。其中政治权力的主要职责是制订科学合理的学校发展规划并针对内部相关事务作出决策;行政权力的主要责任是面向各项行政业务进行合理设计并制定实施方案;学术权力的主要职责是实施与学术方面有关的工作。"三权"之间彼此分离,各自承担相应的责任。不过若只有"三权"而未实施全面的监督就无法构成一个完整的质量管理循环,所以还应充分发挥民主监督的力量,实时监管质量管理情况,同时给出具体的反馈和意见。基于决策、实施以及监督之功能的横向分权,形成一套完整的质量循环,这是开展内部质量管理不可或缺的重要环节。另外,需要指出的是,此处所讲的民主监督机构其内部成员也是来自不同的岗位或领域,他们都属于高职教育利益相关方的范畴,例如教师、高职学生、管理人员等,通过监督反馈职能,代表最广泛利益相关方的利益和诉求。

(2) 纵向放权

纵向质量循环保证了政治机构、行政机构、学术机构各自的决策与执行的质量,它主要包含四个系统:一是计划系统,二是执行系统,三是检查系统,四是处理系统,各系统需要其相应的职责各司其职并彼此协调,共同促进技术技能人才的培养及其质量管理。①作为政治权力的最高决策组织,校党委会需要在综合考虑各方利益的基础上,形成完善合理的决策,以确保每一项决策都切实可行,符合各方利益。②作为行政权力的最高决策组织,校长办公会的主要责任是根据学校党委会的决策进行研究分析,提出任务实施的可行性方案,并就一些相关专项工作进行决策部署。③对于学术权力来讲,其最高决策机构是学术委员会,该组织不仅需要基于政治权力层面入着对各种学术事务进行合理规划,还需要对其相关决策作进一步分解,并针对学术事务作出相关决策和评价。无论是行政权力还是学术权力,均需要在学校职能处室和基层专业学院的协助与支持下进行决策,而后依托于专业建设委员会、行业(教学)指导委员会、学生工作委员会、教代会等专业机构或者组织对决策的具体执行情况进行全面检查与综合评估。④质量监督机构需要在实时监督其决策执行情况的基础上,给出针对性反馈建议,而后高职院校需要在广泛讨论、吸取教训、归纳经验之后,对当前所存在的各种问题予以明确,同时给出具体的解决措施。

综上,政治、行政以及学术这三大权力组织所具有的纵向质量循环共同构成了各权力组织的内部质量循环,其横向循环则构成了各权力组织的外部质量循环,以此共同形成了一个立体式、全方位的质量循环系统。不同组织有其不同的责任和权力,它们依托于立体式质量循环构建成一个权责明确、各司其职且彼此协调的内部质量管理机制,这不仅有利于积极开展高职教育内部质量管理,同时还能够有效促进技术技能人才的培养质量。

2. 形成各主体有效实施质量管理的制度体系

（1）确立利益相关者参与内部质量管理的理念

当前，我国高职院校还未发展到利益相关者能有效加入其质量管理过程的程度。有的利益相关者认为，质量管理是高职院校的内部事务，而高职院校从领导层到师生员工等也有人认为，质量管理仅仅和教育教学部门存在联系，这些错误认识一定程度上影响了高职教育内部质量管理的效果和水平。所以说，高职教育内部质量管理系统的有效构建，需要具备良好的包容性以及多元化特质。伴随现代科学技术的不断发展，各个国家、区域和个体相互间的依存度不断提高，任何一个机构独立地制定政策的方法都存在一定的缺陷，需要顾及各利益相关者的诉求，进而开展价值以及经验的分享活动。根据联合国在2015年发布的《反思教育》的报告，需要将教育看作是全世界的共同利益，在各方利益相关者应在协同努力的基础上来优化教育效果。因为利益相关者参与的多样化，以及公私区分之间的模糊化，需要更好地反思指引教育治理的各方面原则，非国家行为主体需要在其中起到更强的影响，而构建新的包容性知识社会是极为关键的。共同利益的定义超出了公私之间的二元对立格局，其中包含着对参与式民主的渴望和构想。作为社会群体的善意思想，人类正是在此类相互联系中实现善行以及幸福。[①]利益相关者的加入，能更好地发挥其具备的智慧，以共同利益作为基础的相互关系，可以有效促进高职教育质量管理系统的构建。

（2）形成利益相关者参与内部质量管理的通道

当前，国内的高职院校质量保障多以学校管理者作为组织者来推进工作的开展，而作为极为重要的利益相关者的教师、学生以及家长却面临着被忽视的问题。新时代的教育质量保障要求应有效尊重各利益相关方的基本权利以及利益，进而构建起符合新要求的多元化治理结构。第一，制定利益相关方参与质量保障的配套政策，确保其基本的管理地位以及管理权利。"博洛尼亚进程"（Bologna Process）已围绕学生加入质量保障的情形进行了相应的规定，并且采取了配套的措施。而后续的《布拉格公报》以及《柏林公报》等文件，一方面从政策以及法律的视角，使得学生加入质量保障工作拥有国家的支持，促使有关机构主动地构建提升参与度的途径，根本目的为革新整体的质量保障体系，确保学生参与质量保障的重要地位。[②]第二，制定参与质量保障的基础准则以及标准，明确基础的参与范围、程序以及规范等。加入质量保障体系中，必定需要控制基础的运作程序以及管理环节等，特别是校外的相关利益相关方对学校内部事务缺乏有效的认知，其怎样参与以及具体的范围如何等都要求拟定明确的规定。而在该领域《欧洲高等教育区质量保障的标准和准则》针对具体的原则以及标准进行了详细的规制，提出

---

① 联合国教科文组织. 反思教育：向"全球共同利益"的理念转变？[M]. 联合国教科文组织中文科, 译. 北京：教育科学出版社, 2017：68 - 70.
② 赵叶珠. 学生参与：欧洲高等教育质量保障中的新维度[J]. 复旦教育论坛, 2011, 9(01)：47-50.

学生需要加入内部以及外部质量保障工作中,同时使用评分统计法而实现配套的评价工作。[①]西方发达国家对于高校利益相关者有效参与内部质量管理的机制创新与探索,是我国高职院校相关工作改进提升的重要参考和依据。

(3)构建高职教育利益相关者之间的协作关系

高职院校的中心任务是为满足区域经济产业发展需要培养大量技术技能人才,唯有在这项本质使命有效实现的情况下,各利益相关者的各方面诉求才可实现有效兼顾,预期的目标方能有效达成。这就要求质量管理者不仅能认知各利益相关者的基本诉求,还要均衡多方的权利以及利益。现实中各利益相关者之间肯定存在着不同程度上的冲突与矛盾,但是他们之间也毫无疑问地存在着共同的关注点和利益追求,尽管这些利益并非在各种时间点都是相同的,所以有效地把握以及衡量利益相关者的基础利益,顾及各方的实际诉求,实现综合利益的最大化,是高职院校质量管理以及决策工作的基础,也是高效推进高职院校质量管理的关键环节。同时还需要以尊重及信任作为前提,确保多方利益相关者形成密切的沟通以及对话,从而形成良好的协作关系。基于充分尊重利益相关方的协作关系这一模式,高职教育内部质量管理应以学生为中心,以教师为主体,以教育教学创新为重点,以提高人才培养质量为目标,主动进行对话协作,从而使得各方实现高效的沟通,形成大家都能接受的共同目标,从而进一步促进高职院校质量管理工作的开展,提高技术技能人才培养的水平。

3. 长期营造内部质量管理的质量文化

质量文化的定义最初产生于20世纪80年代的美国,而今质量文化逐渐演变为文化学以及管理学等相关学科分析研究的新型课题。质量管理文化是指相关的高职院校在较长时间的教育历程中演变发展而成的,以质量管理作为重点的价值观念、道德规范、法律观念和相关的行为习惯之总和。其作为内隐的特殊存在,能够以潜移默化的方式来引导广大师生的思想以及活动,进一步针对质量目标、观念、标准以及行为规范等形成良好的认可。而随着质量管理实践的深入发展,发达国家陆续认识到单纯依靠外界的法规限制,难以将质量管理的思想整合到师生质量意识中,而单靠外部的限制或推动也仅仅是暂时、易变以及稍纵即逝的。而契合高职特征的文化氛围在正式形成之后,即会对广大师生形成强烈的感召力,进而使其向着共同的理想而拼搏,教育质量管理会随之而演变为广大师生均认可的价值观念以及对应的内在追求,可以构建持久以及永恒的良好环境。所以,构建高职教育内部质量管理系统的基础,应当从最初的强调政策以及外在限制,演变为新环境中强调文化和内在追求,并且将注意力从原本的聚焦外界监管,演变为新环境中的聚焦文化氛围的构建。

质量管理文化作为在较长时间的教育实践活动内演变而成的质量意识、价值以及行

---

① 赵叶珠. 学生参与:欧洲高等教育质量保障中的新维度[J]. 复旦教育论坛,2011,9(01):47-50.

为规范之和,是开展相关管理工作的文化基础。[①]该文化作为大学文化体系的关键构成要素,唯有其演变为行政、教师以及广大学生基础的追求和信念的情况下,相关的质量管理方才可以获得更为理想的保障以及优化。质量管理文化建设的基础功能是提升各方主体的能动性,进而积极开展文化建设工作,更好地进行交流以及沟通工作。依靠质量管理在制度以及机制等方面的创新工作,能够高效优化质量管理工作中遇到的各种问题,所以,营造良好的质量管理文化可以更好地提升质量管理水平。第一,在教育理念方面形成以提高质量为核心的新型发展观,将改革以及发展的焦点聚集于提升质量,形成质量最为重要的价值共识,积极引导相关人员形成良好的质量主体认知,进而令其主动地加入质量管理活动中。第二,强化配套的制度文化构建。高职院校一方面需要形成科学的质量管理系统,用制度规范培养活动,通过制度构建实现整体管理效率以及水平的提升,并且需要指引师生依靠基础的目标认同而使得制度以及自我约束之间实现有效的整合。另一方面可以为自主发展预留对应的制度空间,同时也使得自主发展具备良好的制度基础,在此基础上提升教师的工作热情,使学生积极投入学习中,并且强化管理人员的监督素养,使人才培养质量认知得以融入教育教学以及管理的整体流程中。第三,需要发扬服务意识。文化构建需要彰显学生以及教师的优先性,行政管理机构需要形成以教育教学作为重点的认知,强化师生的综合素养,形成积极负责以及奉献的精神,为学校、教师以及学生的成长提供帮助。

二、外部质量保障

(一)外部质量保障体系的概念

外部质量保障体系是高校外部的质量保障活动系统化集成,主要包括外部质量保障机构、制度、程序、方法、标准等构成要素,以及连接要素的运行机制。笔者认为,高等职业教育外部质量保障体系是在高等职业院校(含普通高等专科学校)办学过程中,由政府的教育主管部门与相关执行机构,通过建立管理制度、设定内容标准、规定实施程序等方式,对高等职业教育的教学质量开展的评估、状态监测、教育项目认证等活动,以促使高职院校人才培养质量的持续提高。

(二)完善我国高等职业教育外部质量保障体系的策略

新时代我国高等职业教育发展面临很多新任务。现代职业教育体系建设要求高职教育要转变发展方式,实现与现代产业发展的有效对接,在人才培养上能够体现经济社会发展对技术技能型人才的需要,同时,要对高等职业教育有新的定位,促进与其他类型和层次的职业教育协调发展。当前,高等职业教育的"百万扩招"将驱动新一轮的发展,扩招已不再是简单的规模扩大问题,除了有新的资源扩充到现有的高职教育体系以外,

---

① 吴立保. 中国大学的文化困境与文化创新[J]. 中国高教研究, 2013 (06): 43-47.

将考验高职教育的社会竞争力,需要有更优化的结构来适应新变革。要实现这些任务目标,外部质量保障也需要有新的策略。

1. 外部质量保障体系要能适应现代职业教育发展要求

建立现代职业教育体系是为了适应经济发展转型需求,有其特定的现代性时代特征。现代性的内涵要求能适应产业结构、终身学习的协调发展,要突出国际影响力和中国特色。外部质量保障要促进高等职业教育现代性的发展目标,需要结合现代职业教育发展内部和外部需求,在理念上有新思路和战略高度,在方式、方法上能创新发展,在标准内容上能贴近需求,以此来构建新型的外部保障体系,逐渐形成我国的独特模式。

(1) 质量保障体系要适应外部发展需要

对现代职业教育体系建设的要求,可以概括为以下三个方面:一是外部适应性,要能适应社会主义市场经济体制,能够符合经济发展和产业升级转型的要求;二是内部协调性,现代职业教育的发展要求构建中等职业教育与高等职业教育相贯通,职业教育与其他教育相协调,能体现终身教育理念的教育体系;三是国际示范性,在国家经济发展方式转变的背景下,能针对中国的特定发展环境与产生的具体问题,建设中国特色的职业教育发展体系。这些要求共同构成了现代职业教育体系建设的基本框架。

国家经济发展水平决定了高等职业教育发展要有外部适应性,要求高职院校在专业设置上,增强服务能力,结构更加合理,主动对接当地的经济产业发展需求。我国2004年起实施的高职高专学校专业目录,一项重要的改变就是以职业岗位群或行业进行专业划分,这样的划分方式与普通本科学校的学科类专业划分已有显著区别。而一些地方政府根据产业发展需求,在专业设置上加强了对高职院校进行引导,专业结构有较强的灵活性和稳定性,既能适时调整以适应产业结构调整的变化,又能通过专业内涵建设,形成良好的社会声誉而稳定发展。

我国在外部质量保障建设的进程中,虽然经过多轮实践探索,也建立了相对完整的外部质量保障体系,但一直没有在开放性的体系建设上有更多创新。目前,大家呼吁今后的外部质量保障体系建设,需对国家经济社会发展亟需的高技术技能型人才质量要求做更深入和更细致的调研,这样才能让质量标准不脱离人才标准的实际。另外,需要加以改进的是外部质量保障体系的封闭性问题,我们经常是在教育系统内分析问题和解决问题,对社会参与的重视极为不够,也没有建立一套与社会对接,共赢互利的有效机制,在行业指导和专家队伍构成上流于形式。要适应现代职业教育发展的要求,还需要有更多的国际视野,积极而主动地在跨境质量保障方面进行国际化的实践,开创新的质量保障模式。

(2) 质量保障体系应促进多层次职业教育的协调发展

经过多年探索,我国中高等职业教育协调发展取得了一定的进展,摸索出中高职衔接的五年制职业教育,包括五年一贯制和"3+2"两种方式,以及中职学生升入高职院校的单招、单考方式衔接等。[①]2011年教育部印发《关于推进中等和高等职业教育协调发展的指导意见》,其中要求在中职与高职教育的协调发展方面,应该围绕区域发展总体规划和主体功能区定位对不同层次、类型人才的需求,合理确定中等和高等职业学校的人才培养规格;注重中等和高等职业教育在培养目标、专业内涵、教学条件等方面的延续与衔接。[②]这为进一步推进中高等职业教育协调发展作出了重要部署和安排,在促进不同层次的职业教育协调发展方面有了新的举措。

要实现促进中职与高职协调发展的新功能,外部质量保障体系建设应针对职业教育多层次、多类型协调发展的需求,在课程标准、教学方法、实践教学等内容上进行新的设计,尤其是在人才培养贯通性方面建立连续而又相互关联的质量标准。要深入分析职业教育衔接对人才培养质量的新要求,以数据监测等方式对其他层次职业教育进行质量特征分析。要实现外部质量保障的有效衔接,打破各类、各层次质量管理的行政部门界限也十分必要,这样才能在机制上提供整体性外部质量保障的基础。

2. 改变外部质量保障中的行政主导模式

行政权力与学术权威在外部质量保障体系中发挥着不同的作用。行政权力是政府在管理高校时以行政指令行使管理的权力,当外部质量保障要落实政府对大学管理的基本要求时,行政指令的要求会更加直接而有效。学术权威是以专家的专业性和权威,在外部质量保障中发挥学术指导的作用。行政权力与学术权威在外部质量保障体系建设的不同阶段,需要根据任务要求作出适当的调整与平衡,这样才能发挥好两者的协同作用。

(1) 改变政府单一主导的外部质量保障

外部质量保障从以往的政府判断学术质量标准的方式,逐渐发生了根本性变化。首先,大学的学术标准和学生培养的质量判断更多地交给了专业化的评估机构和学术团体,因为政府的行政权力下放,这种转变给政府和大学赋予了不同的质量保障职能。其次,外部质量保障更倾向于以政策引导来加强对高校的质量管理,管理部门更多地发挥着"影子"作用,突出为大学质量提升服务的作用,而不是直接"负责"。在具体实施中,通常由独立的专业化机构进行组织和评估,如具有相应资质的第二方评估机构,以便在政府权威和高职教育院校之间实现缓冲和独立性。

我国高职外部质量保障是政府主导的模式,以落实教育主管部门要求的方式,从外部确定的高等职业教育质量标准。在高等职业教育发展初期,高职院校办学条件得到极大改善,并加强了高职院校在办学过程的规范性建设。今天,高等职业教育发展的质量内涵发生了重大变化,行政要求不能完全替代高职教育发展的内涵要求,需要对政府主导的单一模式进行改革。

---

① 丁金昌. 我国中等和高等职业教育协调发展的探索 [J]. 中国高教研究,2012(02):86-88.
② 教育部关于推进中等和高等职业教育协调发展的指导意见_中华人民共和国教育部政府门户网站 [EB/OL]. (2011-12-20) [2023-12-06]. http://www.moe.gov.cn/srcsite/A07/s7055/201112/t20111230_171564.html.

从我国的政务改革背景看,下放权力、增强服务能力一直是改革的重点,但在实际过程中,又因为对下放权力清单的不明晰或担心,致使改革不彻底。高等职业教育的政府管理也如此,多年来不断尝试各种方法,从教育部门主管到行业主管,再到教育部门与行业共同管理,又到社会各界力量共同治理,其中的变化有为了实现更有效管理的初衷,也有权力结构调整的原因,但始终没有促成高职院校对质量的自主需求。最直接的结果是,高校习惯于受行政指令的指导,把完成行政部门的要求当作质量提升的最终目的,这样的循环对营造社会共治、学术权威主导的外部质量保障环境是极为不利的。

就外部质量保障而言,政府一定要有转变职能的决心,对于简政放权,各政府部门还在犹豫中,长期形成的行政权力惯性很难转变,政府需要强化第三方购买服务的作用。当前政府通过购买服务方式,引入社会力量参与对高职教育的管理,还没有系统的战略规划,亟须将自身无法解决而又紧迫的问题以政府购买服务的方式进行长远的规划和明确。如果没有引入社会力量参与的质量保障共建机制,委托项目没有系统规划和可持续性,那将不利于质量保障机构的专业化建设,还会带来外部质量保障环境的混乱。

外部质量保障的权责还有不清晰的情况存在,如行政权力总是高于学术权威,导致了外部质量保障行政管理因素要多于学术判断。对于行政权力与学术权威的平衡问题,实质是在外部质量保障的政务"放管服"改革问题,将行政权力回归到政策指导,而将质量保障交由学术权威。这也是一个管理权限明晰、权力性质转变的过程,把本来是行政管理部门的权力转变为质量管理的专业服务。

(2)引入新公共管理理论建设外部质量保障体系

高等教育的质量保障不是一个新的学术领域。一直以来,大学都有一套机制确保其教育质量。在这套机制里,大学通过优越的条件来聘任优秀的教师,又通过教师吸引优秀的学生,有时是人才之间的相互吸引和影响,这样的"人本位"机制确保了大学培养人才的质量。随着各国政府和一些国际组织,例如联合国教科文组织和国际经合组织等对高等教育全球流动的关注,教育质量保障中的政府管理作用越来越突出,借助一些公共管理理论实现对高等教育的质量保障,是政府在外部质量保障发挥作用的需求,也成了一个传统。

政府通过质量保障的强化,进一步影响了高等教育的学术生态。高等教育有三类统筹力量——学术寡头、国家和市场,一般来说,涵盖了以下三种重要职能:第一,由国家直接管理高等教育机构或项目的质量;第二,将外部质量保障纳入整个学术保障体系,质量保障体系包括了一整套相互建立的连续的机制,它们被演进成了一个体系以及一种变化,在这个变化中相互影响;第三,质量保障体系与机构或者对象有关(包括研究生和本科生),不同的实体(政府或非政府)会负责履行这些不同的职能,主要的参与者是教育部门(他们最初的责任是质量保障)。

20世纪70至80年代,西方国家提出了"高等教育质量保障体系"的概念,企业

第八章 推进高等职业教育高质量发展的战略思路之五：构建质量保障体系

的管理方法被引入高等教育领域，并得到了国际范围的广泛推动。国际高等教育质量保障运动的兴起，在很大程度上是受到新公共管理和治理理论思潮的影响。在高等教育领域，新公共管理理论认为，政府对高等教育的管理要实现所谓间接的监控，建议政府要不断发挥作用来制定指导和提供资源的机制；同时在国家和院校的不同层面，要制定针对性的教育活动和结果输出的详细目标，对于各自应该履行的责任应该成为政府管理的主要目标，并赋予高校更多的办学自主权。高校应该对学生的培养质量负责，而政府应该提升高等教育的公共服务能力，并发挥好资源配置的作用。

这种新公共管理概念映射了一种对市场机制依赖，一些高度多元化和以市场为导向的国家高等教育体系，例如美国，在新公共管理理论的推动下，不断探索质量保障体系所能发挥的作用。一方面，作为高等教育消费者的学生和家长，在市场透明化的要求下，希望通过质量保障机制来促进高校办学绩效的公开透明；另一方面，政府在高等教育管理中，也逐渐地从直接监督转变为间接监督，通过质量保障体系将政府职能突出服务的功能，与高校一起接受社会的监督。这就是质量保障中在政府及公众外部和高校内部的不同角色定位与责任：高校定位于内部治理的质量主体，为教育教学的质量负有主体性责任，而政府定位与外部的间接监控，在指导和资源配置上发挥作用；与此同时，政府和高校都在质量保障框架下向社会公开透明，接受市场机制的调节。

3. 完善省级第三方外部质量保障体系

由第三方机构对高等教育质量进行判断，已成为国际成熟经验。发达国家由于传统上有"小政府、大社会"的社会治理理念，因此，第三方有充分的社会市场，也容易被公众所接受和认同。第三方表面上看是在高等教育外部质量保障中的身份划分，但实质是外部质量保障活动的独立性和专业化体现。

（1）以第三方机构建设来彰显独立性价值

外部质量保障的第三方机构建设，是实现独立性的基本组织架构。在我国早期界定为评估"中介组织"（intermediary organizations），这一概念来自西方国家，西方传统大学历来有自治和自由的传统，对于政府干预有一种本能的抗拒，为了在教育管理过程中协调政府与大学的关系，需要建立一片双方，甚至是关注教育的社会各界之间的缓冲地带。这是一种"减压阀"，是一种"学术协调模式"。[①] 国际上，成熟的"第三方"质量保障模式尤为强调"独立性"，旨在为政府与高校之间搭建一个服务型的教育质量保障平台，既促进高校办学质量的提升，也促进政府管理职能的改进，更重要的是促进政府与高校之间的沟通。在我国高等教育管理长期所形成的"行政权威"和"刚性指令"模式中，引入中介组织的柔性管理具有特殊意义。

评估机构与组织的发展是外部质量保障体系建设的关键。从发达国家的教育外部质量保障体系建设经验看，组织建设先于制度建设，而制度建设又先于标准建设，评估组

---

① 伯顿·克拉克. 高等教育新论：多学科的研究 [M]. 王承绪，等译. 杭州：浙江教育出版社，2001：63.

织是质量保障体系的主要支撑。某种程度上,评估机构建设的理念也就涵盖了质量保障体系的理念。"组织发展是一种旨在改进组织生活中的人际关系,进而提高组织生产率(完成任务目标)的理论、方法和价值体系。"[①] 正因为如此,第三方评估替代了政府对质量的直接管理,逐渐发展为外部质量保障模式。

我国在高等教育评估的早期阶段,即教育部在本科教育教学水平评估以前,就开始在理论上探讨中介教育评估组织的建立问题。中介组织的主要组织特征是第三方的中立价值——独立性价值,主要表现为在涉及质量判断、利益权衡时,能有不偏不倚的站位,这是高等教育外部质量保障非常崇尚的中立价值。当然,除了在公正性体现优势以外,还要在公众性方面发挥不同社会参与方的价值共建作用,也就是如何协调各利益相关者的诉求,在质量保障过程中尊重政府、高校,以及家长、学生、就业单位等多方的意见,转化为能被多数相关者接受的质量标准。

(2)以专业化建设来提升第三方机构的社会公信力

专业化属于社会学的范畴,外部质量保障机构的专业化是要促成这一领域的职业个体和群体逐渐符合应有的专业标准,获得广泛承认的专业性地位。在一些国家的外部质量保障建设中,专业机构的参与是保证评估合法性地位取得的重要途径。从专业化建设看,大致可以涵盖两方面的内容:一是评估者的个体职业发展,类似于国外评审员的资格获取;二是评估者的群体专业化发展,通过类似于行业协会建立方式,促进群体的专业化能力建设。

评估者个体和群体的职业化发展,促成了评估组织的专业化能力建设。2007年民政部印发了《关于推进第三方组织评估工作的指导意见》和《全国性第三方组织评估实施办法》,为我国高等教育第三方机构建设和评估提供了制度依据,但如何实现专业化建设,还需各级外部质量保障和评估机构的自身努力。可以说,评估机构只有体现出较高的专业化水平,才不会被政府职能部门和一些营利为目的的商业机构所取代。

4. 构建专业认证的人才质量保障体系

专业认证与评估是西方外部质量保障中的重要制度,在这一制度相对成熟的美欧等国家,也不过30年的历史。专业认证在本科教育中有《华盛顿协议》,在高等职业教育中有《悉尼协议》,这些协议框架为全球高等教育建立专业标准提供了基本参照。中国高等职业教育的快速发展,为世界瞩目,在数量上成为高等职业教育大国之后,面临着内涵质量的同步提升,接轨国际专业质量保障与评估是必然趋势,也是中国高等职业教育的人才培养质量得到国际认同的有效途径。

(1)专业评估保障高职教育的人才质量

高职院校的专业设置有典型的行业性、地方性发展特色,这要求高职院校的专业评估需要建立不同于本科院校的质量管理模式。开展高职教育专业认证与评估,对于深化

---

① 波·达林. 理论与战略:国际视野中的学校发展[M]. 范国睿,译. 北京:教育科学出版社,2002:202.

高职教育专业教学质量改革，促进专业内涵建设，提升人才培养的质量，能发挥院校整体评估无法替代的作用。

近年来，高等职业教育正在建立卓越的质量标准，与普通本科的"双一流"建设要求相似，提出了建设"优质校"的一流高等职业教育建设目标。我国对高职教育发展的卓越追求，归根结底还是一流的人才培养，这既是办人民满意的教育的需求，也是一流高职教育发展的基础。

专业质量保障与评估的建设就是要解决人才培养的问题，回归到教育的本真，通过外部质量保障体系引导构建真正的以学生为中心的质量标准，保障学生的专业学习质量。以学生为中心的标准导向包括：一是在校学生的学习体验评估。虽然我们一直强调以学生为中心，但回到教育教学的现实，学生视角几乎被忽略了，专业、课程、教法基本上是教师的经验逻辑，并不能反映学生的真实教育需求。没有需求导向的教学，最终导致学生的学习体验大打折扣。专业评估将更加强调学习的愉悦体验和收获，并以满意度指标来实现度量。二是毕业生的学习成就评估。国际工程联盟在建立不同国别和教育体制影响下的专业质量可比性时，就以毕业生素质为标准和质量的起点，确立了毕业生的12个特质。这种以学生质量为起点的逻辑打破了以学科知识为目标的标准参照，构建的是质量评估的倒推模式，即以毕业生素质来评价专业目标的合理性，再推断应该建立什么样的专业教学过程可以实现毕业生的素质要求。[1]

（2）以专业认证、评估来保障人才质量的底线

经过多年的外部质量保障建设，我国院校综合评估的外部质量保障体系建设已逐渐得到完善，促进了高校完善基本办学条件，也推动了高校教学工作的规范性，但在育人内涵质量建设，也就是促进教师、学生发展的质量保障方面尚处在探索阶段。我国高等职业教育发展的规模和数量的增长将在一定时期内处于稳定阶段，高职院校正面临着如何从数量优势转变为内涵优势，专业、课程和毕业生质量等内在品质将成为新的竞争性教育资源。[2]这是要深入研究和开展专业评估的原因所在，我们需要从更微观和具体的育人环节，保障高职院校的人才培养质量。

专业评估是世界高等教育全球一体化的重要途径，在工程教育、医学教育等领域已开展了全球性专业认证与评估工作，为相关专业确立了全球认可的质量标准，并促进了专业人才的流动、课程学分的互换以及教育质量的共同提升。中国高等职业教育专业评估的未来，应该是建立专业质量的基本标准，与国际专业评估标准逐步接轨，在把好人才培养的质量"底线"同时对接世界一流的国际标准。

专业认证与评估是质量保障的不同方式。认证是一种标准参照方式，认证主体、对

---

[1] 刘康宁，董云川. 高校专业评估应回归学生的主体价值 [J]. 上海教育评估研究，2014，3（04）：32-35.
[2] 刘康宁. "第四代"评估对我国高等教育外部质量保障的启示 [J]. 国家教育行政学院学报，2010（09）：45-49.

象和标准缺一不可，获得认证即表明对象达到了标准，并获得了特定主体的认可。认证效用的前提条件是主体的社会公信力与影响力。评估是发展性的质量导向方式，美国教育评估学者林肯和古贝所倡导的"第四代评估"理念已成为教育评估学界的共识，我们也可把"第四代评估"称为发展性评估。它模糊了评估者和被评估者的严格界线，评估活动更加开放，利益相关者在外部质量保障的共同参与，共同追求卓越的高等教育质量，是当前教育评估的主要特征。从教育评估的价值取向看，认证是为了获得外部的价值认同，而评估是追求自我的质量认同，专业质量保障就是一个从外部要求转向内部需求的认同过程，在这过程中，需要外力的标准强制保障，更需要自我的质量自省与觉悟。

（3）在专业质量保障中建立自主性的主体意识

政府主导的指令性评估是目前高等职业教育外部质量保障的主要方式，高校已经习惯性地将自己定位为接受评估的被评者角色。何谓主体，其实就是质量保障中自我角色的确立，是专业质量"由谁负责"的问题。高职院校要从评估的客体转变为主体，单靠自身的意识觉醒是难以实现的。首先，政府在专业评估中应"留白"——将专业质量的事交给"专业"的人去勾画，通过"看不见的手"去穿针引线，从而履行向社会、家长、学生保证人才培养基本质量的责任。其次，高校要敢于"自我暴露"，其主体意识的关键在于有没有正视自身问题的勇气，是"轻描淡写""遮遮掩掩"，还是"刨根问底""坦然公开"？后者的选择意味着高校已把质量保障当作自己的责任，主体地位也就不言自明了。最后，社会的定位并不是简单的监督，监督不力很容易就变为旁观，旁观不清很容易就成为完全的局外人。社会是一个广泛定义，要在专业评估中发挥作用，需以专业质量的社会共同体参与其中，例如行业协会或专业教学指导委员会等，最终通过组织的契约规则和自律来保障专业质量。

（4）我国高职院校专业质量保障的运行机制

高等职业教育的专业外部质量保障还存在很多制约因素，专业评估因为专业类别多样以及专业布点分散，从中央到地方政府都还没有建立起一套有效的制度保障。我国高职院校的专业是按照专业群的类别进行划分，同一个专业分散在数十个甚至几百个高校。诸多因素决定了专业评估是一项复杂系统，需要从制度的顶层设计出发作规划，建立中央、地方政府的外部保障与高校内部保障的不同层级制度保障体系，若制度设计不清楚，宁可不做或试点去做，否则会成为高校的另外负担。

专业评估有别于院校评估，尤其需要转变的观念是：评估不能包治百病，也不能统揽所有。"选择中放弃"应是相对可行的策略：选择保证专业的质量底线，必然要放弃多数专业的水平甄别；选择量大面广的专业，必然放弃不成规模的专业；选择专业类别作为评估范围，必然放弃单一专业的可比性。

建立高职院校的专业评估工作的良好运行机制，在方法技术上首先要解决大数据问题。如何设计专业评估的数据信息采集点，既体现专业人才培养的具体内涵，又能与高职院校的教育教学数据有效对接。其次，还要解决通用指标与专业指标的相关性问题。国际上专业评估的经验是"通用标准+专业补充标准"，要高度提炼专业评估的通用指标要素，并关联形成个性化的单一专业评估标准，这是世界性的教育测评技术难题。最后，要处理好量化指标与质性指标的相互验证问题，专业评估是人才培养质量的判断过程，数量化指标的优越，只能预期会有好的人才质量，这是典型的"推断统计"模型。推断一定会有误差，如果是系统性误差，就可能差之毫厘而失之千里，若想兼顾数量与质性指标，又难权其左右而取其中。

我国高等职业教育专业外部质量保障工作的起步晚，与本科的工程专业证、医学专业认证等成熟机制相比，其评估的理论与实践研究也相对落后。从当前我国高职院校教育评估实践看，无论是自2004年起开展的五年一轮的"高职高专院校人才培养工作水平评估"，还是2008年新改后实行的"高职高专人才培养工作评估"，都主要是以院校综合性评估为主，专业评估还未作为有效的项目评估方式加以实施。随着高职教育评估研究和实践工作的推进和发展，专业认证与评估作为高职教育质量保障的重要内容越来越受到人们的重视，它在保障高职教育人才培养水平和质量方面发挥着重要的作用。2016年，国务院原教育督导委员会办公室（教育部督导局）对高等职业院校开展机械、护理、园林、锻造等四个专业评估提出了试点要求。当前，我国专门针对高职院校专业评估方面的研究尚属初始阶段，对高职院校专业开展专门评估工作是对高等教育院校评估的必要补充，有助于完善高等教育质量保障体系，丰富高等教育质量评估理论，这也是高等教育质量保障发展的内在要求。

5. 发挥行业协会在高等职业教育外部质量保障中的作用

行业协会参与高职院校质量保障，是通过行业标准、行业专家来保障高职院校办学中职业能力培养不偏离行业需求，将行业的最新成果转变为高校的课程内容，并通过行业参与为教师、学生提供更多的真实教学情境，服务于学校的人才培养体系建设。在我国，行业协会与高职教育的联系比较紧密，甚至有的就是举办方。有些行业协会的前身是国家和省市政府管理部门，例如机械行业协会、物流行业协会等，在我国政府机构改革以后，这些行业协会依然在发挥着管理职能。还有一些行业协会，因为会员单位的特殊性，也具有了政府管理职能，同时还汇聚了行业的主要力量。因此，教育的管理部门会依托这些行业协会来共同管理高职院校。例如，成立行业教学指导委员会，共同制定行业的专业教学标准，指导高职院校的专业设置，开展人才培养模式改革等。

我国在外部质量保障建设上应该重视行业力量的呼声由来已久，多数人都赞同引入行业参与，甚至认为行业企业专家是最重要、也最需要加强建设的专家力量。可以说，今后外部质量保障建设要取得大的突破，引入行业参与质量保障将是一个非常有效的途径。

参考文献

[1] 张人杰. 国外短期高等教育的由来和发展[J]. 全球教育展望，1979（01）.

[2] 中央教育科学研究所. 中华人民共和国教育大事记（1949—1982）[M]. 北京：教育科学出版社，1984.

[3] 阿什比. 科技发达时代的大学教育[M]. 滕大春，滕大生，译. 北京：人民教育出版社，1983.

[4] H. 哈肯. 协同学[M]. 徐锡申，等译. 北京：原子能出版社，1984.

[5] 冯·贝塔朗菲. 一般系统论：基础 发展和应用[M]. 林康义，等译. 北京：清华大学出版社，1987.

[6] 瞿葆奎. 教育学文集·教育与教育学卷[M]. 北京：人民教育出版社，1991.

[7] 郑艳萍. 教育的功能与效能[M]. 香港：广角镜出版公司，1991.

[8] 黄炎培. 黄炎培教育文集（第三卷）[M]. 北京：中国文史出版社，1994.

[9] 赫尔曼·哈肯. 协同学：大自然构成的奥秘[M]. 凌复华，译. 上海：上海译文出版社，1995.

[10] 范国睿. 美英教育生态学研究述评[J]. 华东师范大学学报（教育科学版），1995（02）.

[11] 斐迪南·滕尼斯. 共同体与社会：纯粹社会学的基本概念[M]. 张巍卓，译. 北京：商务印书馆，1999.

[12] [日]古畑友三. 五项主义：质量管理实践[M]. 陆从容，译，上海：上海人民出版社，1999.

[13] 石伟平. 比较职业技术教育[M]. 上海：华东师范大学出版社，2001.

[14] 约瑟夫·熊彼特. 经济发展理论[M]. 何畏，等，译. 北京：商务印书馆，2020.

[15] 闵维方. 高等教育运行机制研究[M]. 北京：人民教育出版社，2002.

[16] 伯顿·克拉克. 高等教育新论：多学科的研究[M]. 王承绪，等译. 杭州：浙江教育出版社，2001.

[17] 刘春生，徐长发. 职业教育学[M]. 北京：教育科学出版社，2002.

[18] 迈克尔·波特. 国家竞争优势[M]. 李明轩，邱如美，译. 北京：华夏出版社，2002.

[19] 波·达林. 理论与战略：国际视野中的学校发展[M]. 范国睿，译. 北京：教育科学出版社，2002.

[20] 尹艳秋，叶绪江. 主体间性教育对个人主体性教育的超越[J]. 教育研究，2003（02）.

[21] 陈加州，凌文辁，方俐洛. 企业员工心理契约的结构维度[J]. 心理学报，2003（03）.

[22] 葛锁网. 高等职业教育人才培养模式研究[M]. 北京：研究出版社，2004.

[23] 王明伦. 高等职业教育发展论[M]. 北京：教育科学出版社，2004.

[24] 陈祝林，徐朔，王建初. 职教师资培养的国际比较[M]. 上海：同济大学出版社，2004.

[25] 徐国庆. 实践导向职业教育课程研究：技术学范式[M]. 上海：上海教育出版社，2005.

[26] 约翰·杜威. 人的问题[M]. 傅统先，邱椿，译. 上海：上海人民出版社，2014.

[27] 焦笑南. 美国、英国、澳大利亚的大学治理及对我们的启示[J]. 中国高教研究，2005（01）.

[28] 姜大源，刘立新. （德国）联邦职业教育法（BBiG）[J]. 中国职业技术教育，2005（35）.

[29] 孙玫璐. 职业教育制度分析[D]. 上海：华东师范大学，2006.

[30] 庄宏献. 交易利益论[M]. 上海：上海三联书店，2006.

[31] 安延，姜大源. 法国职业教育[J]. 中国职业技术教育，2006（02）.

[32] 郑余. 高等职业技术教育概念术语辨析[J]，浙江师范大学学报（社会科学版），2006（02）.

[33] 胡子祥. 高校利益相关者治理模式初探[J]. 西南交通大学学报（社会科学版），2007（01）.

[34] 刘向东，陈英霞. 大学治理结构剖析[J]. 中国软科学，2007（07）.

[35] 陈述轩. 浅析职业教育国际化的必然趋势[J]. 中国科教创新导刊，2007（10）.

[36] 高柏. 经济意识形态与日本产业政策：1931—1965年的发展主义[M]. 安佳，译. 上海：上海人民出版社，2008.

[37] 吴景松. 政府职能转变视野中的公共教育治理范式研究[D]. 上海：华东师范大学，2008.

[38] 罗伯特·W. 麦克米金. 教育发展的激励理论[M]. 武向荣，译. 北京：北京师范大学出版社，2007.

[39] 梁志，赵祥刚. 高等职业教育的概念解析及其内涵的厘定[J]. 山东师范大学学报（人文社会科学版），2008（01）.

[40] 扈中平. 教育何以能关涉人的幸福[J]. 教育研究, 2008 (11).

[41] 赵汀阳. 论可能生活（第2版）[M]. 北京：中国人民大学出版社, 2010.

[42] 万伟平, 李森, 王贵兰. 论高等职业教育专业建设与区域产业发展的衔接与融合[J]. 广东技术师范学院学报, 2009 (02).

[43] Johanna Lasonen, Jean Gordon, 李玉静, 等. 增强职业教育吸引力——欧洲的政策、理念与实践[J]. 职业技术教育, 2009, 30 (12).

[44] 杨洁. 德国高等职业教育发达原因分析[J]. 职业技术教育, 2009, 30 (13).

[45] 雍冀慧. 欧盟职业教育培训政策历史演进研究述评[J]. 中国职业技术教育, 2009 (30).

[46] 王秀丽. 法国概况（Regards Sur La France）[M]. 北京：外语教学与研究出版社, 2010.

[47] 陈小琼, 谭绮球. 试析澳大利亚政府高等职业教育政策的价值取向[J]. 高教探索, 2010 (01).

[48] 刘康宁. "第四代"评估对我国高等教育外部质量保障的启示[J]. 国家教育行政学院学报, 2010 (09).

[49] 施泽波. 围绕产业链构建专业群的实践与思考[J]. 中国成人教育, 2010 (12).

[50] 菲利普·葛洛曼, 菲利克斯·劳耐尔. 国际视野下的职业教育师资培养[M]. 石伟平, 译. 北京：外语教学与研究出版社, 2011.

[51] 蔡跃, 王继平. 从《联邦职业教育法》看德国行会在职业教育中的作用[J]. 教育理论与实践, 2011, 31 (06).

[52] 耿欣. 浅析日本高等职业教育对我国的启示[J]. 长春教育学院学报, 2011, 27 (07).

[53] 赵叶珠. 学生参与：欧洲高等教育质量保障中的新维度[J]. 复旦教育论坛, 2011, 9 (01).

[54] 李名梁, 谢勇旗. 职业教育利益相关者：利益诉求及其管理策略[J]. 职教通讯, 2011 (21).

[55] 陈永明. 教师教育学[M]. 北京：北京大学出版社, 2012.

[56] 景琴玲, 王革. 德国职业教育体系透析与展望[J]. 国家教育行政学院学报, 2012 (02).

[57] 丁金昌. 我国中等和高等职业教育协调发展的探索[J]. 中国高教研究, 2012 (02).

[58] 姜大源. 德国联邦职业教育法译者序[J]. 中国职业技术教育, 2012 (10).

[59] 刘继芳. 法国现行"双轨制"职业教育体系及其启示[J]. 中国高教研究, 2012 (11).

[60] 翟楠. 教育共同体的类型及其道德意蕴[J]. 教育理论与实践, 2012, 32（31）.

[61] 爱德华·弗里曼, 等. 利益相关者理论：现状与展望[M]. 盛亚, 等译. 北京：知识产权出版社, 2013.

[62] 徐平利. 试论高职教育"协同育人"的价值理念[J]. 职教论坛, 2013（01）.

[63] 吴立保. 中国大学的文化困境与文化创新[J]. 中国高教研究, 2013（06）.

[64] 苗娟, 李润华. 实践导向下的法国大学技术学院[J]. 世界教育信息, 2013, 26（21）.

[65] 杨喜军. 国际职业教育体系的类型分析及对我国的启示[J]. 现代教育管理, 2014（04）.

[66] 刘康宁, 董云川. 高校专业评估应回归学生的主体价值[J]. 上海教育评估研究, 2014（04）.

[67] 罗汝珍. 市场经济背景下高等职业教育产教融合机制研究[J]. 教育与职业, 2014（21）.

[68] 杨善江. 产教融合：产业深度转型下现代职业教育发展的必由之路[J]. 教育与职业, 2014（33）.

[69] 孔宝根. 企业科技指导员制度：深化职业教育产教融合的新路径[J]. 教育发展研究, 2015, 35（03）.

[70] 葛道凯. 中国职业教育二十年政策走向[J]. 课程·教材·教法, 2015, 35（12）.

[71] 陈秀珍. 高职院校专业群课程体系构建的研究[J]. 中国职业技术教育, 2015（02）.

[72] 熊惠平. 职业教育PPP（公私合作伙伴关系）运行机制构建探析[J]. 职教论坛, 2015（19）.

[73] 肖凤翔, 李亚昕, 陈潇. 论现代职业教育治理中企业权利的重构[J]. 职教论坛, 2015（24）.

[74] 柳燕, 李汉学. 现代学徒制下企业职业教育责任探析[J]. 职业技术教育, 2015, 36（31）.

[75] 朱永新. 中国教育改革大系：职业教育卷[M]. 武汉：湖北教育出版社, 2015.

[76] 郑承志. 地方技能型高水平大学建设标准研究——以财经类高等职业院校为例[J]. 安徽商贸职业技术学院学报（社会科学版）, 2016, 15（03）.

[77] 范蔚, 张龙. 城乡教育统筹发展的研究现状问题及展望[J]. 教师教育学报, 2016, 3（05）.

[78] 姚翔, 刘亚荣. 混合所有制高等院校发展的宏观治理结构探索[J]. 中国高教研究, 2016（07）.

[79] 秦琴. 高等教育内部质量保障的焦点问题及新趋势——2016年"高等教育质量与就

业：内部质量保障的贡献"国际研讨会综述[J]. 中国高教研究，2016（09）.

[80] 熊惠平. 高等职业教育PPP模式的内涵、特征和产权设计[J]. 高等教育研究，2016，37（11）.

[81] 孙卫东. 高职教学质量之大数据管理模型[J]. 职教论坛，2016（19）.

[82] 何冬妮. 校企合作模式下高职学生职业关键能力培养的研究[D]. 桂林：广西师范大学，2017.

[83] 联合国教科文组织. 反思教育：向"全球共同利益"的理念转变？[M]. 联合国教科文组织中文科，译. 北京：教育科学出版社，2017.

[84] 邵坚钢. 基于利益相关者理论的职业教育产教融合路径探析[J]. 教育与职业，2017（02）.

[85] 邹润民. 法国高级技术员证书班办学模式与特色[J]. 世界教育信息，2017，30（07）.

[86] 中国职业技术教育学会课题组，等. "十二五"以来我国职业教育重大政策举措评估报告[J]. 职业技术教育，2017，38（12）.

[87] 刘春艳，聂劲松. 职业教育产教融合中的企业权益及其影响机理[J]. 职教论坛，2017（13）.

[88] 周绍梅. 产业转型升级视角下职业教育产教融合的症结与破解[J]. 教育与职业，2018（02）.

[89] 李梦卿，刘晶晶. 我国优质高职院校建设的逻辑、特征与机制[J]. 高等教育研究，2018，39（02）.

[90] 刘筠，袁希平，张宇华. 应用型本科教育内涵建设的理论与实践——以昆明理工大学城市学院为例[J]. 昆明理工大学学报（社会科学版），2018，18（03）.

[91] 马永红，陈丹. 企业参与校企合作教育动力机制研究——基于经济利益与社会责任视角[J]. 高教探索，2018（03）.

[92] 张婧. 我国高等职业院校经费投入比较分析及其优化建议——基于2010—2017年年鉴数据分析[J]. 广东技术师范学院学报，2018，39（04）.

[93] 马树超，郭文富. 高职教育深化产教融合的经验、问题与对策[J]. 中国高教研究，2018（04）.

[94] 庄西真. 产教融合的内在矛盾与解决策略[J]. 中国高教研究，2018（09）.

[95] 罗三桂. 高职院校特色专业群建设路径选择[J]. 中国职业技术教育，2018（28）.

[96] 张德文，冉云芳，王一涛. 我国民办高职院校基本现状、困难挑战与应对策略[J]. 职教论坛，2018（10）.

[97] 曹照洁. 政校企"三位一体"协同育人模式现状与建构研究[J]. 四川理工学院学报（社会科学版），2019，34（02）.

[98] 于海侠，杨云龙．对改革开放40年来我国高等职业教育政策变迁的认识与思考[J]．职业教育研究，2019（02）．

[99] 王雪琴．职业教育1+X证书制度的缘起、逻辑及其实施[J]．职教论坛，2019（07）．

[100] 方灿林，张启明．资源库：高水平专业群的建设基础、要求和表征[J]．现代教育管理，2019（08）．

[101] 纪河，朱燕菲．继承与创新：由共同体走向学习共同体[J]．中国远程教育，2019（10）．

[102] 刘耀东．产教融合过程中企业逻辑和学校逻辑的冲突与调适[J]．国家教育行政学院学报，2019（10）．

[103] 路宝利，缪红娟．职业教育"类型教育"诠解：质的规定性及其超越[J]．职业技术教育，2019，40（10）．

[104] 唐华，王本灵．协同育人视域下的高校知识创新模式研究[J]．黑龙江高教研究，2019，37（12）．

[105] 张弛．国有企业党组织与现代企业制度冲突吗？[J]．当代经济研究，2019（12）．

[106] 刘晓．专业群建设：困境与路径[J]．职业技术教育，2019，40（22）．

[107] 周金容，孙诚．人工智能时代的职业冲击与高职人才培养升级[J]．职业技术教育，2019，40（28）．

[108] 兰金林，田静，石伟平．我国高职专业群建设的实践与反思——基于2008—2018年CNKI核心期刊文献分析[J]．中国职业技术教育，2019（30）．

[109] 徐国庆．确立职业教育的类型属性是现代职业教育体系建设的根本需要[J]．华东师范大学学报（教育科学版），2020，38（01）．

[110] 冉云芳，王一涛，张文静．我国民办职业教育的功能、困境与突破路径[J]．当代职业教育，2020（04）．

[111] 詹华山．新时期职业教育产教融合共同体的构建[J]．教育与职业，2020（05）．

[112] 王彩霞．试论"双高"建设背景下的高职院校师资队伍建设[J]．吉林省教育学院学报，2020，36（09）．

[113] 周继良．现代产业学院的组织属性与制度创新[J]．内蒙古社会科学（汉文版），2021，42（03）．

[114] 郑承志．"双高"学校"群发力"高质量发展的实践探索——以安徽商贸职业技术学院为例[J]．安徽商贸职业技术学院学报（社会科学版），2021，20（04）．

[115] 贺书霞，冀涛．基于共享发展理念的职业教育产教融合共同体建构[J]．职业技术教育，2021，42（04）．

[116] 邓泽民，李欣. 职业教育产业学院基本内涵及界定要求探究[J]. 职教论坛，2021，37（04）.

[117] 葛晓波. "双高"院校建设绩效评价指标体系构建研究[J]. 教育与职业，2021（05）.

[118] 李德显，李颖芳. 新时代职业教育高质量发展的多维思考（笔谈）·新时代职业教育高质量发展的内在逻辑与实践路径[J]. 吉首大学学报（社会科学版），2021，42（06）.

[119] 祁占勇. 增强职业教育适应性的路径选择[J]. 吉首大学学报（社会科学版），2021，42（06）.

[120] 孔巧丽. 新时代高职教师队伍建设的成效、问题与出路[J]. 教育与职业，2021（06）.

[121] 史娜，张茂刚. 人工智能时代高职专业现代化建设[J]. 教育与职业，2021（08）.

[122] 李运山，肖凯成. 高职教学绩效评价的现有形式、瓶颈问题与体系优化[J]. 教育与职业，2021（09）.

[123] 万卫. "双高计划"建设的困境及突破路径[J]. 教育与职业，2021（20）.

[124] 魏影. 基于双师素质导向的高职院校教师资格准入及培育机制研究[J]. 职业技术教育，2021，42（26）.

[125] 荣玮，等. 新时代高职教育高质量发展的方位、方向与方略[J]. 高等职业教育探索，2022，21（04）.

[126] 陈子季. 深入贯彻落实《职业教育法》 依法推动职业教育高质量发展[J]. 中国职业技术教育，2022（16）.

[127] 胡微，石伟平. 从高适应到高质量：新时代职业教育改革的定位、挑战与路径[J]. 教育发展研究，2022，42（09）.

[128] 任占营. 新时代职业教育高质量发展路径探析[J]. 中国职业技术教育，2022（10）.

[129] 周云，溥丹丹，李本春. 高等职业教育发展战略研究[J]. 现代职业教育，2023（26）.